La rebelión
de Las Musas

La rebelión
de Las Musas

Cómo transformar la educación

JOSÉ ANTONIO EXPÓSITO

Papel certificado por el Forest Stewardship Council®

Penguin
Random House
Grupo Editorial

Primera edición: septiembre de 2025

© 2025, José Antonio Expósito Hernández
© 2025, Penguin Random House Grupo Editorial, S. A. U.
Travessera de Gràcia, 47-49. 08021 Barcelona

Printed in Spain – Impreso en España

ISBN: 978-84-10433-89-2
Depósito legal: B-12.007-2025

Compuesto en Promograff - Promo 2016 Distribucions

Impreso en Black Print CPI Ibérica
Sant Andreu de la Barca (Barcelona)

C 4 3 3 8 9 2

A Claudia, maestra sensitiva,
que me susurraba dulce brisa de palabras al oído.

A Diego, sereno y transparente,
que me dio a beber pureza en sus manos.

Por aquí pasó el tiempo y su túnica sin regreso.

RAMÓN COTE

Y este espacio de las aulas señala ante todo la existencia de una sociedad; […] una sociedad donde tales obras puedan nacer y vivir. Un espacio pues, diríamos, poético.

MARÍA ZAMBRANO

Índice

VIII
Pájaros

Apéndice

Preliminar

La escuela y los días

La poesía y la realidad son las fuentes más puras de toda inspiración educadora.

Manuel B. Cossío

Si en una noche de invierno una maestra o un maestro regresa cansado de la escuela, si siente dudas sobre su labor y se pregunta si merece la pena un esfuerzo que pocos valoran; sabed, maestros y maestras, que sostenéis el cielo en vuestras manos. Tanto depende de vosotros que sería imposible enumerarlo. No hay profesión más alta ni más profunda. Son testigos las sonrisas y los días.

—Cuenta en tu libro que el espíritu de una nación son sus escuelas —me han pedido tantas veces.

En estos años, directores, profesores, editores, políticos, periodistas y hasta responsables de la Administración se han interesado por el modelo educativo vivido en Las Musas. Muchos nos han escrito para averiguar pormenores de esa andadura. Otros se han acercado hasta nuestras aulas para conocer de primera mano la singularidad de los espacios, una organización cuidadosamente desorganizada o nuestros novísimos programas. Algunos vinieron desde A Coruña o Cádiz, de Valencia, Jaén, Zaragoza… Incluso llegaron a estas callejas de San Blas delegaciones plenipotenciarias de Taiwán, Corea del Sur, Estados Unidos, Uruguay, Puerto Rico, Holanda, Dinamarca y así.

Todos quieren saber la receta para que un modesto instituto público de un barrio obrero de Madrid se haya convertido en un referente en menos de una década. No se engañe nadie, no existen mila-gros en la enseñanza, ni siquiera una poción mágica que resuelva tanto desafío escolar. Apenas el esfuerzo tenaz por mejorar cada día detalles y sutilezas. La vida se salva o se pierde tan solo por el matiz. Ha sido el trabajo gustoso de aproximarnos, como en el lema de Goe-the, «sin prisa, pero sin pausa», hacia un Ideal. Perseguir un sueño es una riqueza desmedida. Las Musas hoy inspira a escuelas muy diversas. Los resultados académicos, y aún más los humanos, han respaldado entre primaveras y espigas un proyecto original. La prensa ha aireado estos logros y nuestras atrevidas ocupaciones y preocupaciones.

En este tiempo, hemos caminado a contracorriente en la senda de la enseñanza. Siempre orientados en sentido opuesto al que se mo-vían los demás centros. Y no por significarnos o porque gozásemos del don de la videncia para intuir el porvenir en educación, sino por-que nos planteábamos tres preguntas cruciales: ¿en qué centro matri-cularíamos a nuestros propios hijos?, ¿dónde nos gustaría estudiar si fuéramos adolescentes? y ¿cómo disfrutaríamos enseñando? Si las res-puestas no eran un «sí» enamorado a Las Musas, la conclusión era ob-via: había que cambiarlo todo. El indicador más fiable de la buena ruta de un itinerario escolar es aquel que señala que los profesores llevan a sus hijos al mismo lugar en que profesan sus saberes. Síntoma de que creen en ese plan de estudios y confían en sus compañeros.

La innovación define a Las Musas; sin embargo, nunca nos des-lumbraron las pasajeras modas educativas, cuya evolución observába-mos con cautela. En cambio, nos arriesgamos con iniciativas surgidas de nuestra experiencia, de las necesidades detectadas o del bendito sentido común. Esquivamos el modelo de bilingüismo que se estila en algunos lugares: saquear navíos como Geografía e Historia de Es-paña o Biología y Geología en favor del idioma inglés nos parecía una deslealtad cervantina que resolvimos con otro planteamiento (lo contaremos más adelante). Rechazamos la introducción de las table-tas en las aulas; tampoco nos convenció la insistencia de familias y de autoridades educativas para que usásemos libros electrónicos. No nos pareció convincente que los profesores trabajasen exclusivamente con iPad. En 2011, cuando la mayoría de los institutos desconocían cómo enredar en las redes sociales, allí faenábamos ya nosotros; después, cuando los demás cayeron en ese arrastre y todo se enmarañó con algas de odio, apagamos pantallas y recogimos redes. Pronto se desterró el uso del móvil en todo el recinto escolar. Nunca renunciamos al papel ni al bolígrafo. Nos aferramos a lo tradicional, a la escritura manuscrita, al libro impreso y a la lectura. En su momento se reprochó nuestro escepticismo ante la avalancha tecnológica que se presentaba como panacea educativa y se nos insistía en cómo otros colegios de élite avanzaban en dicho terreno. Pasado un tiempo, los mismos que nos afeaban ese desinterés por la cacharrería informática alababan nuestro modelo *como novedoso*: lectura en voz alta en clase, exposiciones orales, debates, redacción manuscrita, trabajos de investigación, prácticas de laboratorio, creación de una editorial en el instituto, publicación de nuestros propios libros de bolsillo, etc. En definitiva, se confirmaba lo de siempre, pero de otro modo. Nuestro camino era promover entre los alumnos la inteligencia emocional, tan necesaria en la vida y tan incompleta sin ella. Algo que lamentablemente se incentiva poco en institutos o universidades. Por entonces, leímos que los ingenieros y gurús de la vida digital en Silicon Valley anhelaban este mismo enfoque para la educación de sus hijos. ¡Qué cosas!

Nuestros desvelos iban por otro lado. Queríamos rehumanizar la enseñanza. Nada más. Pero nada menos. Suprimimos los timbres horarios para escuchar una responsabilidad y autonomía interiores. Apartábamos un estrés innecesario y ruido cronometrado. Silenciar la palabra con estruendos no era lo apropiado en una escuela. La convivencia de cientos de personas en espacios reducidos pide especialmente calma y luz. Quienes nos visitaban destacaban una y otra vez la tranquilidad frecuente que se escuchaba y el alegre silencio que se vivía: solo bullicio de niños. Cuando desterramos sirenas y alarmas, los vecinos de las casas colindantes aplaudieron agradecidos desde las ventanas.

Derribamos los muros de las antiguas aulas y otros muros metafóricos de la enseñanza para que la claridad y la investigación transformaran la manera de aprender. Recuperamos la tierra baldía del instituto, terrenos abandonados de la parcela para plantar y sembrar centenares de árboles, arbustos, flores, etc., hasta crear unos jardines por los que jugar, pasear, respirar y leer, por ejemplo, a T. S. Eliot. Y en un rincón soleado, los alumnos tenían un huerto plantado con sus manos. Jardines y huerto florecieron la paciencia entre adolescentes acostumbrados a la inmediatez de internet. Valoraron que cultivar requiere tiempo y perseverancia antes de recolectar. Trajimos la naturaleza al patio; metimos la más alta ciencia en las aulas, sacamos a los estudiantes al mar y a la montaña. Y aunque no siempre alcanzamos el cielo, como nos sucedió con el lanzamiento de un nanosatélite al espacio, sí descubrimos que los sueños que no se cumplen se reacondicionan: instalamos la primera estación de seguimiento aeroespacial en un instituto de secundaria en Europa.

Convivimos profesores y alumnos en las clases, pero sobre todo fuera de ellas y del horario establecido. En interiores, aprendizaje estático, pasivo; en exteriores, dinámico, activo. Jugamos memorables partidos de fútbol y de voleibol cada semana, y juntos viajamos en intrépidos intercambios educativos hasta Toulouse, Colonia, Cracovia, Florencia, Venecia, Atenas, Nueva York, Chicago, Montreal, Toronto y Moscú, o nos aventuramos en cuatro legendarias expediciones por la selva amazónica ecuatoriana. Y hasta fuimos recibidos por el embajador de España en Rusia, por el jefe de Estado de Ecuador en el palacio presidencial de Carondelet (Quito) o por los reyes de España en el Palacio de Oriente. Nos convertimos en Escuela Embajadora del Parlamento Europeo y en Centro Referente de UNICEF. Y promovimos la cooperación y el voluntariado de nuestro alumnado con quince ONG mediante el programa «Las Musas-Actúa» para inculcar en los jóvenes valores como la solidaridad, el trabajo en equipo, la empatía, etc. Impulsamos una imaginativa Comisión de Igualdad. Formamos, en fin, ciudadanos completos, no solo buenas matemáticas o excelentes doctores.

Los premios, distinciones y logros se agolpaban cada curso: alumnos número uno y número dos (2018 y 2024) en las pruebas de acceso a la universidad en la Comunidad de Madrid; alumnos y alumnas número uno (2016, 2018, 2019 y 2024) en la selectividad en la Universidad Politécnica de Madrid; XI Premio Nacional de Educación para el Desarrollo Vicente Ferrer (2019), del Ministerio de Educación; Premio Menina (2022), de la Delegación del Gobierno; Premio Jóvenes Investigadores (2023 y 2024), del Ministerio de Ciencia; Premio Nacional: Si eres original, eres de libro (2020 y 2022), de CEDRO para jóvenes investigadores; Premio de Investigación (2024) de la UC3M; Premio Nacional de GeoGebra (2018), de la Federación Española de Sociedades de Profesores de Matemáticas (FESPM); Premio Agente Tutor (2017), del Ayuntamiento de Madrid; y así un largo repertorio de galardones y reconocimientos. Nos preocupaba no solo reformar la enseñanza, sino también propagar nuestra labor. Queríamos ser consecuentes con lo preconizado en nuestro lema: «Educación transparente». Como director de Las Musas di numerosas entrevistas, participé en congresos y conferencias; impartí cursos de formación para futuros directores y mis apariciones en radio, prensa y televisión me granjearon cierta fama, mala fama de experto, diría yo. Alguno me apodó «el director mediático». Pero un director, al menos para mí, debe serlo dentro y fuera de su instituto. Esta segunda faceta apenas se entiende en España, y por ello no se cultiva. Las reuniones con empresas, científicos, políticos, diplomáticos y las visitas para conocer otros sectores de la sociedad o incluso países distantes revierten siempre en oportunidades para los estudiantes. Recuerdo largas sesiones con los mandamases de las compañías aeroespaciales. Con algunas abrimos provechosa colaboración y sus doctores e ingenieras tutelaron generosamente a nuestros incipientes investigadores.

Para extender este modelo de éxito creamos una asociación nacional formada por centros de secundaria que promovieran la ciencia y la investigación en sus aulas: AINVES (2023), fundada por cuatro institutos de Tudela, Zaragoza, Vitoria y Madrid. Registramos los estatutos en el Ministerio del Interior y establecimos como sede social Las Musas. En el primer año ya contábamos con más de veinte asociados. Este afán innovador y divulgador motivó que un periodista escribiera que Las Musas se había convertido en «El Bulli» de la educación. Coincidíamos en el espíritu de no esconder las recetas, sino de difundirlas. Compartíamos con agrado desconocidos conocimientos con quienes nos visitaban. Ayudamos a que la nueva generación de jóvenes profesores, «cocineros y cocineras», que pasó por los fogones de Las Musas, fuera decidida y creativa. Les pedíamos que desarrollaran en sus próximos destinos aquellos guisos educativos de todo tipo que habían saboreado en nuestras aulas.

El lector comprobará que este libro, a diferencia de otros ensayos sobre educación, no expone una utopía. Surge de una experiencia viva, realizada gracias al compromiso de unos profesores con su escuela. Hombres y mujeres interiores que, frente al relumbrón y el ruido exterior de mucho político o famoso de temporada, levantan cada día en silencio una España mejor. Caminante, no hay camino, se hace camino al andar, como escribió un bonachón profesor de enseñanzas medias. Nada de especulaciones sobre un esquema teórico, solo conclusiones de proyectos ejecutados con mayor o menor acierto. Tampoco se encontrará en estas páginas un despliegue erudito de citas bibliográficas, ni alusiones a afamados pedagogos. Si acaso, aparecerán intercalados los nombres de algunos compañeros, los que engrandecieron con su trabajo esmerado un modelo renovador.

Lo habitual en obras de divulgación didáctica es la reflexión fría, en prosa medio difunta de expertos, asesores y doctores educativos, que lo han leído todo sobre pedagogía, pero que desconocen la atmósfera de un aula cuajada de alborozo y preocupaciones juveniles. Son, a menudo, ensayos enladrillados de gerundios y perífrasis sobre buenas y malas prácticas docentes. Sazonado todo de porcentajes y con tropezones de encuestas y estadísticas. Casi a diario se publican nuevas corrientes pedagógicas, experiencias únicas, tendencias innovadoras, casos asombrosos por un motivo u otro. Y, con tantas voces, las familias confunden ya cuál es el mejor sendero de estudio para sus hijos. Demasiado ruido que altera la percepción de la enseñanza más elevada.

En estos capítulos se narra una apasionante crónica de la que se siente orgullosa la comunidad educativa de Las Musas: profesores, personal auxiliar, alumnado y sus familias. Una historia que ha sorprendido por sus logros a algunos y ha emocionado por su relevancia y significación a todos. Acaso, acertamos a captar con nuestras aulas acristaladas el momento metafórico de una educación transparente para una generación mal llamada «de cristal». No se confunda nunca la fragilidad con la claridad.

Durante esta última década hemos vivido, dentro y fuera de nuestro instituto, no *la rebelión de las masas*, que diagnosticó Ortega y Gasset, sino *la rebelión de Las Musas*. Una fórmula que consistió en reivindicar una educación secundaria de alta calidad no tanto como un derecho de los adolescentes de las familias adineradas, sino como un medio de dotar de oportunidades a estudiantes con talento y capacidad de una barriada humilde. En formación profesional (FP), se les facilitó a los alumnos su inserción en el mundo laboral; y en bachillerato, el acceso a las carreras más demandadas en las universidades públicas, y, además, se les garantizó el éxito en las mismas, a pesar de su complejidad. Nuestros alumnos estaban suficientemente preparados para cursar en las mejores facultades españolas o extranjeras y afrontar los desafíos de la investigación o asumir las responsabilidades profesionales de sus puestos de trabajo.

Ideamos programas para apoyar a jóvenes de valía y con inquietudes. Buscábamos algo vedado hasta entonces a muchachos de familias modestas: su entrada a los centros científicos más relevantes del país y que pudiesen estudiar tutelados por prestigiosos investigadores. Estudiantes y docentes, unidos por una pedagogía poética, han conquistado la mejor calidad educativa, porque nos propusimos embellecer el mundo. Lo lograremos, pero necesitamos, ahora más que nunca, que muchas maestras y maestros, magos de una vida superior, se sumen a este soñar compartido para explicarles a políticos y burócratas, de una vez y para siempre, que un país entero solo se transforma desde las escuelas.

I

Luz

1

Vallecas, arrabal de vida y barro

Que la vida iba en serio
uno lo empieza a comprender más tarde.

Jaime Gil de Biedma

Odio el barro profundamente. Cuando era niño, en tardes lluviosas regresaba del colegio a casa con las botas llenas de barro y los ojos cuajados de nubes tras atravesar un kilómetro de campo y charcos. Antes de entrar, me descalzaba para no esparcir por el suelo de la cocina los terrones de las botas. La suciedad, el feísmo, el barro han enlodado mis días de infancia y adolescencia.

En Vallecas, años setenta, había pocas escuelas y muchos niños. El colegio nacional, así se apellidaban entonces esos recintos públicos, se inauguró después de muchos despueses. A mis padres no les quedó más remedio que llevarme a varias de las lejanas tentativas de colegios que se abrían y se cerraban en pisos particulares o en los locales comerciales de los edificios con la misma soltura que una mercería. Los escolares subíamos y bajábamos con nuestros macutos en bandolera por una escalera de vecinos. Las aulas, apenas dos habitaciones unidas y disueltas en miseria y tristeza a partes iguales. No había laboratorios, ni gimnasio, ni patio, ni aula de música… Nada.

Destacaba un trato severo y unas matemáticas inflexibles, que impartía el director del colegio con bigotito dictatorial, de los de «la letra con sangre entra» y palmetazo va y tirones de oreja vienen. Mi compañero Manuel Yagüe y yo temblábamos cuando don Fausto, envuelto en el humo de sus cigarrillos, se acercaba a la pizarra y nos señalaba un error en la hipotenusa o en las propiedades de las potencias. Con una vara nos golpeaba manos o rodillas. Luego, regresábamos a nuestro sitio en silencio, con vergüenza.

Cuando ingresamos en el instituto público, vimos entonces cómo la educación se ensanchaba cual río caudaloso por instalaciones, profesorado y las materias que estudiábamos. Pero lo que más nos asombraba era aquello que con los años repetía mi amigo de toda una vida, Manuel:

—¡Respeto! ¿Has visto que aquí nos tratan con respeto? —Arqueaba cejas y abría mucho los ojos para alargar y dar profundidad al estado emocional de esa «o» final en que principiaba otra enseñanza más humana. Ahora nos becaban por ser adolescentes en transición a una vida desconocida, que los mayores llamaban «democracia». Nadie nos explicó la diferencia, la disfrutábamos cada día.

Soy hijo de inmigrantes. Mis padres llegaron a Madrid desde la Extremadura y la Andalucía más hambrientas con ocho y once años, nada más terminar la Guerra Civil. Mi madre, de Badajoz; y mi padre, de Arquillos, un pueblecito próximo a Linares (Jaén), salió en tren, con mi abuela ya viuda, escondido bajo los asientos y tapado por los capotes de dos guardias civiles para evitar al revisor. Dos niños que a esas edades ya habían sido expulsados del paraíso de la infancia, si es que alguna vez les dejaron tan solo pisarlo. Con seis o siete años, a mi madre le permitieron acudir a ciertas clases en un internado para alumnas en Badajoz a cambio de fregar y limpiar aulas. Pero estalló la guerra más incivil e ignorante conocida hasta entonces, que los arrancó de los pupitres y ya no recibieron ninguna instrucción más que la del destino. Aprendieron a garabatear las letras y poco más. Sus vidas, al igual que las de casi toda su generación, fueron zurcir un país desangrado, descosido.

Comprobé en numerosas ocasiones que ambos estimaban la cultura y el saber como el oro más preciado. Siempre percibí en ellos un respeto hondo por quienes habían estudiado o por los que demostraban inquietudes o talento. Ese era el valor más ensalzado. Su fe y su confianza firmes en los profesores impedían que sus hijos planteásemos cualquier atisbo de queja. Jamás cuestionaron sus métodos, por duros que fueran, ni sus decisiones o sus actuaciones. Jamás dudaron acerca de que solo los maestros ennoblecerían nuestros días. En ese espíritu crecimos y nos educamos.

Y, aunque en casa no había libros, nos inculcaron lo fundamental: la admiración por quienes sabían, y nos animaron a que aprendiésemos de ellos todo lo posible. Mi padre fue especialmente exigente con las calificaciones que obteníamos. Como otros padres de posguerra, se desgastaba en dos empleos para sacar adelante a la familia. Por las mañanas, era conserje en un ambulatorio y, por las tardes, remendaba zapatos.

Una mañana de verano, cuando yo rozaba los once años, me pidió que le diese unas clases de Historia. Se presentaba a una prueba para ascender a encargado de conserjes y necesitaba «un repaso de cultura», me dijo. Durante varias tardes, le recité de memoria el libro completo de Historia de España de 5.º y 6.º de EGB. Quedó tan asombrado con lo que me escuchó que desde entonces nunca sintió la necesidad de subrayarme la importancia del estudio. Ese día comprobó que su hijo había asimilado el alcance del conocimiento y que ya se valdría por sí mismo en lo académico. Ahora, tras años de docencia, he comprendido que aquel fue el examen de mi vida, el que me dio la madurez y el espaldarazo hacia mi propio futuro. Aún recuerdo la emoción muda de mi padre al escucharme recitar una historia de España que solo fui capaz de entender tiempo después. Que no se presentó a aquella prueba para promocionar en su trabajo lo descubrí más tarde. Quizá fue una excusa para saborear conmigo durante unas horas un saber que se le había escapado a su vida. Me mostró con sencillez que solo ese era el camino.

Cuando en televisión entrevistaban a algún escritor, médico o ingeniero, la casa se silenciaba para aprender. Cada noche veía con mi padre los episodios de un programa sobre la Segunda Guerra Mundial que luego desmigábamos con comentarios. Creo que se titulaba *Treinta años de Historia* o algo parecido. Unos padres sin preparación intuían con claridad que lo decisivo para sus hijos era la formación. Hoy, después de haber peinado bastantes trienios como director y tras haber conocido a centenares de familias y haberme entrevistado con ellas, todavía me conmuevo cuando recuerdo alguna que conservaba el mismo eco o reminiscencias de la devoción de mis padres por la escuela. Desgraciadamente no era lo habitual, pero corroboraba siempre que esos estudiantes llevaban una enorme ventaja sobre el resto de sus compañeros.

Sé que lo que apuntala el éxito o el progreso académico de los alumnos no se corresponde solo y de manera automática con el nivel cultural, social y económico de las familias, como repiten los informes de los expertos, sino con un aspecto más sutil y difícil de medir: la estima que se le da al estudio en cada hogar. A lo largo de muchos cursos y recursos, he presenciado con decepción cómo padres y madres con titulaciones universitarias menospreciaban o criticaban la labor del profesorado, incluso delante de sus hijos, y cómo, en paralelo, estos no solo no «progresaban adecuadamente», sino que se adentraban por confusos laberintos.

Conservo una corbata de mi padre que luzco en ocasiones especiales, por ejemplo, en días en que un director debe impartir un discurso a sus educandos. Entonces, decían, se notaba en mi verbo el brillo distinto de una verdad única. Quizá porque llevaba anudada a la garganta la palabra silenciada de quien no pudo estudiar, la voz profunda y negra de la mina de Linares, la de aquellos a quienes les negaron el pan elemental de la educación. Esta corbata es ancha y ajena, como describía el mundo el peruano Ciro Alegría. Así ha sido siempre la existencia para los donnadies, para los muchos expósitos sobre la tierra. Y con ese nudo de hechura impecable en mi cuello hablaba de belleza, de poesía y de sueños compartidos, pero nunca de resentimiento.

El mundo solo se remedia por el amor y las conciencias por una estética sugerente y seductora. Esa fue la mejor enseñanza aprendida de mi madre. Nadie jamás me dio lección más provechosa y definitiva en todos mis días de estudiante. Su bondad natural como forma hermosa de vida y su desvivirse por los demás provocaban que, inevitablemente, todos la quisieran. Por encima de cualquier consideración, para mi madre, una niña de provincias que se vino a servir a un Madrid domesticado, una humilde planchadora, lo más enriquecedor era entregar cariño a sus semejantes. Disfrutaba haciéndonos felices. Con ella comprendí que mi labor como director sería procurar que tanto quien enseña como quien aprende se cautivaran mutuamente. Las relaciones humanas lo son todo en cualquier ámbito de la vida, y las mujeres como ella, que poseen ese don inusual, se convierten en seres mágicos para cualquier grupo social. En momentos de duda, siempre he recordado cómo mi madre diluía cualquier disputa con su elegante generosidad.

Todo presagiaba, por mis orígenes, por mi lugar de nacimiento y formación, por las muchas limitaciones y dificultades sociales y económicas de mi entorno, que mis días transcurrirían alejados de los estudios. Sin embargo, me ha apasionado conocer. Tal vez, heredé, sin saberlo yo mismo, el ansia de mi abuelo, barrenero en las minas de Linares, por ahondar siempre en lo profundo con cartuchos de dinamita y tantear después a través de la luz una salida que nos salve de la más negra oscuridad.

Así crecí en un arrabal de la vida, en el Alto del Arenal. Detrás de nuestras casas, con yugo y flechas de la Obra Sindical del Hogar (un organismo de la dictadura que construía vivienda social para erradicar el chabolismo), era fin de mundo, como en el poemario de Neruda. Uno de esos desolados descampados en los que se derramaba un Madrid crecedero. Hasta allí acudían los camiones a verter los escombros de todas las obras ciudadanas: barro, fealdad y pobreza también crecían y se amontonaban a diario.

De repente, una mañana leímos en clase con don Julián, el joven maestro recién llegado, una página de *Platero y yo*: «¡Ángelus!». Aquel día sentí la alegría de acariciar una belleza que hasta entonces no había imaginado. Encontré en la poesía la salida salvadora que buscaba mi abuelo tras cada derrumbe en las galerías que dinamitaba dentro de la mina. La poesía fue la luz. La poesía fue el refugio para intuir una elevación que no existía a mi alrededor. Durante años, fui saboreando la dicha de ser esa minoría lectora de Baudelaire, Carl Sandburg, Leopardi, Christina Rossetti, Rubén Darío, Elytis, William Carlos Williams y por ahí. El verso aupó mi vida.

2

Educación transparente: el don de la claridad

Siempre la claridad viene del cielo;
es un don.

Claudio Rodríguez

Una niña de nueve años confirmó mis ideas, rumiadas durante tanto tiempo, sobre cómo encumbrar mi viejo instituto. Durante las jornadas de puertas abiertas había acudido con sus padres para acompañar al hermano mayor, interesado en nuestro bachillerato. Ya habíamos cosechado buenos resultados en las pruebas de selectividad en los últimos cursos. Era nuestro banderín de enganche, nuestro mejor reclamo para atraer estudiantes en tiempos difíciles por la grave crisis económica que vivíamos. Corría el año 2014. Sin embargo, cuando le pregunté a aquella niña si también estudiaría con nosotros dentro de unos años, vocalizó un «no» redondo, profundo. Extrañado ante su rotundidad le pregunté por qué. Me miró con ojos vivaces mientras se inclinaba levemente hacia atrás para pronunciar una explicación sencilla y demoledora:

—No me gusta este colegio, me da miedo.

—¿Por qué? —insistí.

—Porque es muy oscuro y tiene unos pasillos muy largos y feos.

Ahí estaba la clave. No hacía falta más. Una niña rechazaba nuestro centro por su dolorosa soledad. La respuesta era obvia. A nadie que proviene de un colegio con muchos colores le apetece pasar su adolescencia cobijada en un espacio sombrío y poco amistoso. El edificio conservaba pasillos infinitos con una monótona procesión de puertas

30

que golpeaban el silencio con furia bajo el triste parpadeo de los fluorescentes. Los niños poseen ese don natural de derramar la claridad con
una sencillez que asombra siempre a unos adultos turbios de prejuicios.

Guardé como un tesoro aquellas palabras, que iluminaron nuestro proyecto educativo. Siempre ambicioné la intención de convertir
un centro escolar en un lugar bello con un ambiente agradable y pro-
picio para el encuentro y el diálogo.

Antes de renovar y modernizar Las Musas, recorrí otros países y
visité algunas escuelas innovadoras. Primero en España. La mayoría
de las veces no hay que inventar nada, basta con fijarse aquí y allí en
lo que funciona e integrarlo. A menudo, pensaba cómo trasladar a mi
instituto cientos de pormenores materiales o ideales que detectaba
sobre todo en ámbitos ajenos a la educación: hoteles, empresas, oficinas, centros comerciales, jardines, museos, etc. Me sorprendía, a veces,
absorto. No lo podía remediar. Uno pensaba, vivía y soñaba como
director en todo momento y lugar. Me consolaba que a otros muchos
también les sucediera lo mismo.

Durante mis viajes de verano frecuentaba recintos educativos con
el afán de copiar con atrevimiento y sin pudor lo natural que em-
bellece la vida estudiantil. Investido con mis galones de director con-
certaba reuniones con principales (así llaman a los directores en otras
culturas) o profesores de esos *colleges*, liceos o *gymnasiums*. Anotaba sus
reflexiones y mis comentarios, fotografiaba rincones, conversaba con
unos y con otros. Siempre aprendía. En septiembre, regresaba cargado
de ideas, hallazgos, futuros proyectos o intercambios que interioriza-
ba y, después, como frutos ya maduros, compartía con mis compañeros. Así surgieron iniciativas como la de visibilizar la enseñanza susti-
tuyendo paredes por enormes ventanales.

La creación en Las Musas de las primeras aulas de cristal hace más
de diez años fue una arriesgada propuesta que causó perplejidad, aunque respaldada por un audaz Consejo Escolar. Las había visto en Finlandia y Canadá y traté de nacionalizarlas. Antes lo había intentado
otro director, mi amigo Carlos R., primero con ladrillos de vidrio
translúcidos, de resultado más discreto y sin la espectacularidad original. Y luego, ya con cristal. A algunos profesores reacios a las novedades
nuestro atrevimiento los desconcertó por completo. Pronto aprecia-

ron la metamorfosis que obró la transparencia. Nada es más cierto que la luz. La claridad desterró sombras de aulas, despachos y conciencias. De repente, todo cobró presencia y hasta sentido.

Ahora resulta fácil entender cómo aquel cambio aportó calma, honestidad; y cómo amainó griterío, carreras y suciedad. Años atrás, no faltó quien afirmara que tras esas cristaleras veríamos el apocalipsis o una frivolización de la enseñanza. No hay que asustarse por voces agoreras cuando se subvierte por vez primera lo tradicional instituido durante siglos. Los profesores más jóvenes se entusiasmaron con estos escenarios vanguardistas. El resto se acercaba a esa desnudez despacio y con cautela. Era normal, nunca se habían enfrentado a dar clase de una manera tan abierta, tan expuesta. Lo que se confirmaba cada día era que quien entraba en esos espacios ya no quería volver a las viejas aulas. Los primeros niños que las estrenaron fueron los más alegres y receptivos a esta renovación. Los demás, escolarizados entre paredes de ladrillo en clases ordinarias, reclamaban, una y otra vez, que también ellos querían disfrutar de esa modernidad.

Lo revolucionario fue la claridad. Un ramillete de docentes soñó un mañana distinto, repleto de idealismo y naturaleza. Hoy acariciamos la materia de ese sueño. La innovación estaba ahí, delante de nosotros, y no la veíamos. La profundidad nos la dio el aire. Bastó con derribar los viejos muros que enclaustraban los saberes en las clases para descubrir una enseñanza más libre, pura, natural.

Nos sucedió como al poeta Juan Ramón Jiménez (JRJ), quien, arrepentido de haber enjoyado su poesía, la desnudó de todo lo superfluo e innecesario para regresar a su sencillez original. Nosotros también aspirábamos a recobrar lo esencial del trabajo docente. Rehabilitamos la escena para dar nueva vida a los protagonistas.

La desnudez juanramoniana caló en nuestro espíritu y despojamos el instituto de carteles, despachitos adoctrinados, farragosa normativa y corchos repletos de hojas que nadie leía. Estábamos cansados de lidiar con golpes de fealdad. Anhelar la claridad educativa era un fin, no un medio. La luz nos llevaría al conocimiento. Nuestra escuela impulsó la búsqueda de la belleza, entendida no como lujo, sino como necesidad cotidiana de una enseñanza de altura. Descubrimos que el proyecto se corporeizaba, que nuestro pensamiento pedagógico se volvía nítido, que esas cristaleras eran símbolo de la educación que promulgábamos. La estética había traído de la mano una ética educativa. Había nacido una educación *trasparente*, sin «n» que obstaculizase nada. Todo muy juanramón: aulas desnudas, pura poesía. La perfección de un espacio educativo no consiste en llenarlo de tecnología o de adornos triviales, sino en su desaparición. En hacerlo tan bueno que parezca que no existe.

Superamos el ambiente oscuro y envejecido de nuestro instituto. La transparencia fue una invitación a que el alumno adquiriera pulcritud y sinceridad. Las miradas volaban lejos sin que las retuviera ya ningún muro, ninguna frontera.

Algunas familias expresaron sus dudas acerca de si su hijo no se distraería más de lo habitual ante aquellos ventanales. Según ese razonamiento, respondíamos, lo mejor en casos semejantes sería impartir docencia dentro de una cueva. Lo cual no parecía muy motivador para nadie. Poco a poco todos se adaptaron a una nueva enseñanza cuyos principios de clarividencia favorecían el respeto y el diálogo. La visibilidad del proceso educativo era una mezcla simultánea de confianza y orgullo en nuestro quehacer. Queríamos mostrar sin tapujos el ambiente que se respiraba en cada clase. Practicábamos una fórmula inédita hasta entonces: enseñar la enseñanza. Sí, aireábamos lo que normalmente no se veía en ninguna escuela: el devenir diario educativo.

Ser tan claros nos hizo más fuertes y seguros. La lección más bella estaba a ojos vista de cualquiera que cruzase por esos pasillos. A veces, acompañaba a algunas visitas interesadas en conocer las instalaciones. Todos se sorprendían gratamente de la actitud de los alumnos dentro de tan atrevidos ámbitos y de cómo apenas nos miraban al pasar. Se habían acostumbrado. Recuerdo el comentario de una madre: «Me alegro de que con mis impuestos se ofrezcan aulas tan modernas a los estudiantes». Acabábamos de dar con aquella transformación el primer paso hacia la gran innovación educativa que estaba por venir. Era 2015.

Desde entonces, cada curso rehabilitábamos alguna clase, algún laboratorio o despacho. A la vuelta de unos años, habíamos hecho de una vieja escuela una meca del magisterio. Y todo ello se financió con los remanentes del presupuesto que la Administración asignaba cada año para mantenimiento y funcionamiento del instituto. Conseguíamos, gracias a las familias de la AMPA, colaboración y precios excepcionales de empresas y proveedores que apoyaban nuestro proyecto con simpatía. Hace diez años y en plena crisis, los precios de todo eran muy diferentes a los actuales.

Educar es derribar murallas físicas e ideales, ser imaginativo. Nuestra lección calaba entre los alumnos porque la veían y vivían cada día. Aislados entre las cuatro paredes del aula, ansiaban salir a los pasillos y al patio, querían agrandar su espacio. Rechazaban las tapias del autoritarismo. Emborronaban en ellas su aburrimiento; caricaturizaban el cemento, su falta de flexibilidad, y *grafiteaban* su presencia hostil. El muro es enemigo de la fraternidad, es materia de distancia y reclusión. Pronto comprobamos que la luz de la palabra apaciguaba a los estudiantes y que desaparecían pintadas y firmas. Cómo cambió su actitud y su comportamiento en aquel pasillo hecho de transparencia. Todos perceptibles: profesores y alumnos. Quizá, porque el ser humano es una aspiración de luminosidad. Sí, la humanidad es un viaje de las sombras al conocimiento. En los siglos, hemos visto cómo el oscurantismo generaba monstruos. Negar la ciencia, arrinconar la experimentación científica nos llevaron hacia profundos errores. Frente a la oscuridad, que es fanatismo e intolerancia, la luz es transmisión de esperanza.

La apariencia material de una enseñanza acristalada causó un impacto estético que cautivó especialmente a los adolescentes. Estos, mal llamados «generación de cristal», habían encontrado en esas aulas su matriz. Y no porque los considerásemos frágiles; yo siempre vi en esta juventud claridad y sinceridad. Acaso lo que más me asombraba de ellos era que hablaban de todo (sexo, vida, relaciones personales, política, religión, ecología…) con libertad, sin disimulo y sin asumir dogmas y convenciones que los mayores habíamos heredado y hasta normalizado. Debido a su edad carecían de nuestra formación, pero me fascinaban su frescura, su naturalidad y su falta de prejuicios, que se traducía en una vida más ligera, más viva y sin lastre ideológico. Creo que confundimos en el nombre de esa generación el matiz con la materia de que está compuesta. No es el cristal, sino la claridad. Son la generación transparente. Y nuestra escuela fue metáfora total de esta juventud.

En un entorno educativo, el cristal es un valor añadido y un símbolo del proceso de enseñanza. Como elemento arquitectónico, las paredes de cristal aportaron una estética actual al instituto. Al reemplazar muros de ladrillo por grandes ventanales, estos permitieron pasar la luz natural a otras dependencias interiores. Además, como el cristal refleja la luz, generó una atmósfera más diáfana en el aula, que daba sensación de amplitud, pues añadía una extensión visual hacia pasillos, escaleras y otras dependencias.

Se ganó visibilidad por parte de todos, de los que estaban dentro y de los de fuera. El personal de limpieza fue el más afectado por la implantación de tanta cristalera. Aunque es un material fácil de limpiar y mantener y no retiene manchas, conservaba huellas de dedos y manos, que costaban mayor esfuerzo borrar. Pero siempre lograron que conservara ese aspecto impecable a pesar de los años. Un día entre los días llevé a mi madre, ya anciana, a que conociera la transformación del instituto. Se asustó con el antes y alabó el después: lo sencillo y pulcro que estaba todo. Sabía muy bien de lo que hablaba tras trabajar media vida como limpiadora. Y con su mirada más seria me pidió especialmente que cuidase bien de esas señoras. En tardes de invierno, mi madre había aprendido a leer con soltura conmigo; y ella me enseñó a mí a sumar voluntades. Sumar y leer, los primeros peldaños del colegio. Un instituto funciona, aunque falten varios profesores; sin auxiliares de limpieza no es posible siquiera abrir. Siempre tuve entre el personal no docente esforzados trabajadores y grandes aliados.[1]

Otra ventaja de las cristaleras era que no había que pintar o reparar al final de cada curso, como ocurre con las paredes llenas de grafitis, desconchones y agujeros. Además, sirven de barrera acústica, pues un cristal de calidad aísla el aula del ruido exterior y genera un ambiente más relajado en su interior. Sin embargo, lo más relevante no eran estos aspectos tangibles o de funcionamiento, sino una cuestión más espiritual y honda: la sensación de disfrutar de un ambiente educativo esmerado y de vanguardia. La estética se imponía sobre cualquier otra valoración. Un padre, que trabajaba en una empresa de serigrafía, agradecido por lo mucho que habíamos hecho por su hijo, grabó en todos los cristales con grandes vinilos el logotipo del instituto, diseño del creativo Javier Arcos. Reforzaba una identidad única. Me repetía este padre como máxima de su mundo mercantil:

—Director, en cualquier actividad, si no eres marca, eres mercancía.

Lo cual, traducido a lo nuestro, yo interpretaba así: una escuela de valía debe ser original, propia, siempre ella misma y con personalidad. Estábamos de acuerdo.

La transparencia actuó con magnetismo, atraía sin barreras visuales como lugar amable y estimulante a los alumnos. Se sentían más cómodos en esos espacios para pasar allí las seis o siete horas diarias de clase. La sensación de estar encerrado se aliviaba con la entrada de más luz natural y, así, se redujo el estrés. Utilizamos vidrio templado o laminado resistente a impactos, que en caso de rotura se desintegra en pequeños fragmentos no cortantes que quedan adheridos a una lámina interior, como las lunas de los parabrisas de cualquier coche. Nunca hubo ningún incidente. Huíamos de los espacios cerrados y mal iluminados. Inundamos todas las dependencias con luces led de bajo consumo, que acentuaban y realzaban la notoriedad del cristal.

Pasados unos meses, constatamos una mejora de la convivencia, pues todos estábamos a la vista de todos. Una periodista me pidió mi opinión acerca de unas controvertidas declaraciones del fiscal general del Estado en las que sugería que se instalaran cámaras dentro de las clases para evitar el acoso escolar. Nosotros, respondí, lo hemos resuelto con sencillez y sin cámaras, acristalando la enseñanza y con el programa «Alumnos mediadores», que ataja los conflictos entre compañeros mediante la escucha y el diálogo.

Los desperfectos en persianas, ventanas y paredes se redujeron drásticamente. El mobiliario escolar y los ordenadores se deterioraban mucho menos; las luces se apagaban regularmente al salir del aula o, al menos, se detectaban más rápido los olvidos. Localizar a alumnos o profesores y prendas olvidadas era mucho más fácil. Habíamos creado la escenografía adecuada para innovar, para atrevernos con una enseñanza diferente.

Así dejamos atrás el mito de la caverna de Platón. Se abandonaba la cueva en que habían metido la enseñanza y salíamos de la cerrazón y la imposición al encuentro natural de la luz con el aire. Creo que acertamos al ofrecer a esos jóvenes estudiantes el ambiente que deseaban. El cristal era el medio cuya llegada esperaba esta generación transparente. A veces, el azar o la intuición hace que encajen las piezas, que alguien encuentre su lugar en el momento preciso. Tiempo y espacio confluyeron en un instituto para que una generación de adolescentes se identificase con aquello que la definía. No era mero esteticismo; eso lo hubiese ejecutado mejor cualquier decorador. Detrás había un ideal de progreso educativo, un progreso continuo hacia adentro. A través del cristal buscábamos una educación interior más humana. Las paredes del Parnaso, la morada de las musas, eran transparencia educativa. Reinventar las aulas de Las Musas y llenarlas de innovación provocó que unos padres, durante una visita en periodo de matrícula, me preguntaran a bocajarro:

—¿Y cuánto se paga aquí al mes? —No podían creer lo que veían y escuchaban: aquel dinamismo de innovación, investigación, viajes internacionales, mejores notas en selectividad… Sí, era una educación de calidad y, además, pública la que veían sus ojos.

—Nada. No se paga nada. Se financia con los impuestos de los ciudadanos.

A veces, por halagarnos, otros dejaban traslucir en sus palabras el prejuicio con el que se aproximaban:

—Es una escuela preciosa. ¡Parece privada! —exclamaban. Mostrar nuestro instituto con sus programas e instalaciones era una reivindicación de que la calidad no es privativa de nadie. Tal vez, solo de quienes se afanan en alcanzarla.

Todas las mañanas, al recorrer ese pasillo llovido de claridad del cielo, inevitablemente recordaba aquella página titulada «¡Ángelus!», de *Platero y yo*, que nos leyó el maestro en el colegio: «Mira, Platero, qué de rosas caen por todas partes: rosas azules, rosas blancas, sin color… Diríase que el cielo se deshace en rosas. Mira cómo se me llenan de rosas la frente, los hombros, las manos… ¿Qué haré yo con tantas rosas?».

Ahora, diríase que el cielo se deshacía en colores. Y miraba cómo se llenaban de tonos y matices diferentes la frente, los hombros, las manos… de mis alumnos. ¿Qué haré yo con tanta dicha?

Anoche, durante mi infancia, yo tuve un sueño. Soñé que las niñas y los niños de los barrios estudiaban en escuelas bellas; que niños y niñas accedían a una enseñanza de calidad; y que todos encontraban en la educación algo de felicidad que será un dulce recuerdo para siempre.

3

La belleza es verdad

Beauty is truth, truth beauty,—that is all.

Sin embargo, en nuestras escuelas rara vez entró la belleza. Eso, según los entendidos en los dineros, era para países con posibilidades económicas. España ha sido casi siempre una imposibilidad educativa. Aquí nos conformábamos con arracimar niños en torno a una maestra. Quién recuerda haber visto flores en un despacho, en un aula o en un jardín a la entrada de la escuela. Las flores cogidas del campo las llevaban los niños a su maestro. Sí, los niños nos daban lección de humanismo una vez más. Cultivar la estética especialmente en centros de secundaria se considera impropio e inadecuado. Toda dejadez y desidia han sido bienvenidas, luego normalizadas hasta convertirse en símbolo de escuelas sin personalidad alguna. Se ha prescindido de lo bello en la enseñanza, que se ha sacrificado equivocadamente en favor de lo útil o lo práctico. Sin darse cuenta, profesorado y alumnado han enfermado de feísmo. Un mal muy contagioso. Vivimos en medio de esa epidemia de abandono y, al igual que la polución, ya no la percibimos.

Es imprescindible rescatar a ambos de la monotonía que arruina el aprendizaje en nuestras aulas y llevarlos hacia la armonía. En ella, el proceso educativo resulta más fácil y natural. La belleza educa por sí misma, sin rodeos ni explicaciones. Cuando uno alcanza una ética estética es consciente de que lo habían privado de una existencia superior. El esmero en actitudes, formas y fondos nos eleva y nos devuelve hasta nuestro mejor yo para encontrar allí lo que estaba dormido.

En muchas ocasiones se ha entendido que educar a niños y adolescentes en la sutileza era improductivo. Ignoraban que siempre lo más fuerte es lo más delicado. Creían que el alumnado solo se endurecía, hombreaba o madreaba en un ambiente hosco, gris y seco. Parecía que la escuela hubiese renunciado a sus ideales y se acomodase con pizarrear números y letras en un desvaído encerado. Mucho director general ha caído en la inercia de que en las clases debían primar el orden, la disciplina, los timbres horarios y los compartimentos numerados bajo llave por encima de cualquier otro aspecto estético. Han amparado durante décadas la premisa de que el profesorado educaba mejor con normativas y a toque de corneta y que no estaban los centros para remilgos decorativos.

Bastante se tenía con escolarizar y sacar adelante a tanto estudiante. Un modelo de educación arcaico y miope desterraba el espíritu más creativo. Se favorecía la memoria y la técnica; nunca la originalidad, el ingenio o la sensibilidad. Las disciplinas artísticas (Dibujo, Música, Arte, Teatro, Oratoria...) siempre han tenido una consideración menor en el currículo frente a las Matemáticas, la Física, la Historia o la Biología.

Habíamos interiorizado, alumnos, profesores y familias, una rememoración castrense en el proceso educativo. Me refiero a que se eliminó cualquier atisbo bello, porque eso era propio de áreas ajenas a la instrucción académica. Al aprendiz, al estudiante, entendían algunos, hay que alejarlo de mimos y finuras. Las escuelas han tenido como referente en sus espacios, en su distribución y en su organización bien los monasterios o bien los cuarteles militares. Hoy cualquier centro educativo con su procesión de pasillos y su desfile de puertas se reconvertiría de un día para otro, sin apenas esfuerzo, en acuartelamiento o en monacato. Nadie concibe un instituto sin gradación de despachos, sin uniformidad de aulas, sin aburrimiento de baldosas. Saberes enclaustrados. Sí, la misma rutina que cantaba Antonio Machado: «Una tarde parda y fría / de invierno. Los colegiales / estudian. Monotonía / de lluvia tras los cristales». Versos en que parece que los colegiales estudian monotonía, «como asignatura mayor y gris de la monótona España que no existe», matizaba Francisco Umbral.

Resulta asombroso pensarlo. De ese rigor y de esa disciplina afortunadamente ya no queda ni rastro, pero sí heredaron las mismas estructuras en sus edificios de las que derivan procedimientos, hábitos y cotidianidad encorsetada. Los timbres horarios aún perduran como recuerdo de los toques de cornetas o de los tañidos de campana contra el silencio del cielo. Este elemento estructural, que ha pasado inadvertido o callado de manera intencionada, pocas veces se ha visto cuestionado y sobre ello queremos reflexionar.

Los colegios sí presentan un aspecto más cuidado y lucido, pero, a medida que se asciende de curso en primaria, el gris absorbe los colores, se silencia la música, se juega menos, el trabajo en equipo languidece y aumenta la distancia entre profesores y alumnos. Si la escuela aspira a ser un entorno con identidad propia y carácter, necesita alejarse de aquellos ámbitos citados. Es ineludible que los centros educativos creen sus espacios singulares (poéticos, los denominaba María Zambrano) y sus estancias únicas para que surja una enseñanza más innovadora y resuelta. Avanzamos ya en el siglo XXI y este cambio aún no se ha producido, porque la sociedad ni siquiera lo ha fabulado. Y lo más grave: no se atisba en un horizonte próximo.

En España, los inmuebles educativos nunca se han cuestionado. Ningún responsable se ha planteado dónde aprendían los niños, cómo son los lugares en los que se implantará la nueva ley de turno que —siguiendo a Lampedusa— lo cambiará todo para que nada de lo sustancial se altere. ¿Cómo reformar la educación de un país sin primero elevar la dignidad de las estancias en que se representa la gran función de la enseñanza? Sin escenario adecuado, no hay teatro verdadero.

Para plasmar cualquier drama se precisan un decorado y una escenografía sugerentes. Sin ellas, es difícil que público y actores sientan el misterioso fluir de la dramaturgia por sus venas. La imaginación debe ser muy voluntariosa para suplir lo que le falta a esa puesta en escena. Así en educación, cuyo componente de actuación no se valora lo suficiente. Si las aulas, si los sitios no son los adecuados a una enseñanza de este tiempo, ¿qué hacemos? Transformarlo todo para despertar la fantasía de los actores de esta comedia real e ideal de educar a adolescentes. Es fundamental realizar entornos y contornos escolares para que la enseñanza sea un espectáculo atractivo e íntimo para profesores y alumnos. Es el gran teatro interior del mundo. El libreto, el texto con anotaciones, acotaciones y directrices, lo escriben maestras y maestros.

Un día se lo dije así en su despacho a la entonces ministra del ramo Isabel Celaá:

—Ministra, hay que dar prioridad a los recintos educativos. Las escuelas, en especial las de secundaria, presentan un estado que ansía una mejoría o al menos unos retoques: marchitadas, avejentadas, detenidas en un tiempo que ya no comprenden las nuevas generaciones de adolescentes. Ministra, le insistí, las leyes educativas pasan, pero los edificios escolares permanecerán cuando esa legislación sea sustituida por la siguiente.

—Esperemos que esta vez la nueva ley no pase tan rápido, director.

—No se engañe, ministra, en esta Iberia nuestra lo primero que anuncia cualquier Gobierno es reeducar al país entero con otra ley y distintos decretos. Y así continuaremos legislatura tras legislatura, por desgracia. —Me miró meditativa, con una profundidad muy azulada en su mirada.

Aulas y profesores perduran, envejecen; las leyes se renuevan a menudo y los alumnos cada año. Siempre se atiende antes a lo mudable y efímero que a lo permanente. No se cuidan los edificios, ni su diseño, ni sus formas, ni su estructura, ni sus detalles. En esas otras latitudes escandinavas de idioma blanco, como escribió Lorca, la enseñanza se labra en locales más vanguardistas, hechos con otros componentes y arquitectura actual. Aquí en el sur, se presta poca atención a las edificaciones y al profesorado. También he comprobado que las aulas de Italia o Grecia sufren esta misma apatía de las autoridades. Solo se preocupan cuando aparecen grietas en sueldos o suelos, en evaluaciones internacionales o en paredes, que ponen en riesgo las propias leyes de enseñanza o a los mismos alumnos. Entonces, se reparan o se apuntalan los pilares humanos y estructurales de la educación: profesores y espacios.

Mucho se ha indagado sobre el éxito de los sistemas educativos de los países nórdicos, y uno se afana por determinar ese elemento desigual del que carecemos. Revisamos horarios, asignaturas, itinerarios, exámenes, qué sé yo, pero lo que a simple vista nos deslumbra a todos es qué poco se parecen las acristaladas y diáfanas estructuras de esos colegios a las nuestras. Quizá habría que empezar por ahí, copiando la honradez y el respeto con que tratan la enseñanza en Suecia o en Finlandia. Allí saben que la belleza no es lo opuesto a la fealdad, sino la antítesis de lo falso. «La belleza es verdad». Acaso, la única verdad de la vida.

II

Vida

4

Avenidas obreras de San Blas

La fatalidad es un hombre atraído por un destino, no empujado por una causa.

HENRI BERGSON

La tarde que llegué trasladado a Las Musas, en marzo de 2004, aparqué mi viejo utilitario en la puerta, junto a la valla de ladrillos desmoronados, y no quise entrar. La estampa decadente de edificios y patios invitaba a no apearme del vehículo y a que deseara marcharme a mi anterior instituto. Alguien más visionaria que yo me condujo hasta la entrada. El interior era más sobrecogedor aún, parecía el escenario de un *escape room* donde el enigma consistía en encontrar algo bello: una mesa camilla de faldas sucias, aulas desangeladas con armarios y sillas de mi verdecida adolescencia, puertas de cartón piedra, pasillos penumbrosos por los que cruzaban profesores con batas deslucidas y alicates asomando por los bolsillos. Que allí no se impartía estética saltaba a la vista. Yo caminaba mudo y tragaba saliva mientras me saludaban unos y otros con cordialidad. Aún no me explico por qué al día siguiente no renuncié a ese traslado a las entrañas del pasado. Con el tiempo fui director. Y, además, fui muy feliz, quién me lo iba a decir entonces.

Las Musas es uno entre varios cientos de centros públicos construidos de manera rápida y barata en la España de la Transición. Fundado como «Instituto San Blas II», nacía en octubre de 1980. Luego, lo rebautizó Juan Martos, su director en aquel tiempo. Según contaron, lo ofició así en un claustro entre aplausos: «Nuestro instituto no se llamará las masas ni las mesas ni las misas, se llamará Las Musas». Abandonaba la santidad para ampararse en la mitología. Acertó de lleno con un apelativo inspirador para tutelar a los estudiantes. Un detalle nimio que ayudó a fraguar una identidad peculiar con la impronta del eterno femenino entre su profesorado. Ya se sabe que el hábito no hace al monje, pero, a veces, un nombre apropiado marca carácter o estilo. Aquellas calles de barriada salían de la miseria mediante el mito: Apolo y sus musas protegían la escuela.

Siendo ya director, serigrafié con vinilos los nombres de las nueve musas sobre las columnas interiores del edificio. Era pura pedagogía tipográfica. Ellas eran nuestros pilares y a ellas nos consagrábamos. Al lado, se indicaba de qué disciplina era diosa cada una (Calíope, musa de la poesía épica; Clío, musa de la historia; Urania, musa de la astronomía; Euterpe, musa del canto, etc.). Pretendía que el alumnado samblasino entrara y saliera de sus aulas como si se tratase del mismísimo Parnaso. Tal vez, para superar que el distrito de San Blas-Canillejas se había prodigado en la prensa en décadas pasadas por noticias oscuras, tristes o delictivas. Los peores años se vivieron en los ochenta y principios de los noventa, cuando Los Focos, el mayor poblado chabolista de España asentado entre escombros y cascotes de abandono al final de la avenida de Guadalajara, se convirtió también en el mayor punto de venta de droga y de delincuencia en Madrid.

Este sencillo instituto de FP, avecindado apenas a quinientos metros de Los Focos, no era ajeno a estas pesadumbres de suburbio: paro, exclusión social, marginalidad y hambre democrática. Se impartían enseñanzas de las ramas duras de FP: Automoción, Electricidad, etc. Ya en los noventa, con la LOGSE, amplió su oferta educativa a alumnado de secundaria y bachillerato. Nada auguraba que un instituto de periferia, un centro de FP sin tradición de ESO y bachillerato llegara algún día a transformarse en lo que es hoy y, aún menos, que cosechase tales brillos en dichas etapas. Es el milagro social que pregonaban los institucionistas a finales del siglo XIX acerca de que la educación cambia vidas y pueblos enteros. También el aragonés Joaquín Costa escribió que la clave para la regeneración de España se resumía en su famoso lema «Escuela y despensa». Desde luego, la historia de Las

Musas en San Blas representa el mejor ejemplo del ideario krausista de la educación como elemento esencial del progreso de la sociedad.

La música *ochentera* de la movida madrileña sonaba algo distorsionada y con acordes de galope de caballo por aquellos oscuros callejones obreros. Malos tiempos para la lírica y para ser profesor de FP en el Gran San Blas. Pocos aceptaban ese compromiso de valentía y generosidad densamente mayúsculo. Allí, unos intrépidos docentes sí asumieron la osadía de educar a una juventud confusa y desnortada. Mucha tinta se ha vertido sobre la transición política, sobre los ritmos de la movida y sobre las verbenas de aquel alcalde de Madrid, el viejo profesor Tierno Galván; pero muy poca sobre el esfuerzo de aquella generación de profesores hospedados en un hondo humanismo para sacar de los parques, los porros y la heroína a bandadas de adolescentes rebeldes con y sin causa en los arrabales.

Lo sé bien. Recuerdo con claridad a amigos y compañeros caídos en ese fango de la droga. Otro de aquellos héroes de barriada fue Eduardo Ruiz Armenteros, mi querido profesor de Literatura en el instituto Tirso de Molina (Vallecas), un hombre de Jaén que desprendía luz y que marcó varias vocaciones literarias, docentes y artísticas. El destino, que se pronunciaba con nombre de profesora: Marisa T., nos volvió a reunir al final de su vida, cuando su salud se agostaba ya sin remedio. Muchos de sus antiguos alumnos quisimos abrazarlo una tarde de otoño con *El próximo año no habrá función*, un montaje de varias escenas de obras de teatro que él mismo dirigió a lo largo de los años en el instituto. Yo le dediqué unas palabras de gratitud; en definitiva, un homenaje a aquella generación de maestros que, como Pedro Pablo, Mamen, Paz y muchos otros, fueron guía y refugio en años inciertos para chavales sin referentes culturales de carne y hueso en sus entornos de soledad y suburbio. Ellos marcaron por aquellos pasillos de la secundaria vallecana un ritmo ético y un andar erguido con el que crecimos todos hasta alcanzar cada uno su mejor yo. Tuvimos sobre esa generación la ventaja no de ser más inteligentes, sino de ser posteriores.

Próximo a aquellos solares de desamparo en San Blas, sucedió uno de esos hechos que marcan el sentimiento de un barrio. En enero de 1993, años antes de que yo apareciera destinado en mi nuevo centro, una alumna de Las Musas, la hija del conserje, fue asesinada una noche cuando regresaba caminando desde el cercano distrito de Vicálvaro a su casa, habilitada dentro del instituto. La tragedia fue portada en todos los informativos. Ángel, el padre de la niña, acudía a los programas de televisión intentando inútilmente identificar a los verdugos de su hija. La muerte de Susana Ruiz conmocionó al distrito y a España entera apenas dos meses después de las violaciones y asesinatos de las tres niñas de Alcàsser. Y sumió la alegría escolar en un dejarse llevar, en un ir tirando, donde la ilusión fue desapareciendo de manera paulatina.

Sencillamente había ganas de muy poco, casi de nada. Los cursos pasaban sin pena ni gloria y el tiempo arropaba un dolor difuso. El padre de Susana murió poco después, desfallecido de tanto luchar en vano. Insistía en que entre los asesinos se encontraba el hijo de algún político famoso o de la alta judicatura. No sé. Nunca se consiguió probar nada. Justi, su mujer, se jubiló con los ojos de su niña clavados en las noches y un presentimiento vivido antes de su muerte. Me lo contó con detalle y lloramos sobrecogidos los dos una mañana de invierno en que acudió a mi despacho, cuando comprobó con satisfacción que, a pesar de los años transcurridos, la placa que recordaba a su hija presidía la librería de dirección. Pasó el tiempo de aquella tragedia y la vida se fue rehaciendo con cada primavera. Los alumnos traían ilusión y los profesores nuevos métodos. Es el secreto del elixir eterno de una juventud permanente.

Cuando yo llegué a Las Musas, ni el instituto ni las calles eran ya lo que habían sido. Sin embargo, los estragos de tantos excesos y tantas carencias habían dejado heridas dentro y fuera de las aulas. La escuela presentaba un aire destartalado con una pesadumbre desvencijada entre pizarras y pupitres. Esas aulas desvaídas me hablaban de un pasado que sentía como propio. La pobreza tiene la misma tonalidad en cualquier ciudad del mundo. Quien la ha respirado de niño la reconoce enseguida en el sol que atardece contra los ladrillos anaranjados de los bloques de extrarradio.

En aquellos pasillos inhóspitos de Las Musas, me llevé una de las mayores alegrías que jamás hubiera imaginado. Por uno de ellos, salía como de un tiempo remoto e inescrutable don Julián, aquel joven maestro que nos leyó por primera vez *Platero y yo* en el colegio. Habían pasado veinticinco años desde entonces, pero distinguí al instante su andar educativo, su blanca sonrisa vocacional y sus ojos profundos. Ahora era profesor del departamento de Orientación. Fue un regalo del destino compartir con mi primer maestro sus últimos años como docente antes de jubilarse. Nunca olvidaré cómo, recién llegado, me presentó ante una profesora: «Gloria, este es José Antonio, fue alumno mío y será el futuro director de Las Musas». Creo que empalidecí. Cuando once años después de aquel día asumí la dirección de Las Musas, certifiqué que un verdadero maestro es aquel que conoce a sus alumnos mejor que ellos a sí mismos.

Ya director, busqué la forma de arroparme con la claridad y la experiencia de todo aquel profesorado tan entregado. Creé *Magíster Musas*, un claustro en la sombra formado por docentes jubilados.[2] Era una salvaguarda para recordar que mi labor era transitoria y que caminaba a hombros de lo que hicieron otros antes que yo. Pero, sobre todo, me despertaba el compromiso de estar a la altura de quienes me precedieron y nos enseñaron a avanzar en contextos complicados y a afrontar con valor los retos del momento.

En julio de 2015 redacté una declaración fundacional de intenciones en Bercimuel (Segovia), pueblo de la España vaciada, que había llenado de libros Juan Martos, el antiguo director que dio nombre a Las Musas. Vivía allí en una biblioteca por casa, retirado a leer y contemplar cómo cruzaban otoños y primaveras por esos solitarios campos. En una memorable comida, lo nombramos director del claustro *Magíster Musas*; y jefe de estudios a su inseparable Rafael Yepes (tristemente fallecido). Fue una suerte contar con la ayuda y el consejo de todos ellos y compartir juntos mi nueva andadura. Celebrábamos comidas con algún motivo o sin él y salidas a la sierra de Guadarrama o a Zahorejas, donde conversábamos sobre educación y la marcha de Las Musas. Los escuchaba rememorar situaciones, sucesos, pero percibía con claridad que, por encima del paso del tiempo, mantenían intacta la alegría de un compañerismo único.

Cada vez que les comunicaba un avance, un nuevo logro, mi deseo era que se enorgullecieran de quienes ahora guiábamos el instituto. Ellos no adivinaban la fuerza y el estímulo que suponía para mí saber de su respaldo y su ejemplo. A menudo, hurgaba en los archivos del pasado y rescataba documentos y fotografías que testimoniaban su valeroso trabajo en años muy duros para un centro de FP en un suburbio. El mérito y la deuda contraída con ellos se agrandaba a mis ojos y siempre buscaba la forma de mantener un vínculo mensual, a través de las noticias y artículos que les enviaba de nuestro centro.

Sentía como un amparo suave de complicidad el cariño de las profesoras y profesores que amaban su viejo instituto y que aplaudían los cambios emprendidos. Los elogios más encendidos a tanta vanguardia incesante provenían siempre de estas voces veteranas. Recuerdo cómo una profesora lloró emocionada al comprobar la actualidad en que se había transformado su antigua aula. Celebraban cada éxito, cada innovación, porque también los vivían como suyos. ¡Qué privilegio fue que aquella generación de *magíster* acompañase mi tiempo!

Asigné un día del calendario a los *Magíster Musas*, para que acudieran una mañana a diferentes clases a hablar con los alumnos de cómo era la enseñanza hacía veinte o treinta años. Contaban anécdotas y hechos de épocas sociales y políticas muy diferentes. Rejuvenecían al transmitir al claustro la confirmación de que la educación había transformado las vidas de cientos de alumnos en el barrio. Que el esfuerzo y la entrega merecían la pena. Infundían esperanza y optimismo entre docentes que a veces flaqueaban por diversas causas.

Una mañana entró en Las Musas un señor mayor que se detuvo asombrado junto a conserjería. Miraba y remiraba complacido a un lado y a otro, hasta que una de las auxiliares salió para preguntarle qué necesitaba.

—Pero ¿dónde estoy? —preguntaba extrañado.

—Está usted en Las Musas.

—Eso ya lo sé. Oiga, yo fui el primer director, el que abrió este centro. Lo que quiero saber es quién ha hecho todo esto. Es maravilloso.

¡Qué amena conversación mantuve con José Olalla, profesor y arquitecto, que a sus ochenta años mantenía una lucidez y memoria envidiables! Mucho había oído de él, pero aún no lo conocía. Cuántas jugosas anécdotas le escuché de sus inicios como director, como la autorización que pidió al Ministerio de Educación para comprar una simple fotocopiadora o cómo sugirió modificar los planos del instituto para que contase con un aseo de profesoras, algo inusual en el diseño de un centro de FP de Electricidad y Automoción en 1978.

Recuerdo aún cómo al finalizar mi primera visita a Las Musas, antes de meterme en mi viejo Seat, me fijé en unos olmos muy machadianos próximos a la maltrecha valla, que habían crecido entre el barro de una escombrera y una soledad escolarizada. De alguna manera sentí entonces que ese lugar, con todo su pasado, también me pertenecía. Decidí quedarme allí, ser profesor en aquel instituto. Quizá era ya tiempo de devolver lo mucho que había recibido de la escuela. Marzo y unas tizas en el patio dieron fe de aquella certeza del corazón.

5

Ciencia y cristal: Bachillerato de Investigación (2017)

> Por encima de todo, mi vida es la investigación.
>
> MARGARITA SALAS

Después de que el alumno David M. expusiera su deslumbrante traba-jo «Análisis de la población de células macrogliales retinianas en un modelo animal de sepsis»[3] ante el tribunal del Certamen Jóvenes Inves-tigadores del Ministerio de Ciencia, el presidente le preguntó descreí-do y de sopetón cómo era posible que un chico de su edad investigase junto con un equipo de destacados científicos sobre un fármaco contra el cáncer. Él respondió sencillamente que gracias a que su instituto te-nía acuerdos con muchas universidades y centros de investigación. Se echaron a reír, no le creían. Los remató definitivamente cuando le soli-citaron que aclarase ciertos datos y sustancias de sus ensayos clínicos, y les contestó que no podía revelar esa información porque estaba bajo secreto de patente. Las bocas se abrieron en circunferencia y a coro.

El problema de la investigación en nuestro país es intrínseco, está en nuestro genoma. A David M. no le dieron el primer premio, sino un diploma. ¡Cómo iba a saber tantísimo un imberbe que ni siquiera había terminado el bachillerato! Entre su padre, un taxista que llegó hasta ese congreso en Málaga conduciendo su vehículo, y yo lo recon-fortamos como pudimos:

—Tienen razón —le dijimos—. Tu trabajo no es propio de un adolescente, sino de puro investigador. Sigue así. Tu momento lle-gará. —Efectivamente, mientras redacto estas líneas, me comunica, ya estudiante de Medicina en la Universidad Complutense de Madrid, que acaban de premiarlo en el XVIII Congreso de Investigación de Estudiantes de Grado de Ciencias de la Salud.

La implantación del Bachillerato de Investigación fue la apuesta más innovadora y la que mayor trascendencia y repercusión ha cosechado, aunque hubo otras antes. En 2017, cambiamos la forma tradicional de enseñar cuando cedimos el protagonismo a los alumnos y abrimos puertas y paredes para que entrase la luz de la ciencia y la investigación en la escuela.[4]

Si la educación es brindar sueños, descubrir posibilidades e imaginar lo que existirá en el mañana y no solo estudiar el pasado, en Las Musas despertábamos vocaciones y concretábamos la ilusión de jóvenes que aguardaban el futuro con optimismo y decisión. La enseñanza debe estar ligada a un ideal o se convierte en una actividad mecánica y fría, sin interés ni atractivo para los estudiantes y docentes. Y nada resulta más apasionante que investigar. Desde estos supuestos, nos planteamos cómo incentivar esas capacidades innatas que todos reconocemos en los alumnos, pero cuyo desarrollo queda siempre postergado por falta de tiempo o por la rigidez de los programas oficiales. Año tras año, se desaprovechaban unas oportunidades inmejorables de infundirles la mejor educación posible: la que nace de sus propias inquietudes y de su especial motivación. El más valioso aprendizaje surge de fomentar y encauzar el deseo de los estudiantes por descubrir.

Los adolescentes son atrevidos, soñadores y creativos. A las autoridades les corresponde facilitar los medios para que respeten y aprecien la ciencia y la investigación. Esto se consigue tras haber sido un incipiente científico. La fórmula del fútbol funciona. Es un deporte de masas porque se fomenta que todos los niños se diviertan alguna vez dando patadas a un balón. Solo unos pocos triunfarán, pero el resto serán espectadores y aficionados que se recrearán viendo las jugadas. Si lográsemos reproducir ese mismo modelo en la ciencia, conseguiríamos que la sociedad valorase mínimamente y de verdad la tarea investigadora. El cambio cobraría una hondura insospechada.

Tras recibir otra negativa más por parte de un director general a nuestra solicitud para implantar un aula de excelencia de bachillerato en nuestro centro, decidí inventar un programa propio. Fue un tiempo duro, porque todo estaba por hacer. La labor era ingente. Primero necesitaba convencer al claustro y al Consejo Escolar de los beneficios que traería una iniciativa de esta índole. Unos cuantos profesores pedíamos al resto de los compañeros que nos dejasen, al menos, intentar esta empresa. No se obligaba a nadie a participar en el proyecto.

El mayor problema era afrontar este desafío sin recursos humanos adicionales ni un incremento de las asignaciones horarias. Apelé a la conciencia de los docentes para ofrecer una enseñanza esmerada en la que todos disfrutásemos con el cometido. Y así arrancamos. Apenas un puñado de profesores entusiastas echó a andar y muy pronto se sumaron otros más. Al final, fuimos una inmensa minoría. Nuestra alegría fue contagiosa y convenció en poco tiempo a casi todos.

Los alumnos de 1.º de Bachillerato se inscribieron de manera voluntaria en aquel nuevo programa, que llamamos «Bachillerato de Investigación», independientemente de la opción elegida, de Ciencias y Tecnología, de Humanidades y Ciencias Sociales. Para ingresar no se seleccionaba a nadie por su expediente académico; sí se pedía mucha ilusión y ganas de aprender, unidas a una forma de enseñar más personalizada. Algo difícil de impulsar y aún más de madurar dentro del acostumbrado patrón de enseñanza memorística e inflexible de unos currículos enciclopédicos.

El centro puso sus renovados recursos materiales a disposición de los alumnos, desde los laboratorios de ciencias naturales, física y química, o los más sofisticados de los ciclos formativos de Farmacia, los de Análisis Clínico y Biomédico, la biblioteca y hasta los talleres de tecnología o las aulas de informática, dotadas con todo lo necesario para avanzar en programación o robótica.

Creamos una oferta educativa de calidad para un nutrido número de alumnos que requería una enseñanza adecuada a sus capacidades y a los que el sistema tradicional no les ofrecía los caminos motivadores que anhelaban. Estos estudiantes ahondaron en cuestiones específicas, que les abrieron las puertas a nuevas investigaciones más apasionantes aún. Un programa para indagar en lo que se conoce y en lo que se desconoce.

El modelo consistió en una preparación rigurosa sobre las asignaturas y también en acostumbrar al alumno a una curiosidad investigadora que potenciase sus habilidades. Siempre se incentivó el método científico en sus estudios. En definitiva, se trataba de una forma de aprender más dinámica y práctica a través de la observación, la experimentación y, por supuesto, con un buen manejo de citas bibliográficas.

Todo ello se amenizaba con conferencias, visitas a centros de investigación punteros, viajes e intercambios con estudiantes de otras comunidades autónomas o de diversos países de Europa y América. Vivencias académicas y personales propias de una formación amplia y profunda. Un clima de diálogo permanente entre profesor y alumno alimentó aquella experiencia privilegiada, que tanta flor y fruto ha dado. Siete promociones hasta hoy se han asomado a través de este programa a la investigación más puntera.

Para adquirir dicha madurez científica, los bachilleres realizaron bien individualmente, bien en equipos reducidos de dos o tres compañeros, un trabajo de investigación de unas cincuenta páginas y un póster científico durante dos cursos: 1.º de Bachillerato y el primer trimestre de 2.º de Bachillerato. Elegían un tema específico o lo proponía algún investigador. Los departamentos y familias profesionales de FP también sugirieron campos o áreas de estudio con objetivos, metodologías, técnicas y procedimientos y, además, designaban tutores internos que se ocupaban de guiar y asesorar al alumnado. Tras la primera evaluación parcial del progreso de la investigación, el programa daba un salto asombroso, ya que permitía que el estudiante fuera tutelado por un investigador externo de prestigio (decisión consensuada con jefatura de estudios).

Por último, a mediados de diciembre, tras la primera evaluación de 2.º de Bachillerato, se celebraba un congreso de tres días en el salón de actos del CSIC (Consejo Superior de Investigaciones Científicas). Cada alumno exponía públicamente durante quince minutos su investigación ante un tribunal compuesto por tres profesores especialistas. Tras un turno de preguntas, el tribunal se reunía para deliberar sobre la calificación que concedería. Entre el público se encontraban los compañeros de 1.º de Bachillerato, además de estudiantes de otros centros de España, familias, investigadores, periodistas y relevantes personalidades y autoridades del Ministerio de Educación y de la Consejería. Las intervenciones de los alumnos se transmitían en directo por internet y también fueron grabadas para después valorar con detalle unas argumentaciones precisas y una fundamentación rigurosa, además de apreciar unas presentaciones impecables.

No es frecuente que se abran las puertas del CSIC a un instituto, pero, gracias al entendimiento y sensibilidad de Elea Giménez, su directora de entonces,[5] aquel congreso se convirtió desde 2020 en cita anual y ejemplo de cooperación y fomento de la ciencia por parte de dos instituciones complementarias: una escuela que anhelaba investigar arropada nada menos que por los mejores investigadores del país.

Nuestros jóvenes se desvivieron por una experiencia académica con la que se adelantaron en años a la redacción y defensa de sus trabajos de fin de grado (TFG), trabajos de fin de máster (TFM) o de las tesis doctorales en la universidad. En nuestras aulas de secundaria se plasmaron fórmulas de aprendizaje que después encontraron en sus estudios superiores. Este bagaje previo supuso un avance notable en las capacidades de cada uno y un paso definitivo hacia una educación de calidad. Al llegar a la universidad, muchos comprobaron la ventaja que les había supuesto participar en esta innovación: una «musa», estudiante de Medicina, fue seleccionada en su facultad, entre otras muchas compañeras excelentes, para una beca relevante, gracias a que en su currículum figuraba haber completado un gran trabajo de investigación: «El virus de la hepatitis C: retos asociados a su control epidémico», dirigido por una investigadora del CNB (Centro Nacional de Biotecnología). El valor añadido de cursar un programa científico era evidente.

En el equipo directivo nos planteamos cómo armonizar nuestro sueño investigador con la cruda circunstancia de un profesorado sobrepasado por las veinte horas lectivas, además de guardias, tutorías y reuniones de esto y aquello. Y, por otro lado, un alumnado preocupado, a veces en exceso, por preparar el salto con pértiga de la selectividad para superar esas elevadas notas de corte que les permitieran ingresar en las universidades públicas y cursar diferentes grados. Había que encontrar una solución ingeniosa para que esa mortecina realidad no anegase una vez más una propuesta tan novedosa y motivadora.

La participación de los profesores en la dirección o seguimiento de las investigaciones se certificaba con un tibio diploma que, si bien la Administración no reconocía como mérito para los concursos de traslados ni para el acceso a cátedras o a la inspección educativa, ni tampoco para ser profesor asociado de universidad, etc., al menos, servía para consolidar sexenios. Sobre todo, acreditaba la implicación y el trabajo gustoso de un docente abnegado. Además, decidimos que este profesorado participante contase con una reducción de sesiones de guardia por cada proyecto que supervisase y que viajara con sus alumnos a certámenes de investigación o participase en intercambios escolares. Nadie puede dar aquello otro que no tiene.

Como era de esperar, cometimos algunos errores de principiantes que luego corregimos. Por ejemplo, reunir a todos los alumnos de investigación en un mismo grupo para facilitar la organización y el trabajo de los profesores. Pronto nos dimos cuenta de nuestra equivocación, pues se enviaba un mensaje segregador al resto de los estudiantes. Atajamos enseguida la anomalía y los repartimos entre los cinco grupos de 2.º de Bachillerato. Fue un acierto, porque incentivábamos el progreso en cada una de las aulas. Así no fracturábamos el criterio de diversidad que aplicábamos en las demás clases del instituto y que tan buenos resultados de integración y convivencia nos daba. Otro error inicial (que subsanamos más tarde) fue no fomentar el trabajo en equipo en las investigaciones.

El esfuerzo y dedicación de los alumnos que se iniciaban en la investigación se recompensaba con un incremento de la nota de su expediente de bachillerato en un porcentaje que oscilaba entre el 5 y el 10 por ciento, según la calificación que les otorgaba el tribunal. Los científicos nos sugirieron un mayor reconocimiento a los alumnos, tras constatar la valía y el sacrificio de sus investigaciones. Este criterio se adoptó tras varias reuniones de claustro y Consejo Escolar. No fue fácil que cien profesores acordaran ceder parte de su soberanía calificadora en sus asignaturas, pero se consiguió. El beneficio obtenido, tanto para alumnos como para el propio instituto, estuvo desde el inicio muy por encima de esas minucias. Hoy sonreímos al recordar el calor de aquellos intensos debates.

El profesorado se encontraba con estudiantes muy implicados que ayudaban con su interés a profundizar en las distintas materias. Los alumnos disponían, al menos, de dos sesiones lectivas adicionales fuera del horario general para familiarizarse con el método científico y estructurar su trabajo de investigación. A séptima hora, realizaron prácticas y mantuvieron reuniones con sus tutores. Algunos años, bordeamos con habilidad el currículo oficial para reconvertir alguna asignatura optativa en la preparación científica de aquellos alumnos. Les evitábamos así un sobresfuerzo. Muchos de ellos se cruzaban la ciudad varias veces para realizar experimentos en instituciones de acreditada relevancia en el campo de la investigación científica y tecnológica. Sus proyectos fueron dirigidos por personal investigador altamente cualificado.

Ese fue el gran acierto: atraer a numerosos doctores, ingenieros y científicos de grandes y prestigiosos centros de investigación para que tutelasen a nuestros musos. Todos aceptaron colaborar desinteresadamente con una escuela de secundaria en un programa educativo excepcional, único. Hombres y mujeres brillantes han dado el mejor ejemplo del espíritu científico con su compromiso y su entrega. Sus respectivas universidades, hospitales y centros han brindado a nuestros estudiantes un apoyo superior y sin igual. Una fórmula maravillosa de hacer ciencia y de regenerar un país desde las escuelas. Gracias a la generosa implicación de todos aquellos investigadores de primer nivel en este sueño educativo desarrollamos una experiencia de colaboración fructífera entre las instituciones. Unidos forjamos cantera de científicos y de futuros creadores que algún día formarán parte de la investigación de nuestro país. Representamos juntos la apuesta educativa más decidida en favor del progreso y la innovación.

Recuerdo una mañana en que Rosa Fernández, la directora médica del Hospital Universitario de Getafe, nos reunió, con considerable sorpresa nuestra, en una sala con todos los jefes de servicio para explicarles que iban a colaborar en las investigaciones de los estudiantes de Las Musas. Nosotros, Manuel Torremocha (jefe de estudios) y yo en medio de tanta bata blanca, mirábamos asombrados a aquella mujer maravillosa y valiente que creía y apostaba con convicción por la calidad educativa y sanitaria. Una tarde la invitamos a que viniese al instituto. Salió entusiasmada, más musa aún de lo que ya era.

Han sido tantas las instituciones que han participado de manera altruista en nuestro programa que resultaría difícil citarlas a todas. Quede al menos registrado aquí nuestro agradecimiento y satisfacción de haber contado con su inestimable ayuda: CIEMAT (Centro de Investigaciones

Energéticas, Medioambientales y Tecnológicas),[6] CNIO (Centro Nacional de Investigaciones Oncológicas,[7] CNIC (Centro Nacional de Investigaciones Cardiovasculares),[8] CSIC (Centro Superior de Investigaciones Científicas),[9] IISA (Instituto de Investigación Sanitaria de Aragón),[10] INTA (Instituto Nacional de Técnica Aeroespacial),[11] Oceanogràfic de Valencia,[12] NASA (National Aeronautics and Space Administration),[13] UCM (Universidad Complutense de Madrid),[14] UC3M (Universidad Carlos III de Madrid),[15] UPM (Universidad Politécnica de Madrid),[16] Universitat de Barcelona,[17] University Ben Gurion of the Negev,[18] Universidad Europea de Madrid,[19] Universidad de Estambul (Turquía),[20] Hospital Universitario de Getafe,[21] Hospital Central de la Defensa Gómez Ulla,[22] Hospital Universitario 12 de Octubre,[23] Colegio Miguel de Cervantes (Moscú)[24] y AEMET (Agencia Estatal de Meteorología).[25]

Cada año se sumaron nuevas instituciones para procurar a estos futuros bachilleres una oportunidad que iba más allá de lo puramente académico. Me emociono pensando en lo que logramos cuando veo

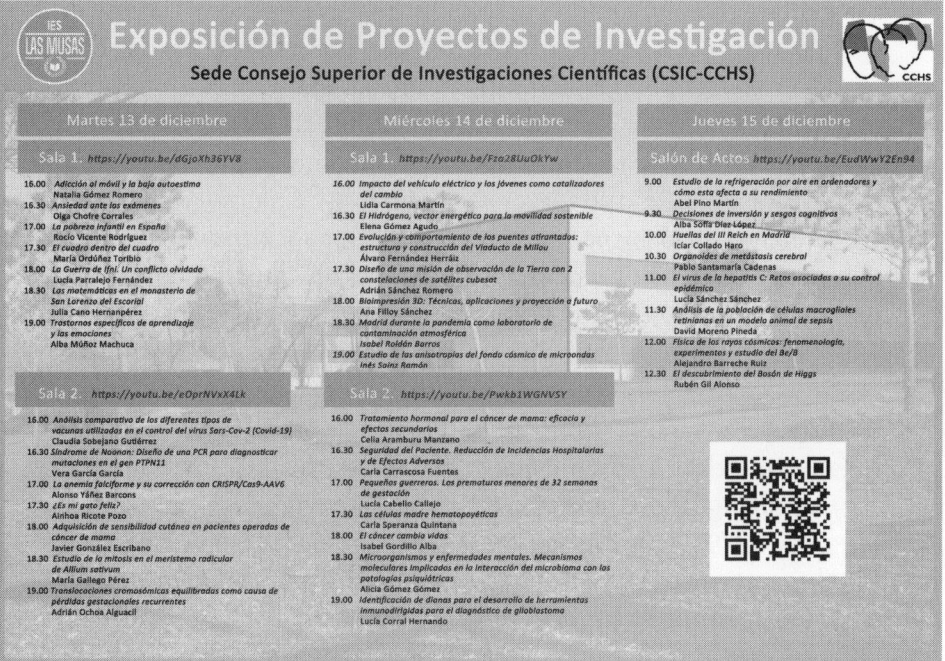

Tríptico de 2022.

uno de los trípticos en los que se muestran algunos de los más de trescientos estudios de altísimo nivel científico que realizaron los alumnos en estos últimos siete años.

Un día de primavera de 2020 me telefoneó un anciano investigador para donar su biblioteca de física cuántica de más de cien volúmenes a dos alumnas, Laura B. y Nora D., cuyas exposiciones «Fundamentos de la física cuántica: teoría y simulaciones en Python» y «Búsqueda de materia oscura con detectores de argón líquido» había visto por YouTube. A sus ochenta años pensó que en manos de esas dos jóvenes sus libros recobrarían de nuevo su sentido originario. Se presentó una mañana en el instituto con el maletero del coche repleto de ecuaciones y cuantos de energía. En mi despacho, mantuve un agradable encuentro con las futuras físicas y el físico donante. A veces, la vida te ofrece espléndidos principios de certidumbre como este, en que pude determinar con precisión la posición y el momento de la física en dos generaciones muy alejadas en el tiempo, pero unidas por una misma pasión científica. La exposición de Laura también mereció un elogioso comentario nada menos que de Amable Liñán, premio Príncipe de Asturias de Investigación Científica y Técnica: «Hay que cuidar a esa chica, promete mucho».

A lo largo de estos años, los adolescentes han investigado con rigor y profundidad sobre diversas áreas: biología, física, arte, matemáticas, etc., en temas muy especializados que han decidido su rumbo académico y sus preferencias. No desmerecen en absoluto la calidad de un TFG, muchos incluso la superan. Guiados por grandes científicos, han valorado los inconvenientes y las alegrías de la ciencia, el gusto por el trabajo propio que despierta también el aprecio por el trabajo ajeno, además de constatar los sinsabores de la soledad de la investigación. Un aprendizaje realizado con esfuerzo y entrega, tras muchas horas de estudio y experimentación.

Las sociedades se transforman y progresan solo por la investigación y la I+D. Necesitamos alentar estas vocaciones juveniles. Quien empieza su labor científica tras cumplir veinte años ya lleva un retraso considerable con respecto a la formación y la experiencia acumuladas por investigadores de otras naciones. Un atleta de élite siempre se forja en su adolescencia, aunque solo triunfará en su madurez. Si deseamos un Rafael Nadal o una Carolina Marín de la ciencia, es imprescindible fomentar una cantera de científicos juveniles.

En julio de 2018, el consejero de Educación de la Comunidad de Madrid, Rafael van Grieken, nos citó en su despacho para felicitar al alumno Víctor M. S., que acababa de obtener el número uno en la selectividad. Aproveché la circunstancia para invitarlo a que conociera de primera mano nuestro Bachillerato de Investigación. No solo acudió a la llamada, sino que inauguró las jornadas de la siguiente edición, en 2019. Le pedí, como doctor en Química, que presidiera el tribunal ante el cual otro alumno, Víctor S. F., expuso su investigación «El encéfalo y las ondas cerebrales». Aceptó y se quedó asombrado. No podía concebir que con diecisiete años aquel muchacho que tenía enfrente hubiese diseñado un casco y un programa informático para medir el estrés de sus compañeros en los exámenes y la propensión a desarrollar enfermedades neurodegenerativas por el aumento de los valores de cortisol en sangre.

Una mañana de diciembre de 2022, me llamaron de *El País* para que diera mi opinión sobre una propuesta educativa interesante de un centro privado de prestigio. La di gustoso. No obstante, los invité a que conocieran lo que en la misma línea llevaba ya años haciéndose en Las Musas. Acudió una periodista para presenciar las exposiciones de nuestros alumnos en el salón de actos del CSIC. Después, se entrevistó con algunos de ellos y conoció los pormenores del programa y de sus vidas adolescentes. Quedó tan deslumbrada que redactó una elogiosa página sobre la trascendencia de nuestro Bachillerato de Investigación.

Días más tarde, tras la aparición de dicho artículo en *El País*, «Alumnos de 17 años retan a neurocientíficos e investigadores del cáncer: "Somos chicos normales"» (16 de diciembre de 2022), recibí un correo de una científica que me enviaba su currículum (más de sesenta páginas de publicaciones, congresos, tesis dirigidas, etc.) y me preguntaba si aceptaríamos su colaboración. Yo me sonreí porque esta doctora era Amelia Nieto, la máxima experta en el virus de la gripe en España. La llamé por teléfono inmediatamente para que nos reuniéramos en mi despacho. Hasta hoy ha tutelado de manera admirable a casi una decena de estudiantes. En una ocasión, dirigió a Lucía S., una alumna inteligente y trabajadora (hija de otro taxista del barrio). Realizó una investigación tan formidable que Amelia propuso enviarla a una revista científica para que se la publicaran. A los pocos meses me mandó un ejemplar con el artículo ya editado. Fue un momento muy emocionante para nuestra escuela. Un estímulo y la consagración de que la formación que desarrollábamos en este programa era de la más alta calidad.

También los alumnos de Humanidades y Ciencias Sociales han brillado con numerosas investigaciones sobresalientes, en las que han colaborado destacadas personalidades: «El impacto de Black Lives Matter en el voto afroamericano», de Laura M., dirigida por el famoso politólogo Dr. Pablo Simón Cosano; «El populismo de Viktor Orbán en Hungría y la UE», de Nerea L., dirigida por el Dr. Carlos Closa (investigador principal del Programa Gobernanza Global. Centro Robert Schuman, Instituto Europeo de Florencia). Y otras investigaciones que asombraron a los propios científicos, pues años después alguno aún me recordaba con claridad en un congreso en Zaragoza estas dos: «Huellas del III Reich en Madrid», de Icíar C., y «La deshumanización del reo en el sistema penitenciario español. Una defensa del modelo resocializador», de Irene O. Muy emotivo fue el trabajo de la alumna Noelia R., que investigó el fusilamiento extrajudicial de su abuelo Francisco Rodríguez Cañibano, un joven jornalero de treinta y seis años, al inicio de la Guerra Civil. Buceó en archivos de varias instituciones, asociaciones y familias hasta esclarecer, por fin, la muerte de su antepasado y de otros compañeros suyos. Sus descubrimientos impactaron en su pueblo zamorano.

Solo brindando estas oportunidades a nuestros adolescentes, transformaremos el modelo económico y cultural de un país que ha caminado casi siempre de espaldas a la ciencia. Desde este modesto instituto en un barrio de Madrid, hemos alzado una enseñanza que atrae a jóvenes estudiantes de otros distritos, a familias interesadas y comprometidas con una dinámica innovadora y a un profesorado entusiasta que rompe con valentía las costuras de un currículo anacrónico más propio del siglo XIX que del XXI.

Estos trabajos se han ido presentando a concursos y certámenes nacionales o autonómicos para jóvenes investigadores, en los que se fue haciendo habitual recibir algún galardón. Era obvio que, en comparación con cualesquiera estudiantes de otros lugares de España, nuestros musos habían elaborado sus ensayos durante año y medio y, además, habían sido guiados y estimulados por científicos reputados.

Como decía, el Bachillerato de Investigación ha cosechado numerosos premios. Algunos colectivos, como el Premio Docencia, del CSIF Educación Madrid (2019); y otros muchos a título personal. Entre estos destacan el Premio Nacional GeoGebra, de la Federación Española de Sociedades de Profesores de Matemáticas (2018); el Premio Noche Europea de los Investigadores, de la Fundación Telefónica (2018); el Premio Nacional: Si eres original, eres de libro, de CEDRO (en las ediciones XIV y XVI) para jóvenes investigadores (2019 y 2021); el Premio AECC; el segundo puesto en la Olimpiada Estadística Europea, de Eurostat; el Premio de Investigación Joven URANIA, en el Congreso Navarro de la UNED; etc. Aclaremos al lector que los premios en Educación suelen ser honoríficos. Rara vez el alumno, el profesor o el centro reciben recompensa económica. A veces, un lote de libros, un portátil o un viaje. Y, por supuesto, no sirven para incrementar la asignación presupuestaria de los institutos. Queda el estímulo y la satisfacción del trabajo bien hecho. También los medios de comunicación, desde diarios hasta televisiones generalistas o radios nacionales, han realizado numerosos reportajes y piezas en los que se destaca el acierto de esta inmersión en el conocimiento que busca sembrar de científicos nuestro país.

Una nueva educación ha sido posible en cooperación con reconocidos científicos, cuyos principios de objetividad, observación, enfoque experimental y afán universal han calado entre los docentes y alumnos. Habíamos iniciado una senda por la que, hasta ese momento, caminábamos solos. Pero un día sonó el teléfono…

6

Asociación Nacional por la Investigación en Secundaria (AINVES)

Siempre que enseñes, enseña a la vez a dudar de lo que enseñes.

José Ortega y Gasset

Al otro lado del hilo, una profesora admirable llamaba desde una escuela de un popular barrio de Zaragoza para que nos sumásemos a la petición de una Agrupación de Centros Educativos (ACE) convocada por el Ministerio de Educación a fin de favorecer el intercambio de experiencias entre institutos de toda España. La idea me pareció estupenda y enseguida nos incorporamos a esta alianza de cuatro comunidades autónomas diferentes: IES Las Musas (Madrid), IES Picarral (Zaragoza), IES Miguel de Unamuno (Vitoria) e IES Valle del Ebro (Tudela). Los cuatro compartíamos una misma pasión por incentivar la investigación entre nuestros alumnos, por crear cantera de científicos. En un santiamén nos entendimos. Por fin, ya no caminábamos solos. Teníamos compañeros de viaje.

Meses después, el proyecto fue seleccionado por el ministerio y, a partir de entonces, planeé nuevas aspiraciones. Ya en la primera reunión propuse constituir una asociación nacional para extender nuestro modelo de investigación a otros muchos institutos de España. Además, acordamos la creación de una página web (ainves.org), una revista científica (*Analíticos*), un logo de la asociación, además de la redacción de unos estatutos y un certamen anual que premiara las investigaciones más relevantes de los alumnos de los centros asociados. La acogida a todas estas iniciativas fue extraordinaria, pues constatábamos que se abrían muchas posibilidades para los socios fundadores y para todos los centros educativos que se quisieran añadir.

Tras un infierno burocrático de papeles y una pandemia de COVID de por medio, por fin, en diciembre de 2022 echó a andar la Asociación Nacional de Institutos por la Investigación en Secundaria (AINVES) con el propósito de aunar voluntades y alentar a otros institutos innovadores. Los nuevos asociados contraían el compromiso de guiar cada año a un centro que desease investigar, pero que necesitaba ayuda para desarrollar este programa entre sus docentes y estudiantes. Compartir lo que uno sabe es el único y noble espíritu del maestro vocacional.

Nuestro modelo trascendió el bachillerato tradicional al optar por un aprendizaje dinámico en sintonía con el mundo actual. Desde las nuevas aulas acristaladas, con didáctica luminosa, hemos comprendido que la modernización de la enseñanza llega siempre del impulso y la ilusión por investigar y crear. Si inventamos el futuro, comprenderemos nuestro pasado y justificaremos nuestro presente. Reformemos España desde las escuelas.

En el afán por ofrecer las mejores experiencias investigadoras a nuestro alumnado, un día invitamos al Centro Nacional de Investigaciones Oncológicas (CNIO) a que se incorporase a esta aventura educativa que acabábamos de iniciar. La alegría fue inenarrable cuando aceptaron tutelar a dos estudiantes. El problema fue determinar a quiénes, pues eran muchas las solicitudes. Elegimos a Carmen V., una alumna que no despuntaba por un expediente académico brillante (había otros mejores), pero valoramos que manifestó su deseo de investigar exclusivamente sobre el cáncer al inscribirse en este bachillerato. Su motivación era una pura necesidad emocional: su madre padecía la enfermedad y ella quería conocer esta afección en lo más profundo de su mal. Como sucede siempre cuando confías en los alumnos, jamás te defraudan. Carmen V. aprovechó su oportunidad y realizó una destacada investigación, como nos expresaron las investigadoras del CNIO que dirigieron su trabajo. Una mañana la vimos en el telediario de La 1 de RTVE (27 de noviembre de 2017), junto con otros jóvenes investigadores en el laboratorio del CNIO. ¡Qué agradable noticia y qué orgullo para los profesores y para todos sus compañeros!

Dos años después, su compañera Ana L., tras una estancia en el Departamento de Innovación y tras adentrarse en la labor de la Unidad de Citogenética Molecular que dirigía la doctora Sandra Rodríguez, expuso en el Congreso IX CNIO Lab Day (12 de diciembre de 2019) su investigación, en inglés, «Chromosomal Alterations and Cancer Development Chronic Myelogenous Leukemia». Los doctores del CNIO, impresionados, ovacionaron largamente su logro científico y lingüístico. Este fue su comentario en Twitter: «El mayor aplauso registrado por ahora en el congreso ha sido para la estudiante Ana L., de Las Musas, quien se ha convertido a sus diecisiete años en una científica profesional gracias a su estancia y proyecto en el CNIO stop Cáncer». Su entonces directora, María Blasco, me trasladó que «Ana L. tiene las puertas abiertas del CNIO para cuando ella quiera volver». No se podía pedir más.

Muy pronto, a comienzos de 2020, recibí la invitación del gabinete de comunicación de la ministra de Educación para acudir a su despacho. Querían informarse del programa de investigación que desarrollábamos con evidente éxito. Me acompañaron, como no podía ser de otra manera, varios alumnos y un par de profesores que dieron testimonio directo de su experiencia. Aquella tarde, un manojo de ocho musos acudió a hablar con la ministra de Educación sobre educación verdadera. El encuentro fue muy ameno; alumnos y profesores desgranamos cómo funcionaba el Bachillerato de Investigación que cursaban. Le mostramos las publicaciones de algunas investigaciones ya realizadas y una memoria anual con los logros de la promoción anterior. Las fotografías de su interior revelaron a la ministra nuestras aulas de cristal, quien se sorprendió gratamente al comprobar que, paralela a nuestra transformación educativa, habíamos acometido otra física.

Correspondimos e invitamos a la ministra a que un día visitara estos creativos espacios de claridad en Las Musas. Ella nos dio su palabra. Para sorpresa de todos, tiempo después, cumplió. Algunos políticos olvidan con ligereza sus compromisos verbales. No fue el caso.

Por aquellas fechas, en el Ministerio de Educación ultimaban aspectos de la nueva ley orgánica y les interesaban los detalles de nuestros progresos, dado que se alineaban con el espíritu que querían transmitir de un aprendizaje más práctico y menos memorístico. Una vez más, éramos pioneros en un método de enseñanza que huía de lo tradicional y que apostaba por que el alumnado desarrollase una investigación completa.

Las habilidades que proporcionaba nuestro Bachillerato de Investigación difícilmente las obtendrían los alumnos en un bachillerato ordinario. Suponía una formación dentro del sistema público de enseñanza que, además de dar respuesta a unas vocaciones que, en la mayoría de los casos ya estaban labradas, también ayudaba a abrir puertas a campos que, por su edad y madurez, les estarían vedados. Hasta entonces nunca una muchacha de un instituto de barriada había tenido ocasión de entrar a estudiar en uno de esos grandes centros de investigación.

Derribamos no solo una forma de enseñar anticuada, sino también los muros de esas viejas aulas para sustituirlos por grandes cristaleras a través de las cuales alcanzábamos la luz y la claridad del conocimiento: el descubrimiento del método científico aplicado a la enseñanza. Un modelo educativo innovador que despertó interés en otros institutos, colegios y facultades del resto de España. Como numerosos profesores y directores nos pedían desde hacía tiempo asesoramiento para iniciar un proyecto similar, impulsamos la creación de la citada asociación nacional. Especialmente, tras las elogiosas apariciones de artículos en prensa (*El País*, *La Razón*, *ABC* o *El Mundo*) y de reportajes en televisión y radio (RTVE, Antena 3, Cuatro, La Sexta, Cadena SER, COPE) sobre las investigaciones de nuestros alumnos. Esta modalidad educativa alcanzaba notoriedad. También gracias a los frecuentes y diversos premios, becas y distinciones que recibían los estudiantes. Quizá este programa académico y esa asociación nacional de institutos representasen una de las esperanzas más vivas para el porvenir de la ciencia y la investigación del país. ¡Quién sabe!

La ciencia no se forja en palacios, sino en rincones humildes y por almas con ansia de saber y sed de innovación. La ciencia es verdad desnuda, es crear otro mundo posible en medio de uno imposible, el sueño por encontrar respuestas inauditas a preguntas ni siquiera formuladas, acaso la historia más profunda del ser humano. La historia no es más que la narrativa de la ciencia en progreso.

Sembrar ciencia, forjar una generación de jóvenes y entusiastas investigadores es la actividad más provechosa no solo para un modesto instituto, sino para toda una nación. Ningún pueblo, ninguna sociedad prospera si no incentiva el estudio riguroso y la experimentación. El futuro de un país depende exclusivamente de fomentar generaciones de investigadores, de crear y creer en la ciencia, de dotarla de recursos, de dar estabilidad a la investigación hasta convertirla en una ocupación más, reconocida y remunerada como las otras. En Las Musas sembramos inquietudes con la esperanza de transformar un día no muy lejano la realidad. Solo así, de manera callada y sencilla, se construye un porvenir prometedor.

Sin embargo, el sistema educativo español se ha orientado desde hace décadas a través de un modelo que, si bien proponía como objetivo prioritario la enseñanza activa («aprender a aprender»), en verdad incentivaba unos aprendizajes repetitivos, nunca creativos.

Nuestros jóvenes, ya acreditados investigadores, dieron cada uno lo mejor de sí mismos en admirables muestras de investigación, derrocharon voluntad y entrega por cumplir un trabajo gustoso. Lucharon y superaron, como cualquier científico, muchas adversidades y dificultades, hasta una pandemia de COVID. También sus familias contribuyeron, al respaldar este proyecto con su apoyo firme en años confusos. Alumnos y familias comprobaron de cerca qué es y qué supone investigar en un país que apenas incentiva esta tarea.

El profesorado que los ha tutelado y animado derrochó generosamente su tiempo libre para encauzar anhelos y pasiones tan diversas. Se preocuparon porque el alumno se ajustase a los planteamientos metodológicos y formales de una auténtica investigación, como se concibe en la universidad, aunque con objetivos amoldados a la edad y preparación de estos estudiantes. Habíamos apostado por una metodología práctica que estimulase la curiosidad, que se adaptase mejor a un mundo cambiante y que acercase al alumnado al espíritu científico y tecnológico, mediante una manera de aprender más dinámica.

Todos aquellos profesores recibieron como única recompensa por su esfuerzo la satisfacción de haber contribuido a una labor bien hecha. No hay nada más: ninguna remuneración, ninguna prebenda. Los alumnos fueron su solo aliciente. Y estos comprendieron que sus profesores eran auténticos héroes cotidianos. Una persona se juega la vida un día y es aclamada y recordada como un héroe, pero esos profesores, que dan su vida cada día a la enseñanza, no tienen otra medalla que el afecto y la gratitud de sus alumnos. Nadie lo olvida en Las Musas.

También JRJ llamaba héroes «a los españoles que en España se dedican a las disciplinas estéticas o científicas. Ambiente inadecuado, indiferente, hostil como en España no creo que los encuentre en otro país de este mundo», escribió. Los investigadores han sido colaboradores necesarios para desarrollar esta bella vocación de un instituto. Entre ellos está Alberto J. Schumacher, director del grupo de Oncología Molecular del Instituto de Investigación Sanitaria de Aragón y uno de los científicos más sobresalientes del país en la búsqueda de nuevos modos de diagnosticar y combatir el cáncer. Cuando le expliqué nuestra idea, no tardó un minuto en proponerme que dos alumnos trabajaran sobre «biopsias virtuales y nanoanticuerpos».

—Alberto, que solo tienen diecisiete años.

—Sí, sí, pero pueden hacer cositas interesantes.

Un año después, cuando los chicos expusieron sus trabajos en el salón de actos del CSIC, vi cómo el gran investigador se emocionaba y se le quebraba la voz tras escucharlos.

—Yo a vuestra edad no sabía nada del cáncer. —Lo decía nada menos que un discípulo aventajado de Barbacid, que había investigado en el CNIO, en el Memorial Sloan Kettering Cancer Center de Nueva York y había descubierto nuevos fármacos contra la enfermedad.

Cada curso, cuando en diciembre completábamos un nuevo ciclo de investigación, nos sentíamos profundamente orgullosos del camino recorrido, pues habíamos hecho, como sencillos maestros y maestras, tanto por nuestro país fomentando el espíritu científico como un gobernador civil o un diputado.

Tras las exposiciones de las diversas investigaciones de los alumnos en el CSIC, cada curso publicábamos en la editorial del instituto un volumen con los trabajos presentados. A todos se les entregaba su correspondiente ejemplar. Era un momento vibrante, pues los alumnos siempre recordarán que su escuela pública les brindó la oportunidad de investigar y, además, les dio su espaldarazo definitivo con la edición de su primer estudio científico, con ISBN y depósito legal. Todos guardaban aquel libro como el más preciado tesoro. Lo era. Significaba mucho para ellos, pero también para los profesores e investigadores que habían contribuido.

En un ambiente inadecuado no resulta extraño que la ciencia sea escasa y discontinua. Para realizar grandes cambios en una nación es preciso que la siembra se haga en escuelas e institutos. La investigación necesita aliento por parte de las instituciones. Con esta idea diseñamos el Bachillerato de Investigación, que ha contado con el entusiasmo y la generosidad de muchos profesores guiados solamente por un espíritu innovador y ambicioso.

La acogida entre alumnos y familias ha sido excepcional. Los primeros adquieren un bagaje científico con el que afianzan sus vocaciones, acrecientan sus intereses y mejoran sus destrezas, y las familias aprecian en esta propuesta una forma de alcanzar con rigor las competencias que la sociedad actual exige. El interés por nuestro bachillerato ha provocado una extraordinaria demanda que se ha visto reflejada en una constante ampliación del número de participantes. Con algunos casos reveladores.

Salía yo una mañana de dar clase de poesía de posguerra a mis alumnos de bachillerato cuando me esperaba en la puerta el jefe de estudios, Manuel Torremocha. Por su mirada, supe que algo notable ocurría.

—¡No lo vas a creer! Ha llamado una de las diez familias más ricas de este país. Quieren matricular a una ahijada suya en Las Musas.

—¿Cómo? —Creí haber oído mal.

—Sí, la niña, una estudiante muy brillante, ha pedido inscribirse en nuestro Bachillerato de Investigación. Su familia le ha ofrecido los colegios más caros de España o Estados Unidos, pero ¡imagínate!, ella ha insistido en Las Musas. Están tan extrañados que M. A., el presidente ejecutivo de la compañía familiar, ha pedido entrevistarse contigo y visitar el centro. Quiere conocer personalmente nuestras instalaciones y nuestros proyectos innovadores.

La alumna entró finalmente por méritos propios (con un buen expediente académico), pues los criterios de admisión son los mismos para todos en una escuela pública. En efecto, no había duda de que aquella chica era muy inteligente. ¡Qué gran investigación realizó, tutelada por una doctora de la UCM! Tras cursar los dos años de bachillerato, M. A., hombre con un olfato artístico y financiero finísimo, comprendió la alta calidad de nuestro proyecto educativo. Le escuché varias veces y en diversos ámbitos deshacerse en elogios ante nuestra escuela.

En recuerdo a aquel jefe de estudios que tanto trabajó por mejorar este ambicioso sueño, instituimos los Premios de Bachillerato Manuel Torremocha. Quedaba así vinculado para siempre su nombre a este proyecto. Cada año se distinguen las investigaciones más destacadas en tres campos: ciencias de la salud, tecnología y ciencias sociales. Estar entre los tres alumnos nominados en cada modalidad ya es un gran triunfo; subir al escenario el día de la graduación ante un auditorio de más de seiscientas personas a recoger un «Torremocha» es, para los chavales, como ganar un Goya. No es para menos, cuando se trata de un programa casi de película (como las que protagoniza otro exmuso, el actor Hugo Silva). Pronuncian unas palabras; sus compañeros gritan, aplauden y corean sus nombres a pleno pulmón; lloran sus padres; y nos emocionamos todos por la mejor educación conseguida.

Cuando todo un barrio se identifica y vibra con su instituto, la enseñanza se vuelve maravillosa. No era la pasión por un equipo deportivo, era algo más profundo y sincero lo que se vivía en Las Musas. Entre los muchos premios recibidos a lo largo de estos años me quedo, sin duda, con uno que nos escribió una madre, quizá más modesto, pero perfumadamente dichoso: «Seguid así, sois el orgullo de todo el barrio».

III

Agua

7

Cuando los ratones se enamoran de su barco, no lo abandonan

Rats live on no evil star.

ANNE SEXTON

Yo no fui nunca un director vocacional, sino pasional. No tuve esa querencia desde el inicio. A mí la dirección me llegó tarde o en su punto quizá, y por accidente. Uno está a veces, sin pretenderlo, en el lugar y el momento justos en que suceden las cosas y asume su responsabilidad. Sin embargo, no fue hasta mi primer día en el cargo, cuando verbalicé de manera inesperada ante un policía desconocido por qué acepté ser director. Llevaba en Las Musas once años (desde 2004). Mi mundo hasta entonces había sido la investigación, que compaginaba con mis clases de Literatura en el instituto, donde además colaboraba como jefe de estudios de bachillerato desde 2011. Un día, Pedro López, el profesor que había dirigido el centro durante muchos años, anunció su retirada. Mis compañeros me pidieron que tomara el relevo. Yo meditaba.

La Consejería de Educación había construido, tras reiteradas protestas de los vecinos del distrito, un recinto escolar a escasos trescientos metros de nuestra destartalada escuela. Todos creíamos, ingenuos de nosotros, que nos trasladarían allí en breve. Sin embargo, no fue así. En una reunión nos comunicaron que ese sería otro instituto diferente y que Las Musas, si acaso, volvería a sus orígenes de FP. El centro recién creado (bilingüe, luego trilingüe y con todas las pérgolas y programas) atraería el interés de familias y niños; por tanto, «se tragará gradualmente vuestras aulas de secundaria y bachillerato», nos dijeron. Cundió el nerviosismo entre el profesorado, que veía amenazado su futuro en las antiguas Musas. Ante mis ojos de perplejidad, un dedo piadoso de la Administración me señaló la dirección de aquel nuevo instituto. Yo enmudecí.

Al mismo tiempo y de manera inesperada recibía dos propuestas halagadoras: una, el paraíso de un centro dotado de conveniente modernidad y bendecido con todos los parabienes; y otra, el abismo de una escuela anticuada condenada al olvido. Tal vez este negro vaticinio provocó que mi corazón diera su «sí, quiero» a la dirección de Las Musas. Uno no lo puede evitar, es un docente fiero, clásico y sentimental, como el marqués de Bradomín de Valle-Inclán.

Mis compañeros me sonrieron con cálidas miradas. Éramos ratones de mar enamorados de nuestro viejo navío, incapaces de abandonarlo. Ese espíritu escurridizo y marino de roedores rebeldes hubiera inspirado a un buen Banksy grafitero de San Blas a dibujarnos con aerosoles en una tapia del instituto. Decidí agarrar el timón y achicar agua junto a la marinería para reorientar, de ser capaces, una escuela rota con muchas vías de agua hacia un rumbo incierto. Pronto descubriríamos que nuestro destino no sería hundirnos en el fondo del mar, sino elevar la vista al cielo desde un nanosatélite. La vida es un viento voluble en busca de velas bien orientadas.

En la Administración, la directora de directores, una mujer fuerte y de personalidad volcánica, se asombraba ante lo que llamó el error de mi decisión. Sin embargo, dos años después, sentados ante la misma mesa, me pedía: «¡José Antonio, para! No promuevas más tus Musas, porque no puede acoger a tantas familias como lo solicitan. Estás generando un problema». Nos estimábamos mutuamente. Aún mantenemos una amistad y un respeto acrecentado con los años. Una mañana visitó ya jubilada Las Musas renovadas. Entramos en el aula de música y observamos en silencio la hermosa actividad de la profesora con sus alumnos. Cuando salimos, su corazón enorme se echó a llorar dulcemente. En varias ocasiones, discutimos por cuestiones que ya nada importan. Me agradeció emocionada el esfuerzo por prestigiar la educación. Ella admiraba mi deseo de cambiar la enseñanza con un ramillete de versos; y yo, que ella sola atendiese las demandas de centenares de escuelas.

Pero ¿cómo navegar y con qué proyecto? Los comienzos de cualquier director de educación o de lo que sea siempre resultan una incógnita. Las dudas y la inseguridad sobre qué rumbo elegir o qué decisiones tomar son el pan de cada día. Como la mayoría de los directores noveles, no tenía una idea madura de lo que suponía encabezar una institución, no contaba con un programa definido. Mis saberes de gestión educativa eran prácticamente nulos, y mi biblioteca pedagógica, famélica. Sin embargo ahí estaba yo, nombrado capitán académico, director de personal docente y no docente, y máximo responsable de cuanto sucediese en mi escuela. Qué inconsciencia mayúscula la mía. Solo poseía un nudo en el estómago, mucha experiencia docente, un doctorado en poesía a modo de carta de navegación e ilusión sobrada para conquistar el imposible de una nueva educación. Esa era mi maleta. Ahora, con el paso de los años, sé que para ser director se necesita ante todo un espíritu creador, es decir, transgresor de tu tiempo y tu lugar. De aquellos inicios en 2015 recuerdo el sabor irregular de una soledad recién contratada y firmada por cuatro años. Luego vinieron prórrogas sucesivas. Ser director es acostumbrarse a ser observado en medio de muchos modos de mirar.

El tribunal que juzgó la validez de mi candidatura no dudó acerca de mi falta de aptitudes: quiso suspenderme. Ser el único aspirante fue mi mejor credencial. La exposición que anuncié de cambios materiales e ideales no fue del agrado de las autoridades examinadoras, salvo de mis compañeros. Demasiado osado, me sugirió el tribunal. Sellaron mi propuesta con un aprobado ramplón que hirió mi orgullo. La presidenta, no sé si por resquemor o mala conciencia, me requería con insistencia si iba a reclamar esa calificación.

—Para qué, si ya he superado la prueba —le respondí. Tenía por delante cuatro años para ganarme la opinión del único tribunal que me importaba: mis alumnos.

Mi amigo Carlos R., capitán de navío en otro centro, despejó de mi pensamiento aquellas nubes negras: «Olvida pronto esta anécdota. Poco importa el inicio de una novela o una navegación. Tan solo cómo transcurre y cómo termina el viaje. Lo que aportes y cómo guíes tu instituto será lo decisivo; lo demás, nada. Solo cielo, mar y literatura». Qué sabio consejo.

Había regresado al instituto tras trabajar una temporada en comisión de servicios en la Residencia de Estudiantes como asesor científico de la exposición conmemorativa del cincuenta aniversario de la concesión del Premio Nobel a JRJ. Allí escribí y edité varios libros sobre el andaluz universal en las publicaciones de la «Resi». Y me empapé del espíritu de Giner de los Ríos, pulcro y riguroso a un tiempo. Como JRJ vivió hospedado en una habitación de aquellos pabellones durante tres años (1913-1916), conocía muy bien la historia y la intrahistoria de la institución. JRJ contribuyó al diseño de sus jardines y, muy especialmente, al de las publicaciones, cuya orientación y autores decidía. También ayudó al director Alberto Jiménez Fraud a organizar la biblioteca y al seguimiento de las obras de las nuevas dependencias. A mí me gustaba pasear entre los chopos y las adelfas que él plantó en el Jardín de los Poetas e investigaba y leía a la sombra de los ladrillos tan *British* de sus edificios. Cuánta admiración sentía por lo que aquella «Edad de Plata», como la denominó José-Carlos Mainer, representó para la cultura mejor del país. Los residentes: Lorca, Dalí, Buñuel y compañía; y la pléyade de conferenciantes: Albert Einstein, Marie Curie, Igor Stravinsky, Howard Carter, etc. A falta de Oxford y Cambridge, aquí en España tuvimos la Residencia de Estudiantes, a la que prestigiaron con su ciencia y poesía nada menos que cuatro premios Nobel: Santiago Ramón y Cajal, Severo Ochoa, JRJ y Vicente Aleixandre.

Cuando me nombraron director de Las Musas, la aventura educativa sin igual de la «Resi» revoloteaba por mi cabeza. Comparado con lo sentido, lo aprendido y lo ensoñado en «la Colina de los Chopos», como la llamó JRJ, el curso de formación de directores me pareció una gigantesca marea grisácea y administrativa. Un páramo de prosas normativas entre las que recuerdo la más funesta con que nos empobreció una tarde el jefazo de los inspectores: un director responderá de cualquier desaguisado con su propio patrimonio. Y aun así seguí. Seguimos todos adelante. Benditos ilusos los Ulises siempre. ¡Qué raza heroica la de los directores![26]

Ahora que vuelvo la mirada atrás, me doy cuenta de cómo JRJ estuvo siempre presente durante mis años al frente de Las Musas en tantas cuestiones decisivas como la biblioteca, los jardines, las obras, las publicaciones en la editorial del instituto, etc. Pero especialmente en su compromiso incansable de alentar a los jóvenes. Busqué cobijo en la sombra poética del nobel, un gigantesco árbol lírico que inspiró con su infinito ramaje mi vida y mi actuación. En él descubrí lo más elevado de mis días: ética y estética. JRJ ha sido para mí no solo una lectura esencial, sino un referente por su actitud, compromiso e integridad en los momentos más adversos y difíciles de la humanidad.

Como muchos otros centros de secundaria, también Las Musas, en años previos a mi llegada como director, había intentado una vía directa y segura para revitalizar el futuro académico en sus aulas: acogerse a alguno de los programas institucionales que cada curso ofrece la Consejería de Educación a los claustros; o sea, subcontratar la innovación en lugar de inventarla. Nunca hubo suerte. El centro no fue agraciado en ninguna convocatoria. No se afinaba con el engarce sintáctico del reintegro o se enviaban ideas desganadas o estábamos a trasmano. Quizá, desahuciados. Qué sé yo. Hasta en cinco ocasiones quedamos excluidos. Mi predecesor en la dirección solicitó primero ser instituto tecnológico, pero no se aceptó; después obtuvo la misma respuesta con el programa bilingüe en inglés. Cuando tomé el relevo, pedí y no se nos concedió un aula de excelencia; lo intentamos de nuevo con una sección lingüística de francés, pero nada. No había manera. Por último, tampoco atesoramos méritos suficientes para ingresar en el programa STEM de fomento de las vocaciones científicas entre las alumnas. Contra este repóquer de noes sobre la mesa de dirección apostamos todo, lo único que teníamos: imaginación y creatividad. A partir de entonces, convinimos en innovar solos y por nuestra cuenta.

El lector fino encontrará en esta solicitud del bilingüismo en inglés un cambio de criterio con lo expresado al comienzo de este libro. Pasamos de llamar a esa puerta a cambiar de opción cuando nos la ofrecieron con insistencia en varias ocasiones tras lograr nuestros primeros éxitos educativos. Esto recuerda el famoso problema de Monty Hall, que abordó Marilyn vos Savant y cuyo debate posterior conmovió al público.

Marilyn era conocida por poseer el coeficiente intelectual más alto del mundo, de 228, superando con creces a Einstein (160-190) o a Hawking (160). A los diez años memorizó libros enteros y leyó los veinticuatro volúmenes de la *Enciclopedia británica*. A pesar de su extraordinaria inteligencia, su adolescencia no estuvo exenta de desafíos. Asistió a la escuela pública y sus padres la obligaron a abandonar la Universidad de Washington para apoyar el negocio familiar. Desde 1985, con treinta y nueve años, escribía una columna para la revista *Parade*, donde ofreció su solución a la pregunta aparentemente simple del problema de Monty Hall: un concursante se enfrenta a tres puertas, detrás de una de las cuales hay un coche, mientras que las otras dos ocultan cabras. Después de que el concursante selecciona una puerta, el anfitrión muestra una cabra detrás de una de las otras dos puertas restantes. Al participante le ofrecen entonces la opción de cambiar de puerta. ¿Debería aceptar para maximizar sus posibilidades de ganar? La respuesta de Marilyn fue clara: «Sí, debería cambiar». La reacción de sus lectores, abrumadora. Recibió miles de cartas, muchas doctoradas, y casi todas afirmaban su error, que ese cambio no incrementaba las posibilidades de atinar. Algunos se burlaron de ella con insultos y críticas despiadadas. Sin embargo, su solución era matemáticamente sólida, no estaba equivocada. Simulaciones por computadora del MIT confirmaron su acierto: los académicos que inicialmente no estaban de acuerdo admitieron luego su yerro y se disculparon. Su fama se desbordó de manera inesperada.

Casi todos habían interpretado de manera errónea que las puertas restantes tienen probabilidades iguales (50 por ciento), porque la respuesta correcta va contra la intuición. A menudo, las personas tratan la segunda opción como un escenario completamente nuevo, ignorando las probabilidades establecidas en el primer paso.

Marilyn vos Savant es un testimonio de brillantez y resiliencia, que supo ver lo que muchos no podían: la brecha entre la intuición y la lógica. Demostró que incluso las mentes más agudas enfrentan y superan la crítica al mantenerse firmes en la verdad.

No se interprete esta anécdota y nuestra decisión de cambiar de puerta, igual que Marilyn, como un desdén por el bilingüismo (en el mundo actual desconocer este idioma equivale a ser un semianalfabeto universal) o una crítica a la Administración. No. Nosotros cambiamos de opción para abrir la puerta al estudio del inglés gracias a la AMPA, que organizó por las tardes clases específicas para preparar los exámenes oficiales de Cambridge en sus diferentes niveles —B1, B2 y C1— y en grupos reducidos de diez alumnos. ¡Qué inestimable apoyo resultó siempre la colaboración de las familias para avanzar! Nuestro modelo de bilingüismo no fue en detrimento de otras asignaturas, sino que incrementamos el horario de Inglés y profundizamos su estudio en turno de tarde y de forma voluntaria. También impulsamos numerosos intercambios con escuelas de países de habla inglesa. Nos convertimos en centro examinador oficial de Cambridge. Los exámenes acreditativos se realizaban en junio dentro de nuestro instituto. Al final, los alumnos obtenían la misma titulación en inglés que quienes cursaban en un centro bilingüe, pero sin renunciar a los contenidos de Biología o Historia de España, tan necesarios de cara a la selectividad que han de redactar en castellano. Acertamos al cambiar de opción. Escogimos sin renuncias la puerta por la que se entraba al idioma inglés. Solucionábamos así un fuerte debate entre unas y otras familias divididas por el modelo de bilingüismo oficial.

Cuando vimos que todos los centros educativos, casi de manera exclusiva, optaban por la vía del inglés, en Las Musas —fieles a nuestro estilo de contrapunto— apostamos por el francés. ¿Por qué? Inglés lo aprenden todos los alumnos. En cambio, francés apenas un 5 por ciento. Buscábamos para nuestro alumnado un dominio de ambas lenguas, además de la nativa. Lo habitual en muchos países europeos. Limitarnos a enseñar solo inglés teniendo como vecinos a Francia y Marruecos carecía de sentido. Gloria C., profesora de Francés, me propuso, con acierto, duplicar las horas lectivas de su asignatura para los alumnos de 1.º de ESO que se incorporasen al programa propio «Ampliación de Francés» recién creado. Lo cursaban niños voluntariamente y sin que se les exigiera experiencia previa del idioma. Contábamos cada año con la ayuda de dos auxiliares de conversación nativas. El aprendizaje de otra lengua romance fortalece el dominio del castellano, tanto en las estructuras sintácticas y el vocabulario como en los aspectos morfológicos. La redacción en francés implica el uso de unos conectores textuales que refuerzan y asientan los mecanismos de cohesión que ejercita el alumno en castellano. Al final de los cuatro cursos de ESO, las profesoras obraban el milagro de que los estudiantes se desenvolvieran en francés sobradamente para obtener la titulación B1 o B2 en esa lengua.

Quisimos la libertad de cometer nuestros errores y también de rectificar y acertar. Cada pequeño logro lo saboreábamos con deleite y nos envalentonaba para encarar nuevos propósitos. Que la necesidad agudiza el ingenio lo vivíamos a diario. Y más en un instituto de extrarradio. Con el tiempo, descubrimos la ventaja y la alegría de soñar nuestros propios programas educativos salidos del convencimiento. La realidad dictaba la teoría, justo a la inversa de cómo sucede casi siempre en educación.

Aprovechamos el breve corralito de autonomía que la legislación permite a los centros para trazar unas propuestas ingeniosas. Eso sí: enseñando lo mismo de forma diferente y sin pedir más recursos, como regula la sacrosanta normativa. Ya decía Cervantes que la libertad es uno de los más preciosos dones que a los hombres dieron los cielos. Quizá por eso buscamos amparo en la extrema libertad de la poesía.

Constatamos en nuestras propias carnes una de las premisas repetidas por los asesores de educación: la autonomía de las escuelas para elaborar sus propios diseños curriculares es la medida que mayor repercusión tiene en el progreso de los alumnos. En alguna ocasión me referí a Las Musas como el «Instituto Libre de Enseñanza» porque, al igual que los institucionistas, caminábamos alejados de los programas educativos oficiales.

Durante ese tiempo apasionado y apasionante como director (2015-2024) inventamos una sucesión de propuestas peculiares: Bachillerato de Investigación, «Alumnos mediadores», «Asignaturas cuatrimestrales», «Repetición 0,0 por ciento», «Lanzamiento de un nanosatélite al espacio», el programa de cooperación y voluntariado «Las Musas-Actúa», «Los Musaicos», «I am Able», «Expediciones a la selva de la Amazonía ecuatoriana», «Escuela Embajadora del Parlamento Europeo», «Ampliación de Francés», «Comisión de Igualdad», «Centro Referente de UNICEF», además de numerosos intercambios escolares con Canadá, Rusia, Estados Unidos, Polonia, República Checa,

Alemania, Francia, etc., que despertaron confianza en alumnos, profesores y familias, y que pronto cuajaron en éxitos aireados por la prensa. Tal vez porque cada uno de esos programas nacía tras una serena meditación para atajar una carencia, atendían una necesidad formativa real o porque desafiaban los cauces de la educación tradicional. Uno se hace director para redimir la enseñanza de normas y preceptos, para regar con versículos tanta prosa adormecida, para no apoltronarse en lo común establecido.

Luego, la realidad se encarga de colocarte en tu sitio. Mi primer día en el cargo fue superlativo, mayúsculo, paupérrimo, desolador. Nunca hubiera sospechado un comienzo semejante. A las ocho de la mañana, siempre trajeado y encorbatado para recibir a mis musos, apostado en la entrada, daba la bienvenida y deseaba un feliz curso a alumnos y profesores. Convertí en costumbre que el director saliera azul marengo a la puerta del instituto cada septiembre y tras las vacaciones de Navidad y de Semana Santa para saludar a todos.

Aquella mañana con calor en crecida natural, a las diez me paseaba por las aulas con sonrisa complaciente, mientras repasaba detalles y observaba la calma y buena marcha de un inicio caluroso. ¡Qué grato momento en una vida! ¡Qué otra actividad más gratificante puede haber que dirigir una institución educativa! A las once, me anunciaron que un padre necesitaba hablar urgentemente conmigo. Me comunicó que a las dos y media recogería a su hija de 1.º de ESO. Dejó sobre mi mesa una demanda contra su mujer por maltrato a la niña. Abrí la ventana para refrescar la sala. Mientras hojeaba los papeles, me avisaron de que una señora, la madre de la alumna, solicitaba informarme sin dilación de que su hija había sido raptada por su padre durante aquel fin de semana y que ella acudiría a las dos y media para recuperarla. Puso sobre mi mesa una sentencia de separación del juez por la que la niña debía vivir con ella. No corría ya ni gota de aire.

Llamé a la comisaría para que me orientaran sobre a quién debía entregar la niña, pero me remitieron a Fiscalía de Menores, y Fiscalía, a su vez, que llamara a la policía. Me aflojé la corbata. Al final, conseguí que desplazaran a dos agentes al instituto para evitar un espectáculo ante el alumnado a la hora de la salida. Llegó la madre y la ubiqué en una salita; después al padre en otra distinta. Salió la hija y la recogí en mi despacho junto con los dos policías. Fiscalía nos pidió que hablásemos con la jueza de guardia de la Plaza de Castilla. Y su secretaria que redactásemos un informe de lo que sucedía en el instituto. Ya en mangas de camisa esperábamos instrucciones, mientras la niña, que sabía más derecho que todos nosotros juntos, nos ilustraba sobre cómo debía proceder la jueza: «Dictar unas medidas cautelares dada la gravedad de la denuncia presentada». Los policías y yo mismo escuchábamos boquiabiertos a aquella pequeña de once años hablar de cuestiones legales con la soltura de quien viste toga en lugar de camiseta. Bebíamos agua para recuperar saliva.

A las cuatro de la tarde llamó la jueza para decirnos que lo nuestro había que resolverlo con sentido común y que el director tomase la mejor decisión a su juicio. A lo cual me negué, ya descamisado.

—Pues si no pone usted de acuerdo a esos padres —me dijo la jueza—, se trasladan inmediatamente todos al juzgado de la Plaza de Castilla: la niña, los dos policías, la madre, el padre y el director. —Eran las cinco de la tarde más ardientes que nunca. Y en ayunas.

—¿Y dice usted que es su primer día al frente del instituto? —me requirió uno de los policías, mientras el otro distraía a la niña comentando alguna jugada de Ronaldo.

Conseguí que uno de los dos progenitores cediese y permitiera que, hasta el jueves en que estaban citados ante la jueza, la niña permaneciera con el otro. Cuando llegué a casa, pasadas las seis de la tarde, sudoroso y desaliñado, sin comer y agotado por la tensión, me preguntaron amigos y familiares por mi comienzo como capitán de navío. Solo tuve ánimo para pedir un abanico.

Hoy las familias trasladan a la escuela (con y sin sonrojo) las funciones y la responsabilidad que como padres les corresponden en la educación de sus hijos. Delegan en los profesores buena parte de sus tareas y los responsabilizan o reprochan cuestiones livianas e intrascendentes, o incluso les exigen que resuelvan las más trascendentes. La jueza retiró la custodia a aquellos padres y la niña pasó a ser tutelada por la Comunidad de Madrid en un centro de primera acogida. Un día acudí a visitarla, porque llevaba un par de semanas sin venir al centro, pero no me permitieron verla. Después la trasladaron a un piso y le asignaron un tutor legal. Logró avanzar en sus estudios. Terminó la ESO, luego bachillerato y superó de manera brillante la EvAU hasta alcanzar la Facultad de Derecho. Quise que fuera una de las alumnas investigadoras que me acompañaron al encuentro con la ministra de Educación en su despacho. Hay muchachos de cuyo progreso se siente uno especialmente reconfortado y orgulloso. Aquella niña de 1.º de ESO de mi primer día destaca entre ellos.

Cuando se despedía, el otro policía me preguntó: «¿Por qué aceptaste ser director de un instituto?». «Para infundir belleza en el mundo», fue mi respuesta.

8

De Las Musas al cielo: el nanosatélite

Porque ese cielo azul que todos vemos,
ni es cielo ni es azul. ¡Lástima grande
que no sea verdad tanta belleza!

ARGENSOLA

Apuntar a las estrellas es la manera más eficaz de superar cualquier muro, de saltar por encima de todas las tapias. En 2020, iniciamos la aventura más atrevida jamás soñada por ningún centro educativo. Nos propusimos construir y lanzar un nanosatélite al espacio con el objetivo de analizar la información que este enviase y realizar estudios medioambientales a partir de las imágenes captadas. Todo sucedió tras recibir una llamada de la embajadora de Israel, recién llegada a Madrid, en la que proponía que Las Musas se sumase a ese proyecto. A menudo la realidad supera la ficción. Tardé un tiempo en asimilar aquella conversación. ¡Cómo iba a suponer que una embajadora se dirigiera al director de un instituto de barrio para formularle semejante iniciativa! La sorpresa de todos los compañeros fue formidable, aunque nos habíamos malacostumbrado a que todo era posible en Las Musas. Enseguida mantuvimos los primeros encuentros para profundizar en la propuesta.

Al parecer ya habían desarrollado y culminado en tres ocasiones con diferentes escuelas de su país el mismo programa para fomentar las vocaciones científicas, especialmente entre las chicas. La nueva embajadora en España venía con la idea de replicar dicha experiencia en algún centro y buscaba preferentemente una escuela pública que sobresaliera en su interés por la ciencia y la investigación. Se había fijado en el modelo innovador de Las Musas, volcado en promover una enseñanza basada en la investigación y en el método científico. Como nuestros alumnos ya estaban acostumbrados a trabajar codo con codo con investigadores de renombre, se había planteado ejecutar con nuestro instituto ese plan tan excepcional.

Asimilada la estupefacción, reunimos a las familias de los alumnos interesados para trasladársela a ellas con todo detalle. Sabíamos la perplejidad que causaría entre los padres que los niños contaran que iban a lanzar un nanosatélite al espacio a bordo de un cohete. Mejor era que, como director, les enviase una carta que respaldase la noticia.

Propusimos a los alumnos de 4.º de ESO un programa de tres años de duración. En el primero, recibirían formación sobre las leyes de Kepler, lecciones de cálculo orbital, clases de satélites y su estructura, conceptos físico-cuánticos, transmisión por radio y tipos de experimentos en satélites.

En el segundo, se ensamblaría el nanosatélite (CubeSat) de dos kilos y treinta y cinco centímetros de alto en una sala limpia construida especialmente para ello. Y, en el tercer año, se lanzaría al espacio a bordo de un cohete a unos seiscientos kilómetros de altura sobre la Tierra, gracias a los programas de la Agencia Espacial Europea, que dan prioridad a las iniciativas educativas y científicas.

Eran los primeros estudiantes de secundaria que realizaban un proyecto de estas características en toda Europa. Los alumnos bautizaron el satélite, cómo no, con el nombre de la musa de la Astronomía: EspYSat-Urania. Sus dos portavoces, Sara E. y Rubén G., así lo explicaron cuando presentaron el logo de su misión espacial, como se acostumbra a hacer en la NASA. No íbamos a ser menos.

El propósito era que trabajasen con las imágenes que enviase el nanosatélite para experimentar sobre microgravedad, farmacología o cambio climático. Dos ingenieras aeroespaciales serían las encargadas de tutelar y guiar a los adolescentes por videoconferencia.

Paralelamente, también pusimos en marcha otro proyecto denominado «She Space», dirigido exclusivamente a alumnas de bachillerato, cuyo objetivo era similar: concretar estudios medioambientales o sobre los efectos del cambio climático. Observaban la Tierra desde el espacio a través de cámaras con distintos sensores incorporados en los satélites ya en órbita que pertenecían a algunos de los países participantes, como Estados Unidos, Alemania, Corea del Sur, Perú y Brasil.

Organizamos en el instituto una espectacular presentación para informar a los periodistas sobre ambos proyectos. Más de veinte medios de comunicación acudieron una tarde de marzo de 2021 a San Blas para escuchar a alumnos, profesores y científicas desmenuzar la aventura del nanosatélite de Las Musas. Nunca se vio tal desfile de autoridades en un instituto: la ministra y el consejero de Educación, diplomáticos y varios diputados de la Asamblea de Madrid, así como otros responsables educativos.

Hubo una auténtica avalancha de noticias en prensa, radio y televisión sobre el nanosatélite durante varias semanas y meses. A cualquier encuentro de profesores o directores al que acudía, todo eran enhorabuenas y un asombro unánime ante la incredulidad de tal hazaña. Yo me mostraba precavido, aún no habíamos conseguido nada, pero era cierto que la visibilidad que obtuvo Las Musas fue abrumadora. Muchos periodistas se acercaban a nuestras aulas atraídos por el runrún del nanosatélite. Y descubrían una escuela innovadora que desarrollaba desde hacía años muchas otras atrevidas iniciativas de todo tipo. Los periodistas acababan escribiendo artículos o reportajes en televisión sobre alguno de los programas, intercambios, expediciones a la Amazonía, premios o logros académicos o sobre nuestros espacios acristalados. La suma de todo ello les resultaba enormemente llamativa por inusual. Y el instituto recibió una proyección extraordinaria.

Nuestros primeros pasos fueron salir a los jardines con una antena *turnstile* para captar satélites en el espacio, pero no conseguíamos una señal limpia. Después compramos una QFH (antena helicoidal cuadrifilar), que llegó con instrucciones de montaje en japonés. Con esa antena, aprendimos a obtener imágenes de los satélites geoestacionarios de la Administración Nacional Oceánica y Atmosférica (NOAA-18 y NOAA-19).

El profesor de Tecnología, Víctor Barbero, que coordinaba al grupo de veinticinco alumnos, contactó con una empresa italiana,

GMSpazio, que vendía un sofisticado simulador aeroespacial llamado AGI Systems Tool Kit (AGI STK). Con él, los alumnos aprendieron a realizar cálculos orbitales, a determinar la posición de los satélites y a establecer su órbita en función de los distintos parámetros que introducían. Lo usábamos para hacer un seguimiento de los satélites NOAA, que emitían en abierto. Los italianos se sorprendieron de que una escuela de secundaria trastease en estas cuestiones y nos facilitaron de manera gratuita seis licencias de este programa (cada una costaba más de diez mil euros) para que nuestros alumnos se adiestrasen en el manejo de una herramienta inaccesible incluso para universidades. Era un simulador espectacular. ¡Qué buen trabajo realizó el profesor Barbero con sus alumnos!

En pocas semanas, los niños adquirieron un conocimiento y una soltura asombrosa con este programa. Ellos se encargaban de indicarnos cuándo salir al patio con una antena QFH conectada a un portátil para seguir en la pantalla el paso de los satélites que a determinadas horas cruzaban por encima de nuestro instituto. A veces, los jardineros se acercaban a ver en qué andábamos y no daban crédito a lo que escuchaban.

Tras contactar con un profesor de la Universidad Politécnica de Madrid que había instalado una estación de seguimiento aeroespacial en su Facultad de Telecomunicaciones, seguimos sus consejos y en unos meses dimos un salto espectacular. Importamos piezas y componentes desde Estados Unidos en un ímprobo esfuerzo para montar y completar una instalación de verdad en nuestro instituto. Fue la primera estación de seguimiento aeroespacial en una escuela de secundaria en Europa. Constaba de una antena con un rotor instalados en el tejado del edificio que giraba en la trayectoria de los satélites gracias a la manipulación que se hacía desde la estación de seguimiento ubicada en un pequeño despacho próximo. Un sorprendente logro tecnológico para una escuela, con el que incluso podíamos solicitar una comunicación para saludar y hablar brevemente con los astronautas de la Estación Espacial Internacional. Era todo tan apasionante que no dejábamos de soñar cada día con nuevos empeños.

Todo parecía que se encaminaba hacia nuestro objetivo, a pesar de los retrasos y dificultades. En lo que estuvo en nuestra mano, acertábamos y cumplíamos con lo necesario. Nuestra fama ya nos precedía y nos sorprendió una llamada de los responsables de la Feria de la Ciencia que se celebraba en IFEMA para ofrecernos un estand donde exponer nuestro proyecto, además de invitarnos al ágora de comunicación para que los alumnos presentasen públicamente sus avances. También se acercaron varias cadenas de televisión al recinto para entrevistar a la astrofísica Ana H., que guiaba a los estudiantes, y para que estos contaran sus experiencias ante las cámaras.

Sin embargo, pasaron los meses y el curso entero sin que se concretase ninguna de las ayudas o apoyos económicos que nos aseguraban diversos organismos y empresas. Recuerdo una reunión con el teniente general del Instituto Nacional de Técnica Aeroespacial (INTA), en la que me quejaba abiertamente de que no se diese ya una salida viable a un empeño educativo tan atractivo.

—Sin duda es comprensible tu desilusión —como bien me dijo—, pero una escuela no es competencia del INTA. —Tenía razón.

Y, dentro de la Administración educativa, unos y otros no encontraban la partida presupuestaria donde encajar el gasto.

—Ah, no —exclamaba yo—, gasto ninguno, es una maravillosa inversión educativa.

Les argumentaba de un modo y de otro, del derecho y del revés, pero nada. No conseguía avanzar. Un día, en una reunión con los máximos responsables del ministerio, quedaron pensativos cuando les dije que el coste de cualquier campaña para favorecer la promoción de las asignaturas STEM entre las niñas era superior a lo que costaba financiar el lanzamiento del nanosatélite. La diferencia era que lo nuestro no se trataba de una ficción publicitaria, sino de una enseñanza real protagonizada por niñas estudiantes con nombres y apellidos y con un interés incuestionable por los asuntos aeroespaciales. Es decir, no presentábamos un anuncio, sino una verdadera incursión científica realizada por veinticinco alumnos, de los cuales la mitad eran niñas con pasión investigadora.

Para desolación de todos, el proyecto no consiguió los apoyos imprescindibles. Dos años después (a comienzos de 2022), lo intentaron en Cataluña. Un día recibí la visita de tres alcaldes: de Vilanova i la Geltrú, Viladecans y Mataró, interesados en conocer nuestra experiencia aeroespacial a fin de valorar las posibilidades de financiar entre los tres una propuesta común para los estudiantes de sus respectivos pueblos. Creo que también allí se atascó el nanosatélite. No es España el reino de la investigación. Y menos aún si se trata de escolares de secundaria.

Sí, fue un maravilloso disparate. No tocamos las estrellas, pero acariciamos con nuestra ilusión el cielo educativo. El objetivo principal de la iniciativa era fomentar e incentivar entre los jóvenes la pasión por la investigación, y especialmente atraer la participación femenina al mundo de la ciencia, la tecnología, la ingeniería y las matemáticas. Buscábamos que las niñas aportasen esa hondura y esa verdad que tantas veces falta en los avances científicos.

Quienes fallaron en esta empresa no fueron los niños ni los profesores, sino las autoridades educativas. No la respaldaron como esperábamos. Tampoco hubo suerte con la financiación por parte de las compañías aeroespaciales españolas. Una tristeza. Fue muy difícil superar un contexto de pandemia de COVID con tanta incertidumbre económica, laboral, social y de salud. Sin duda, lastró una empresa de por sí arriesgada en un país tan acostumbrado a ponerse de lado en cuestiones educativas y científicas. Con la COVID, ya fue imposible vencer tanta adversidad. Aun así, lo intentamos. No nos arrepentimos de nada, fue una hazaña pedagógica única de la que todos aprendimos mucho.

Mantuvimos numerosas y largas reuniones con autoridades educativas y empresariales: con la ministra y el consejero de Educación, con el secretario de Estado, con la ministra de Ciencia, con los CEOS de las corporaciones más destacadas del sector aeroespacial: Airbus, INTA, Hispasat, Indra, Telefónica, etc. En todos aquellos encuentros, recibíamos palabras de elogio por el proyecto. Nadie parecía asustarse con su coste económico, que consideraban perfectamente asumible para cualquiera de ellas. La trascendencia de que los alumnos de una escuela pública lograsen aquel ansiado objetivo hubiera sido un acontecimiento decisivo para toda la educación española. Si unos niños eran capaces de semejante logro, la imagen de un país moderno y suficientemente preparado en el mundo de la ciencia saldría evidentemente muy reforzada. Es decir, no estaba planteado como un desafío exclusivo de una escuela de un barrio, sino que representábamos a miles de escuelas del país. Por ello, nuestra perseverancia fue incansable. Sabíamos lo que estaba en juego y las repercusiones que su éxito supondrían para estimular a muchos docentes en España.

Para profesores, alumnos y familias de Las Musas la aventura del lanzamiento de un satélite al espacio encarnaba un hito histórico de la educación. Simbolizaba muy bien cómo habíamos elevado juntos la enseñanza a una dimensión desconocida hasta ese momento. En los ochenta, la juventud de esta barriada caminaba cabizbaja y errabunda por unas callejas soñolientas en busca de droga. Cuarenta años después, levantaba su mirada más limpia e investigadora al cielo más azul para perseguir estrellas. Donde hubo marginación y desamparo ahora se impulsaba ciencia e investigación. No podíamos tener mayor ilusión. Era el gran sueño de Las Musas, de un instituto, de un barrio y de un modelo de escuela del país.

A pesar de todo, hallamos un firmamento posible dentro de otro imposible. Hoy esa promoción de alumnos ya está en la universidad. Algunos cursan carreras de ingeniería aeronáutica o de astrofísica. Las alumnas Marta L. y Miriam R. realizaron una magnífica investigación titulada «Estudio de los satélites enfocado a la atmósfera terrestre y Marte». Ambas se incorporaron al programa espacial She Space y, dirigidas por la doctora Shimrit M., analizaron imágenes de un satélite y estudiaron las consecuencias del cambio climático en la Tierra. Tras concluir su bachillerato, la primera alumna se decantó por una ingeniera aeronáutica para ser piloto de vuelo; y la segunda fue admitida en la Universidad de Groningen (Holanda) para cursar un grado en ingeniería astrofísica. El objetivo se había logrado.

En fin, creo sinceramente que, aunque no lanzásemos un satélite al espacio, ni tan siquiera llegásemos a ensamblarlo, sí alcanzamos el cielo al despertar el entusiasmo de una escuela por la ciencia y la innovación. Una mañana, mientras los alumnos seguían con el simulador en el ordenador el paso de un satélite NOAA por encima del instituto, yo miraba al cielo y recordé en ese momento el famoso poema de desencanto de Argensola: «Porque ese cielo azul que todos vemos, / ni es cielo ni es azul. ¡Lástima grande / que no sea verdad tanta belleza!». Pero enseguida una desazón en mi interior corrigió esos versos. No, nuestro proyecto sí fue verdad. Un día los niños de una escuela de barriada levantaron tan alto sus miradas hasta el firmamento que dieron alcance a sus deseos. Fue el más bello sueño jamás codiciado por una escuela. Aquella niña tan desenvuelta, que vestía con aires góticos y punks y con el pelo rosa fucsia, nunca sospechó que se sentaría en un pupitre en Holanda para ser astrofísica. No se nos incluyó siquiera como centro STEM (promotor de las ciencias entre las niñas). ¡Qué más da…! Poco importaban ya esas cuestiones terrenales a unas Musas que apuntaban a las estrellas.

9

La jungla de la ley o una educación entre lianas

> Para los antiguos griegos, la virtud o *areté* no era la
> bondad o la nobleza, sino la capacidad de hacer
> algo de la mejor manera posible, de alcanzar la
> excelencia.
>
> HAN KANG

En las escuelas de España siempre se ha enseñado realismo, nunca fantasía. Esta Península con sol a borbotones y de alma hidalga ha preferido ver el futuro a secas, sin idealismo alguno. Pocos quijotes y muchos sanchopanzas. La imaginación aquí se ha identificado con lo ineficaz o, peor aún, con lo inútil. En un ambiente de corral con moscas, la investigación y la experimentación chocaban con creencias celestiales, y con fiestas y tradiciones de siglos.

El pasado ibérico ha condicionado nuestras aulas de hoy y probablemente las del mañana. Nuestro modelo educativo ha sido (y aún es) pobre, reglamentado y grisáceo de horarios y baldosas. Dos ejemplos sacados de nuestra literatura dan fe de ello. Desde el despiadado dómine Cabra que Quevedo caricaturizó en *El Buscón* hasta el vergonzoso colegio que noveló Ramón Pérez de Ayala en su *A.M.D.G.*, el oscurantismo definía la educación española.

Solo dos momentos breves ha vivido nuestra escuela con vuelo renovado. El primero, a finales del XIX con la Institución Libre de Enseñanza (1876) de los Giner de los Ríos, Cossío y compañía, y su prolongación en la Junta de Ampliación de Estudios (1907) y en las míticas Residencia de Estudiantes (1910) y Residencia de Señoritas (1915). El segundo, durante la Transición democrática (1975-1986). En ambos, el éxito se debió no a una nueva ley educativa (las leyes educativas rara vez han mejorado la enseñanza), sino a la ilusión de unos maestros que impulsaron el sueño de un país más libre. Desde entonces, ha crecido una selva de reformas legislativas insustanciales, burocráticas y carentes de espíritu. Maleza impenetrable. Uno siempre echa en falta la luz de la poesía.

En los últimos cuarenta años hemos padecido la maraña de ocho leyes para reformar el sistema educativo de la democracia: Ley Orgánica por la que se Regula el Estatuto de Centros Escolares (LOECE, 1980), Ley Orgánica Reguladora del Derecho a la Educación (LODE, 1985), Ley Orgánica de Ordenación General del Sistema Educativo (LOGSE, 1990), Ley Orgánica de Participación, Evaluación y Gobierno de los Centros Docentes (LOPEG, 1995), Ley Orgánica de Calidad de la Educación (LOCE, 2002), Ley Orgánica de Educación (LOE, 2006), Ley Orgánica para la Mejora de la Calidad Educativa (LOMCE, 2013) y Ley Orgánica de Modificación de la LOE (LOMLOE, 2020). ¿Hay quién ofrezca más páginas de prosaísmo orgánico? Vivimos en un reformismo perpetuo.

El Ministerio de Educación se ha coronado como el peor alumno del país, pues repite cada curso la misma asignatura sobre legislación. Y aún sigue con ella pendiente de aprobar. El retraso escolar de España con respecto a otros países de su entorno ha sido una constante a lo largo de décadas. Antes se decía que los elevados sueldos en la construcción provocaban el salto de los pupitres a los andamios. Ahora ya no se sabe qué decir.

Lo cual nos lleva a preguntarnos por qué no da flor ni fruto ninguna ley educativa en España. Aparte de las trincheras ideológicas del campo formativo, el fracaso de esa fronda asalvajada de leyes se debe a que todas ignoran la trinidad más elemental: el alumno, el maestro y las aulas. Falta humanismo, también materialismo, y sobra hojarasca. Los políticos, con su caterva de asesores (la mayoría desertores de la tiza), redactan leyes para sus votantes, para sindicatos, para empresarios, para las editoriales o para lobbies o lobos de los euros. Adornan sus decretos con mucha metodología subcontratada y verbo barato, pero olvidan lo primordial. ¡Cómo vamos a poner una ley orgánica al servicio de profesores y alumnos en espacios adecentados!, exclaman para sus adentros. ¡Los decretos están para lucimiento y gloria de los expertos!, rematan.

La espesa legislación educativa no tiene nada que ver con la verdadera enseñanza. Es el termómetro de las fuerzas sociales de cada época. Estamos tan sobrelegislados en educación que ha sido necesario crear puestos de asesores para desbrozar decretos a los docentes, directores, inspectores, consejeros y hasta ministros del ramo. De ahí creció una jungla de burocracia que invade la vida de las escuelas. Si derogásemos a machetazos la mayoría de las leyes, decretos, normativas e instrucciones educativas en vigor, por fin descubriríamos una enseñanza más natural. Así la vegetación se tragó los templos de la civilización maya precolombina en la península de Yucatán (México), y por las Guatemalas y las Honduras. Hay que vigilar la voracidad de la espesura.

Al docente apenas le queda otra opción que sobrevivir y adaptarse a tanto vaivén educativo, siempre injustificado. Los que llevan toda su vida enseñando en medio de estas lianas legislativas sortean con habilidad las trampas y agujeros de cada nuevo decreto para guiar a sus alumnos hacia lo esencial, sin perderse en enredos normativos y otras zarandajas de aprendizaje superfluo. El laberinto de leyes provoca que los docentes desconfíen de tanta norma. Muchas veces, las desconocen; otras, las ignoran. Unos actúan como herejes, otros son proscritos; algunos disimulan tener fe en las nuevas oraciones orgánicas, pero todos saben que cualquier ley educativa es pasajera y que caducará antes de que cumplan el siguiente sexenio. Esa es la realidad. Si leyera esto mi inspectora, se ruborizaría, o quizá no, que ya la acostumbré con comentarios propios de un docente descreído pero inapropiados sobre legislación.

Es difícil para un ciudadano ajeno a la enseñanza intuir el volumen desmedido de follaje burocrático y documentación administrativa (programaciones, adaptaciones curriculares, protocolos de esto y lo otro, partes de amonestación, estadísticas, memorias, notificaciones, reclamaciones…) que despacha cada semana el profesorado de cualquier centro docente. En los de FP, los trámites se duplican o triplican con las prácticas de los alumnos en las empresas o en la adjudicación de vacantes en julio y septiembre. Además de alimentar día tras día el programa informático de gestión con faltas, calificaciones, correos, nombramientos, sustituciones, etc. El papeleo devora a equipos directivos, jefes de departamento, profesores y tutores, quienes se esfuerzan a diario por levantar la vista hacia los niños y hacia el proceso educador en lugar de enfangarse en ese barrizal de informes, anexos y variados expedientes siempre imprescindibles y urgentes para la Administración. La labor educadora y, sobre todo, la de dirección se han transformado tristemente en grises quehaceres administrativos.

Hoy a los directores, a diferencia de lo que sucede en otros países avanzados, no se les pide que redacten, que piensen, que innoven, sino que cumplan tareas de negociado ministerial. Es puro costumbrismo decimonónico. Hemos perdido el norte o más bien nos obligan a perderlo. Me pregunto si verdaderamente todos han olvidado que lo sustancial en los centros educativos es cuidar a niños y profesores. Primero las personas, luego los papeles. Así lo entendíamos en Las Musas.

La sociedad se pregunta extrañada por qué se queman los profesores. La respuesta es esta trilogía de terror: no se les deja ser profesores, se cuestiona cómo realizan su trabajo y se les exige siempre más a cambio de menos. Así de sencillo.

Raíces es el programa de gestión de las escuelas de la Comunidad de Madrid. Entono el *mea culpa*, y confieso que yo apenas me adentré en esas raíces profundas de la educación. Prefería, si acaso, las alas, como en el aforismo de JRJ, «raíces que vuelen y alas que arraiguen». En España, a los directores nos obligan a enraizarnos, a estar pendientes cada día de las menudencias informáticas; sin embargo, sumergidos en esos abismos de bits perdemos la luz de la enseñanza. Delegué algunas de esas faenas rutinarias en el personal de administración, en la jefatura de estudios y en la secretaría. Asumí que ni podía ni debía supervisar todos esos trámites. El tiempo y la energía son limitados. Uno establece prioridades y para mí eran más relevantes las ocupaciones que revierten en mejoras y oportunidades de desarrollo para la mayoría de los alumnos. Reuniones, visitas, acuerdos, entrevistas con padres, profesores, directores o alumnos, proyectos de innovación, intercambios escolares, publicaciones, renovación de instalaciones, de jardines, del aparcamiento, de la seguridad y por ahí.

Cuando el político, el oficinista y los especialistas de esto y de aquello le dicen al maestro cómo y qué debe enseñar a sus alumnos, mal rumbo lleva la escuela. También algunas familias insisten a los maestros en cómo tratar, corregir o evaluar a sus hijos. Sin embargo, nadie le insinúa a un fontanero cómo realizar un empalme en un desagüe o a una dentista cómo practicar un empaste. Una mirada de cualquiera de ellos reconduciría ese atrevimiento hacia una disculpa. En España, todo el mundo se cree capacitado para ser maestro o seleccionador nacional de fútbol. Los docentes sí saben cómo hacerlo. La obligación de las autoridades es facilitarles su trabajo. Nada más, pero sin menos.

A veces, el político también infunde valentía al maestro. A mí me sucedió. Hace bastantes años, el presidente del Ateneo Guipuzcoano me invitó a dar una conferencia en Euskadi. No nos conocíamos. Quedamos en la recepción del hotel donde me alojaba. Allí se me acercó un hombre que me pidió que lo acompañara fuera. Entré extrañado en un coche donde aguardaba el diputado. Me explicó que llevaba dos escoltas porque había sido amenazado por ETA. Comimos en un caserío en el monte Igueldo. Antes de entrar, uno de los escoltas lo revisó todo. Su vida ahora era así. Por su edad ya no salía mucho, tan solo los domingos a misa, pero cambiaba de iglesia cada vez. Paseaba o se bañaba en la playa de la Concha siempre con esas sombras a su lado. A pesar de los pesares, aquel hombre seguía desarrollando una admirable labor en defensa de la cultura. Ese día, acompañado por Donostia de aquel político al que escuchaba con asombro, comprendí otra dimensión dolorosa de la vida pública. Regresé a mi escuela con mayor convencimiento de mi deber y de mi compromiso con la educación.

En cada ley orgánica, una comandita de asesores, evadidos de las aulas, redacta unos currículos áridos e interminables como desiertos, imposibles de cruzar por un maestro con sus pupilos. ¿Qué hace un niño de primaria enredado con lexemas, monemas y complementos indirectos en lugar de aprender a leer y escribir con soltura? Incluso Dámaso Alonso, director de la Real Academia Española, se burlaba de esa terminología que llamaba *mememas*. Parafraseando a Montaigne, diríamos ahora que los ministros de Educación les dan mucho a los maestros cuando no les quitan nada y les hacen bastante bien cuando no les hacen ningún mal.

La última ley educativa (LOMLOE) está cargada de buenos propósitos y promueve numerosos cambios muy necesarios en favor de una enseñanza más práctica y menos memorística. Pero sin bajada de ratios en las aulas y sin reducir las horas lectivas del profesorado resulta muy difícil su aplicación en las escuelas. En el momento actual, los maestros se ven desbordados para atender como se merece a una diversidad de alumnos que crece cada curso, sin que lo hagan en la misma proporción los medios y los apoyos necesarios. La evidencia de todo esto se constata en los grupos reducidos del programa de diversificación curricular en 3.º y 4.º de ESO (entre diez y quince alumnos), en los que sí se ofrece una enseñanza personalizada y se afrontan las variadas dificultades de aprendizaje del alumnado.

Es imprescindible volver a la desnudez educativa, abandonar esa terminología de recetario de Thermomix con que se enmascara la enseñanza en los currículos: estándares de aprendizaje, rúbricas de calificación, descriptores operativos, situaciones de aprendizaje y el embrollo torpe de aprender a aprender. Hay que recuperar lo esencial de la enseñanza: la relación directa entre maestro y alumno. Justo lo que todas las leyes sin excepción ignoran. Si no restablecemos el trato cordial y cercano entre docentes y estudiantes, el humanismo perdido, la escuela se convierte en una expendeduría. Necesitamos volver a una educación humana, personalizada, a un número razonable de alumnos por aula y a que los maestros trabajen al ritmo conveniente de una ocupación intelectual y no con las prisas de un vendedor a comisión. La enseñanza posee su propia cadencia, su *tempo*, distintos a los de otras actividades. Hace unos días escuché a un iluminado referirse al profesor no ya como educador o transmisor de conocimientos, sino como «diseñador de experiencias». ¿En qué modelo de enseñanza piensa? Otro me hizo sonreír cuando leí esta joya: «El mapeo curricular». ¡Es fantástico este país! La generación de jóvenes marcada por la COVID ha evidenciado con dolor que ni la tecnología más avanzada suple la artesanía de un buen profesor.

El diálogo permanente fue la médula de la filosofía de Sócrates, quien conversaba a diario con sus discípulos en el ágora de Atenas. Y Aristóteles enseñaba a sus alumnos, los peripatéticos, mientras paseaban por jardines bajo los árboles. Al profesor le corresponde hoy, como en sus orígenes, acompañar al estudiante en su travesía y admitir que solo se aprende tras equivocarse. No es función del maestro impedirlo. Sí lo es la explicación previa y el análisis posterior para que el niño reflexione y madure.

A los profesores nos tocará algún día segar esa espesura legislativa; despejar y limpiar la enseñanza de decretos, horarios y normativas; para darle vida nueva hasta humanizarla. La escuela no debe dejar de ser nunca ese espacio y esa edad de oro en la que, como decía el poeta Novalis, niños y maestros sueñen con aprender y enseñar.

IV

Vientos

10

Verde que «no» te quiero verde, verde silla, verdes mesas

Verde viento. Verdes ramas.

Federico García Lorca

Cada vez que hay elecciones me fijo en cuestiones en que pocos reparan: el aspecto de los colegios electorales de media España que aparecen en televisión. «Sí —como me dijo un día un alumno—, cada uno es friki de lo suyo, profe». A mí me interesa mucho más el lugar donde se oficia la esperanza que lo que madura dentro de esas urnas. Me gusta ver el estado de aulas e instalaciones en las escuelas de pueblos y provincias lejanas. No porque pase de la política, ni mucho menos, sino porque es una festiva ocasión de corroborar el atraso laborable de los colegios del país: su viejo mobiliario, su arcaica disposición, sus ventanitas tristes; todo propio de otra época. Además, ya sé que de las urnas saldrá lo de siempre: otra nueva ley educativa.

Tras ejercer su derecho, algunos votantes se van enternecidos y nostálgicos. Han reconocido pasillos, aulas y hasta el pupitre en que estudiaron en su mocerío. Han viajado a un pasado escolar momificado. Sillas y mesas verdes han sido testigos mudos de nuestra historia democrática.

La jungla legislativa de la educación se ha expresado de manera metafórica en un solo color: un verde desvaído. Verdes armarios, verdes puertas y hasta zócalos y azulejos verdes en todos los colegios e institutos. Esa verdura ha dado mayor unidad escolar a la patria que el revuelto de leyes orgánicas con decretos. El verde ha armonizado y homogeneizado a los estudiantes durante medio siglo, desde Ourense hasta Almería.

Nuestra Transición, que se fue haciendo deshaciendo lo que había, tuvo ese color único, un verde ilusión con el que se simbolizaba que todos los niños tendrían la misma educación o garantías de recibirla. ¡Qué lejos queda hoy ese pretendido mensaje verde de igualdad de oportunidades! Aquel periodo culminó con un logro superlativo: se extendió la educación obligatoria hasta los dieciséis años. Sí, pero luego faltó valentía, pesetas de la época e inventiva para atender a tanta diversidad de alumnos. Uniformaron España entera con una enseñanza monocroma, sin variedad de itinerarios, de estudios, sin programas ni ayudas para estudiantes con necesidades específicas de apoyo educativo (ACNEAE) y con una FP en cueros. Verde vida. Verdes mesas. Un error que entonces no se vio. Padecíamos daltonismo educativo.

Aún sigue sin darse otro paso primordial, el de la escolarización de calidad. Y aunque desde entonces sí se ha avanzado bastante en atención a la diversidad, siempre se ha dejado de lado la enseñanza más esmerada. La democratización sustancial de la educación no se alcanzará hasta que en cada pueblo y en cada barriada exista una enseñanza de prestigio que mantenga en funcionamiento el ascensor social. La calidad educativa ha sido siempre la gran olvidada. Este objetivo es mucho más profundo y difícil de conseguir que extender y ampliar las necesarias becas. Si cualquier alumno no accede con facilidad a esa formación eminente, las becas entonces no cumplen su cometido. Con becas se entra en el recinto escolar, pero el elevador social no funciona sin la polea del esmero educativo.

Me cansa ese verde ñoño, verde aburrido, verde triste de escuela deslucida, un verde viciado por un exceso de leyes sucesivas que se han ido apoltronando en esos pupitres hasta inmovilizar el espíritu docente. Ese verde aún perdura en nuestros colegios. Aquella España hoy es más joven, vital y mejorada gracias a la santa Transición política. Se han conquistado derechos y libertades que algunos soñaron desde esos pupitres. Pero para sonrojo de todos, los estudiantes aún siguen sentados en esas mismas verdes y viejas sillas. Mientras, la sociedad contempla una permanente transición escolar con cambios caprichosos de rumbo, con bandazos normativos, pero siempre sin estética alguna. Pasan años y gobiernos; y el país entero bosteza cuando los maestros alzan su voz de verde viento para reclamar calidad y modernización de las escuelas y también de sus condiciones laborales: menos alumnos por clase, bajada de horas lectivas y subida de sueldo. Se les acalla con la propina de dos días de libre disposición.

Si uno compara las barbas aborrascadas de las primeras votaciones (allá, a finales de los setenta y primeros ochenta) con las barbas *hipster* o recortaditas ya de democracia aliñada, comprobará que el votante ha sustituido aquel traje de pana y el zapato de tacón por camiseta y deportivas. Ahora se lleva otro estampado social, otras preocupaciones políticas. Tan solo continúa inalterada, y quizá inalterable ya, la apariencia de las escuelas. Puertas, pizarras, sillas, pasillos y aulas siguen siendo los mismos.

Resulta asombroso ver cómo ha cambiado España en los últimos cincuenta años. Todo es distinto, todo se ha renovado. Compare el lector lo de ahora con la vida de entonces: aquel pensamiento reseco, libertades retenidas, barrios mal construidos, empresas caseras, mobiliario de formica, ambulancias tipo ranchera, etc. Nada es ya como era. Sin embargo, las escuelas permanecen olvidadas en ese pasado. Representan el Atapuerca de la democracia, una sima que atesora restos de una España que fue. El lector no entraría hoy en aquellos restaurantes, bares, peluquerías, ni siquiera en aquellos estadios de fútbol con vallas, pero sus hijos sí ingresan en esas escuelas ancladas en otro tiempo. Nada perdura. Todo se transforma. Menos las escuelas.

Cuando pisan un colegio, a los adultos les invade cierta nostalgia momentánea. Es como regresar a su propia infancia. Miran a su alrededor con agrado cuanto les rodea para evocar algún recuerdo que los traslade a su juventud. Hay mucho de la magdalena de Proust en estas visitas ocasionales a los centros educativos. El adulto no se cuestiona la actualidad de esos entornos, porque precisamente lo que busca es reencontrarse con su ayer, la verdad de una vida que dejó atrás. Ese sentimiento provoca que no se plantee la necesidad de la modernización. Al fin y al cabo, una escuela es una escuela y ya está. Pero, en el fondo, les agrada que sus hijos y los demás niños se eduquen en unos espacios que, de alguna manera, han de guardar impregnados en sus rincones parte de ese mismo espíritu en que ellos se formaron. La añoranza es el mayor lastre para la evolución de las escuelas. Y no solo para lo material, que es evidente. Esa mentalidad conservadora también se mantiene frente a los cambios que afectan a cuestiones educativas más profundas de forma y fondo: métodos y contenidos.

La escuela debe ser amplia, variada y multicolor. Debe ofrecer itinerarios flexibles y estudios alternativos y adaptados a las capacidades e intereses de cada estudiante. Una escuela uniforme en traje verde es restringir posibilidades, es restar creatividad. Es encorsetar la vida e instalar en ella el conflicto permanente cuando las piezas no encajan. Hemos caído en la monotonía y el vicio de lo sistemático, pero hay muchos alumnos que no entran en esa vestimenta verde, aunque nos empeñemos. ¿Qué hacemos? La vida, como la escuela, es una y la misma para todos, pero se manifiesta heterogénea. Si no se entiende esto, no avanzaremos nunca.

Canadá posee un sistema educativo tan flexible y moldeable que permite a todos los jóvenes, sin segregación alguna, avanzar hasta alcanzar la formación adecuada. Para ello, los alumnos elaboran su propio programa dentro del instituto, pues eligen entre un repertorio de asignaturas muy variado: Física, Matemáticas, Cocina, Jardinería, Marquetería, etc., según sus intereses y sus aspiraciones. Unos quieren ir a la universidad; otros tan solo una titulación básica, pero todos conviven en el mismo centro de su localidad con itinerarios educativos muy anchos y diversos.

En nuestro caso, modernizar la apariencia exterior y visible del instituto alentó la innovación interior e invisible, la renovación pedagógica. A mi juicio, el paso previo para una reforma educativa profunda consiste en transformar antes sus espacios materiales. Cuando los expertos me escucharon este planteamiento sonrieron con desdén. Consideraron esta propuesta insustancial e infantil, impropia de un director. Me enorgullece estar en sintonía con los niños y no con los expertos. Técnicos y asesores de educación creen que es posible la metamorfosis desde dentro (metodologías, leyes y decretos) sin ni siquiera intentar corregir lo de fuera (edificios, aulas y mobiliario). Sin embargo, quien desea mudar de vida primero renueva su apariencia:

peinado, calzado y vestimenta. Algo tan elemental como esto resulta incomprensible para la Administración educativa. Han olvidado por completo lo que nos enseñó hace más de un siglo Francisco Giner de los Ríos: por la estética a la ética. No hay camino más pedagógico que este. Si se aspira a otro contenido, hay que modificar el continente. Así lo entendí en Las Musas y así lo vieron los alumnos.

Para una inmensa mayoría de maestros, la estética es la vía de acceso al conocimiento y a la pedagogía propicia y plural, acaso la única cierta, para asimilar una ética verdadera.

A través de la belleza hemos de conquistar a los jóvenes. Nuestra obligación es guiarlos con alegría hasta un destino superior. Solo si cultivamos una estética adecuada les inspiraremos una ética en consonancia, con valores que les ayuden en los momentos amenos y turbios de una vida. La misión del profesorado es transformar la deshumanización de la sociedad en pureza de ideales, a pesar de los plaguicidas e insecticidas legislativos con que las autoridades aturden a los maestros.

Muchas veces me preguntaron cómo fuimos capaces de desarrollar tantos programas educativos novedosos y de tanta hondura en tan breve tiempo. Los cambios físicos y estructurales en aulas y laboratorios permitieron un dinamismo pedagógico que en otros centros hubiese supuesto años de debate, adaptación e implementación. En nuestro instituto, asimilamos la innovación como una constante cotidiana. Uno tras otro, los proyectos se sucedían en cascada, porque todos, profesores y alumnos, estábamos convencidos de que, si habíamos sido tan creativos y atrevidos en lo material, los cambios didácticos debían estar a la misma altura. No podían desmerecer. Creíamos en las innovaciones porque surgían en espacios poéticos.

Sin embargo, lo difícil es siempre hacer visible lo invisible. Modificar una vida interior es mucho más complejo que variar su aspecto externo. Pero en un mundo donde la imagen prevalece por encima de todo, solo reparamos en los cambios interiores cuando nos sorprende una apariencia exterior novedosa. Del mismo modo que nos atrae una puesta en escena teatral o musical, incluso el diseño de las cubiertas de los libros por no descender a cuestiones más prosaicas. Quizá por eso en España nadie se cree ya los cambios que anuncia cada nueva ley de educación, porque nunca se modernizan antes las escuelas.

Hubo profesores que cuestionaron que concediera tanta importancia a lo material y a lo estético en mi escuela. Insistían en que los recursos debían dirigirse exclusivamente a reducir el número de horas lectivas o los alumnos por clase. Como eso no estaba en nuestra mano, mientras tanto buscamos y alcanzamos la calidad educativa de manera creativa. Después, recibí algunas significativas cartas de reconciliación de aquellos mismos profesores destinados en centros deteriorados y envejecidos. Me transmitían su cambio de criterio —«ahora aquí me doy cuenta de lo equivocado que estaba»— y me pedían encarecidamente que olvidara sus reproches y que mejorase cada año Las Musas. Se convirtieron en nuevos apóstoles de esa pedagogía estética que conduce a la ética. ¡Bienvenidos a la nueva espiritualidad educativa!

A un carpintero le encargamos que colocase láminas de diferentes colores sobre aquellas mesas verdes y se mudaron en rojas, azules, rosas, violetas, amarillas… Qué buena acogida tuvo entre los alumnos la diversidad de tinturas, aquel arcoíris de madera estudiantil. Una niña de otra clase, cuando vio esa variedad de tonos, escogió una mesa violeta y se la llevó a su aula. No se separó de ella en todo el curso. ¡Y cómo abrazaba no una mesa, sino un sueño a través de un color!

11

El gato de Schrödinger y las asignaturas cuatrimestrales

> Sentir cierta incomodidad es parte de la experiencia de leer un libro; hay mucha más pedagogía en la inquietud que en el alivio.
>
> IRENE VALLEJO

En un instituto se atienden cuestiones muy variopintas, a veces inauditas. Cierta mañana lluviosa de febrero, se presentaron en mi despacho dos señoras muy preocupadas tras observar que un pequeño gato llevaba un día entero subido en uno de nuestros tejados y aseguraban que maullaba porque no podía bajar. Al parecer, según me explicaron, en nuestros jardines pernoctaba una camada de gatos callejeros a los que ellas alimentaban y cuidaban. Yo, sorprendido pues nada sabía de esa escolarización gatuna en turno nocturno, me presté a ayudar al gatito muso. Tanto insistieron en que había que proteger y salvar al animal que me pidieron que llamase a los bomberos. Al habla con el jefe de equipo, me dijo que sí, que ellos rescataban al gato del tejado, pero cuando lo bajasen alguien debía comprometerse a llevárselo a casa.

—¡Ah, no, eso es imposible! Ese es un gato callejero que ya no se adapta a vivir en ninguna casa —contestaron a coro las señoras.

Atajé aquella situación inquietante con una operación de rescate alternativa. Le encomendé a Víctor, el señor de mantenimiento, que subiera al tejado una jaula enorme con trampilla y comida en su interior para capturar al gato. Esperamos pacientes durante horas, pero nada. Se notaba que el minino estudiaba en Las Musas. Las señoras, ya nerviosas, dijeron que, si a las nueve de la noche no había caído en la jaula, había que retirarla, ya que, si entraba después en ella y se cerraba la trampilla, pasaría entonces la madrugada encerrado a la intemperie y podría morir de frío y estrés. Al finalizar el turno vespertino, las nueve de un invierno puro, el bueno de Víctor se encaramó de nuevo al tejado y bajó con la jaula vacía. A la mañana siguiente, mirábamos al tejado, pero no veíamos ya al gato, que quizá descendió por donde subió, por las ramas del árbol cercano.

Salvar a un gato en una escuela es una tarea trascendente. Es un ejemplo de qué se está dispuesto a hacer para abordar situaciones inverosímiles. Durante el largo tiempo de espera, pensé si el gato estaría vivo o muerto. Me acordé de la famosa paradoja de Schrödinger: dentro de una caja sellada hay un gato, junto a un matraz con veneno y un dispositivo con una partícula radioactiva. Si el dispositivo detecta radiación, romperá el matraz liberando el veneno que matará al gato. Después de un tiempo, según la mecánica cuántica, el gato está en una superposición, es decir, *vivo y muerto* al mismo tiempo, mientras no se abra la caja y se observe su estado.

La situación de los profesores en España es la misma que la del gato de Schrödinger y que la del gato de Las Musas. El maestro español vive en el principio de incertidumbre. Está paradójicamente *vivo y muerto* al mismo tiempo, hasta que alguien quiera abrir la caja educativa en la que lo han encerrado o subir de nuevo al tejado para determinar si existe o no. Mientras, nadie certifica su muerte, ni nadie tampoco le augura un futuro. Pasan los años y el maestro/gato sigue así, *vivo y muerto* a la vez. Por ello, resulta tan peligroso abrir la caja de la educación española y averiguar su contenido, porque se determinaría un estado que a nadie le interesa saber. Es mejor que siga como está. Para qué comprobar su realidad interior. Basta con saber que hay una caja/escuela que contiene a un maestro *vivo y muerto simultáneamente*.

Dentro de la gran caja sellada de la escuela o del tejado abierto de Las Musas hay tantos peligros o partículas radioactivas y tantos matraces con venenos acechando al profesorado durante tiempo que es aconsejable no entrar en esa caja/escuela para no contemplar una realidad que, quizá, nos asustaría. Es mejor quedarnos con ese nuevo estado de indeterminación de la educación cuántica que es el del maestro que no está ni vivo ni muerto, sino en esa otra tercera situación de estar *vivo y muerto* a la vez, mientras las autoridades administrativas no observen de cerca al profesorado.

¿En qué estado están hoy los docentes? ¿Cuál es su realidad? Sin duda, es una muy alejada de esa idea idílica de largas vacaciones y vida plácida entre niños.

Siempre he defendido que nadie puede ser un buen maestro sin amar a sus discípulos. Hay que quererlos para establecer una comunicación veraz, honda. ¿Y esto cómo lo recoge una nueva ley? ¿Cómo amar sin conocer al amado? Solo es posible con un ánimo renovado y con un número reducido de alumnos por aula.

El gran desafío de la escuela en la actualidad es rehumanizar la enseñanza. La impersonalidad y la falta de espíritu se han adueñado de las aulas, y quizá también de la vida, desde Oriente a Occidente, lo cual ha desalentado muchas iniciativas innovadoras. La masificación de las clases impide que los profesores conozcan de manera suficiente a sus alumnos, solo a algunos y por motivos peculiares. Un lastre con unas consecuencias muy perjudiciales.

¿Cómo se puede ser buen profesor y enseñar con la profundidad que se requiere, conocer personalmente a trescientos estudiantes y completar los temarios si solo cuentas con dos horas semanales? Así, en Música, Plástica, Atención Educativa, Francés, Ciencias de la Computación, Educación en Valores Cívicos y Éticos, Biología y Geología, Educación Física, Religión, etc. Es la aberración de un mundo monetizado, industrializado. El profesorado de estas materias imparte docencia a diez grupos diferentes para completar su jornada semanal de veinte horas lectivas en los institutos públicos. Lo cual supone atender a unos trescientos alumnos a la semana con sus correspondientes actividades, ejercicios, exámenes, etc. Tampoco el departamento de Orientación supervisa a un número de alumnos acorde a lo recomendado por los organismos internacionales: un orientador por cada doscientos cincuenta alumnos. En España, lo habitual es un orientador por instituto; entre seiscientos o mil alumnos.

¿Qué conocimiento posee el profesor de esos jóvenes, de sus inquietudes, de sus carencias, de sus sueños, con esa intensidad y ese ritmo de enseñanza? Alguien dirá que en otras épocas aún éramos más alumnos por clase. La sociedad de entonces no exigía a los maestros lo que hoy sí les pide: que enseñen bien matemáticas o inglés y que, además, detecten dificultades individuales de aprendizaje, situaciones familiares anómalas y problemas sociales, personales o de salud física o mental de los adolescentes. Y que se les haga un seguimiento y se registre todo ello convenientemente por escrito, y sin personal especializado y sin más recursos o formación que la propia intuición del docente. ¡Ahí es nada!

El número de alumnos por centro y por profesor desborda cualquier pretensión de promover una didáctica diversificada e individualizada. La cercanía entre profesor y alumno, propia de las etapas de infantil y primaria, donde los tutores saben hasta cómo se llama el perro y el hámster del niño, desaparece progresivamente en secundaria y bachillerato. No digamos ya en la universidad. Esa complicidad y ese afecto se pierden a medida que se despersonaliza la enseñanza en favor de una pretendida especialización. Ahora hay que aprender a amar a los alumnos en tiempo récord. Es un dislate consecuente con una educación que se ha ido deshumanizando en favor de la mercantilización. Se han trasladado a la escuela procedimientos organizativos, técnicas de producción y parámetros de empresas, fábricas e industrias. No han entendido que las escuelas son el alma de una nación, que cada aula es un templo digno de veneración y respeto. En lugar de enaltecerlas, las han profanado y vulgarizado.

En nuestro país, hace mucho tiempo que se optó por una enseñanza barata, no de calidad. No se destina el dinero necesario a las escuelas. España no alcanza el 5 en educación, no aprueba. Se le resiste ese dígito que no ha superado jamás. Nos referimos al 5 por ciento del producto interior bruto (PIB) que otros muchos países de nuestro entorno sí invierten. De esa carencia derivan muchos de nuestros males.

Si queremos rehumanizar la educación, es preciso recuperar la dimensión afectiva de esta actividad: el contacto directo y confiado entre alumno y profesor. Con treinta alumnos por cada clase en la ESO, multiplicado por cuatro o cinco grupos a la semana, no es posible mirar a los ojos a un alumno.

No se entiende que estas cifras se mantengan en el siglo XXI. La sociedad reclama a la escuela una enseñanza personalizada, que responda a la diversidad del alumnado, que aborde los desafíos del mundo, que ataje problemas de todo tipo: físicos y psíquicos. Pero todo ello con los mimbres de siempre, la buena voluntad y la generosidad de los docentes. ¿Cómo enseñar inglés en una clase de bachillerato con treinta y siete alumnos?, nos preguntan asombrados los profesores extranjeros que nos visitan. «*Spain is different!*», contestamos.

¿Qué podíamos hacer en Las Musas para aliviar esta situación? Muy poco, la legislación es una apisonadora que impide cualquier brote discordante, y más en lo tocante a pedir más profesores o euros. A pesar de todo, algo se nos ocurrió.

En 2017, organizamos emparejamientos de las citadas asignaturas de dos horas para impartirlas por cuatrimestres. Dividimos el curso académico en dos periodos de igual duración. En cada uno de ellos, los alumnos cursaban de forma íntegra una de las materias, pero con una carga lectiva de cuatro horas semanales en vez de cursar dos materias de dos horas durante todo el año.

Se trataba de una distribución horaria diferente con la que no se alteraron ni el número de horas globales de cada disciplina ni tampoco el currículo. Una gran ventaja es que con dicha organización se redujo el número de materias semanales que estudiaba el alumno al mismo tiempo, lo cual favoreció su seguimiento. Menos asignaturas para los estudiantes implica menos tareas, exámenes, estudio, deberes o ejercicios.

Esto, a su vez, facilitó al profesorado trabajar intensamente los objetivos asociados, pues se concedió a su especialidad una importancia relativa mayor por ese incremento de la carga horaria lectiva. Las materias seleccionadas se equipararon así a las troncales como Lengua, Matemáticas o Inglés, y ganaron relevancia. El profesorado dedicaba más tiempo a la atención de sus alumnos, ya que solo impartía docencia en cada cuatrimestre a la mitad de los que tenía antes. Esta reorganización contaba con otras ventajas, como reducir el impacto de los días no lectivos y festivos en el desarrollo del currículo, al aumentar el número de sesiones semanales. El coste económico fue de cero euros. Siempre que he explicado esta actuación a directores, jefes de estudio y profesores, les ha sorprendido gratamente y no han dudado en alabarla. Esta organización de asignaturas se la escuché a mi hijo, estudiante de ESO, mientras conversaba con sus amigos canadienses y norteamericanos sobre los itinerarios que estos habían elegido para el segundo cuatrimestre en sus centros de secundaria. De los jóvenes siempre se aprende.

De acuerdo con la autorización recibida en su momento, se emparejaron Tecnología, Programación y Robótica con Educación Plástica Visual y Audiovisual en 1.º de ESO; y Tecnología, Programación y Robótica con Música en 2.º y 3.º de ESO. Los grupos de alumnos y asignaturas se establecieron de tal forma que, mientras el grupo (A) tenía cuatro sesiones semanales de una (Tecnología) en el primer cuatrimestre, otro grupo (B) las tenía de otra (Plástica). En el segundo cuatrimestre, estas materias se intercambiaban para esos dos grupos. El balance de esta experiencia fue un acierto pleno, como nos transmitieron al final de curso alumnos, profesores y familias.

Uno de los problemas de fondo sigue siendo el de las ratios desorbitadas. Para atajarlo se necesitaría, además de dinero, voluntad de acometerlo. Sin embargo, no es España un país pobre que no pueda hacer más. Según el informe de la Organización para la Cooperación y el Desarrollo Económico (OCDE), *Panorama de la Educación 2024. Indicadores de la OCDE,* España invierte el 4,9 por ciento de su producto interior bruto en educación. Por encima, hay muchos: Noruega (6,5 por ciento), Reino Unido (6,2 por ciento), Chile (5,9 por ciento), Estados Unidos (5,8 por ciento), Suecia (5,4 por ciento), Francia (5,4 por ciento), Finlandia (5,4 por ciento), Holanda (5,3 por ciento) y nuestro vecino Portugal (5 por ciento). Por debajo, Grecia o Rumanía. Otros países, como Bután (8,14 por ciento), Bolivia (7,74 por ciento), Marruecos (5,77 por ciento) o Mozambique (7,03 por ciento), también destinan mayor porcentaje de su PIB a educación que nosotros. Estas cifras explican los muchos males que aquejan a nuestra escuela: ratios desmesuradas, falta de orientadores, de enfermeros, de desdobles, de profesores de apoyo, de laboratorios, etc. El caso de Bután resulta muy interesante, ya que es el cuarto país que más invierte en educación. Además, sus gobernantes se preocupan de definirse a sí mismos midiendo otros parámetros como, por ejemplo, la felicidad de sus habitantes en lugar del PIB, como hacen el resto de las naciones. Es el país más feliz del mundo. Claro.

Siempre habrá políticos que afirmen que no todo en educación se arregla invirtiendo más dinero, y espigarán aquí y allá casos puntuales de escuelas de éxito con escasos medios. Nunca escuché a ningún ministro de uno u otro ramo afirmar que no fuera necesario aumentar el presupuesto de su ministerio, que con el coraje y el ardor hispano de nuestros funcionarios teníamos de sobra. Por el contrario, es frecuente leer en educación declaraciones en las que siempre se resta importancia a la variable de la dotación económica. Todo el mundo sabe por convencimiento o intuición lo que nadie se atreve a revelar: que la mejor educación es la más sencilla, el diálogo directo entre el maestro y su alumno. Pero para que esto se produzca es preciso desmontar el gran espectáculo de la educación, el gran negocio educativo. Desnudar la educación de todo lo superfluo. Y esto es ya prácticamente imposible por los enormes intereses creados alrededor de las aulas y por el miedo que se infunde a los padres acerca de que sus hijos pierdan el tren educativo de la modernidad.

Los medios de comunicación contribuyen decisivamente a alimentar estos recelos de las familias con reportajes, noticias siniestras y difusión de informes y resultados de pruebas externas. Se crea una confusión máxima en la que los padres y hasta los propios docentes ya no saben cuál es el mejor método. En los últimos años, se ha apostado no por esa línea del diálogo, sino por introducir tecnología en las aulas. Ya no conversamos: nos enviamos correos y mensajes a cualquier hora del día o la noche.

Nadie sube al tejado a rescatar al gato/maestro, nadie quiere abrir la caja/escuela para hablar con el profesorado. Ahora le llenan su aula con nuevos matraces, venenos y más y más aplicaciones informáticas de educación cuántica.

Hemos entrado en el principio de incertidumbre de la educación de nuestro tiempo: el tsunami tecnológico en la enseñanza. Mientras, en la noche se escucha el fino maullido del gato de Schrödinger a la luna.

12

Un tsunami tecnológico en la enseñanza

La intemperie de nuestra época es la soledad.

Eva Baltasar

Hemos vivido con asombro durante los últimos años una pretendida modernización de las aulas que las ha llenado de cacharrería tecnológica: proyectores, pizarras digitales, impresoras 3D, cañones, pantallas táctiles, lápices ópticos, cámaras, iPad, ordenadores, gafas de realidad virtual y realidad aumentada, metaverso, robots..., qué sé yo qué cabalgata de cachivaches. Solo en 2025, se estima que la industria de la tecnología educativa (EdTech) moverá más de 400.000 millones de dólares. En cambio, la del cine no llegará a 50.000 millones. Así lo valoran PwC (PricewaterhouseCoopers), la plataforma de estadísticas Statista o los informes de FilmLA.

Sin embargo, no se ha visto en este tiempo un planteamiento definido con claridad, más bien una improvisación compulsiva por meter en las escuelas lo último presentado en cada feria. Ha faltado definir con anticipación hacia dónde se quería ir y cómo hacerlo. Se ha buscado de manera errónea la innovación en ese mercadeo de artilugios, en lugar de incentivar en el alumnado la imaginación o la creatividad. O, más simple aún, escuchar al profesorado. Como si trastear con teclados y pantallas abriera por sí solo de par en par las puertas del porvenir, cuando este anida en el interior de los niños, es su esencia. La informática es otra herramienta educativa más, estupenda e imprescindible ya. Sin su conocimiento no es posible desenvolverse en el

116

mundo actual y, por ello, los alumnos deben adquirir una competencia digital suficiente. Sin embargo, posee tantas posibilidades que algunos tratan de convertirla en el nuevo eje de la enseñanza, en su columna vertebral. Y arrinconan al maestro.

Profesores y Administración han invertido tiempo y dinero en formación para adaptarse a una sucesión permanente de programas y plataformas, pero era inútil. Estos evolucionaban a mayor velocidad de la que las aulas eran capaces de asimilar e integrar. La escuela corría detrás de una liebre virtual, que nunca alcanzaba. El cansancio informático entre los docentes ha crecido en paralelo a la desconfianza que también generaban las leyes educativas. Quienes trazaban los cambios legislativos y digitales han pecado de los dos peores defectos en enseñanza: la precipitación y la arrogancia. En educación se necesita primero meditar para decidir qué se quiere sembrar y después tiempo y humildad para que maduren los frutos. Hoy la enseñanza ha sido secuestrada por la tecnología.

Tras constatar con la COVID la escasa digitalización del proceso educativo, las autoridades españolas, también las europeas, promovieron ese cambio en las escuelas y las atiborraron de abalorios informáticos en oleadas sucesivas y según las modas. Pasamos de no contar siquiera con un ordenador para lo elemental a ser sepultados por un tsunami tecnológico. Recibimos una avalancha de portátiles, a pesar de que los directores demandábamos profesores de apoyo, asistentes sociales, terapeutas, orientadores, conserjes, administrativos, auxiliares de limpieza o enfermeros, que nunca llegaban. Más humanismo y menos farsa tecnificada.

Los ordenadores van y vienen, pero las personas permanecen. Una noche, a las dos o las tres de la madrugada mientras dormía, sonó el teléfono. La policía nos avisaba de que habían detenido a dos jóvenes dentro del instituto mientras intentaban robarnos. Salíamos de un sueño para entrar en una pesadilla. Al parecer, un vecino vio desde su ventana algo extraño y llamó a comisaría. Allí, Pedro López, el secretario (un buen Sancho), y yo defendimos quijotescamente mediante denuncia nuestra escuela pública del robo de varios ordenadores por unos Ginesillos de Pasamonte. Varios años después, el juez los condenó en su sentencia a indemnizarnos con la friolera de 60 euros, que no dieron

ni para pagar la multa por exceder el tiempo regulado de estaciona-
miento en un callejón sin salida cerca de los juzgados de la Plaza de
Castilla. Una escuela vive sin ordenadores, pero muere sin profesores.

En 2023, la ministra de Educación de Suecia paralizó el plan de
digitalización de sus escuelas, tras consultar con más de sesenta expertos. Todos coincidían en que las pantallas eran las responsables del descenso del nivel de comprensión lectora entre los niños y niñas del país.
Nos equivocamos, la sociedad entera, al lanzar a los alumnos al océano
de internet y ahora nos asustamos de los abismos y de las consecuencias a las que se enfrentan muchachos sin apenas formación ni madurez suficientes. Solos en medio de hordas de anónimos. Las adicciones
electrónicas son el nuevo mal: redes sociales, apuestas, pornografía, videojuegos o noticias falsas, que generan déficit de atención, depresión
y ansiedad. La inmediatez ahoga la vida de los jóvenes y, a veces, de los
adultos también. Un proceloso mar en el que todos naufragamos.

El descenso del nivel de comprensión lectora afecta a todas las
asignaturas, incluidas las Matemáticas o la Física. Lo frecuente es comprobar cómo los alumnos no entienden el enunciado del problema
que se les plantea. Descifrar el código lingüístico es previo o simultá-
neo a aplicar el razonamiento matemático. Se ha reducido o elimina-
do la lectura literaria en los planes de estudio y así nos luce el pelo.
Menos mal que algunos, como mi amigo Joaquín Rodríguez, otro
que va a contracorriente, rescatan la utopía de crear una sociedad de
lectores, una *lectocracia*, para humanizar la existencia, para regresar al
hombre a su origen: la palabra.

Desde edades tempranas, los niños reciben a través de las pantallas demasiados estímulos. La escuela no debe ahondar más en ello,
sino marcar una diferenciación muy clara con el proceso educativo.
En Las Musas optamos por prohibir el uso de los móviles en toda la
escuela.

Los adolescentes remedian los enriquecedores momentos de soledad natural de cualquier persona a través de internet. Empobrecen
su espíritu. Sus tiempos muertos se convierten en horas de redes sociales. Quieren estar conectados permanentemente a los demás. Sin
embargo, la tranquilidad y el aburrimiento nos humanizan, son imprescindibles para descubrir facetas como la creatividad, la meditación,

en definitiva, sentir la vida. La tecnología nos aísla, nos deja más solos de lo que nunca estuvimos. Es la intemperie tecnológica actual. Cada vez resulta más infrecuente encontrar personas que sepan escuchar, leer o conversar. De ahí que el cometido del profesor sea más arduo.

La consecuencia de promover en exceso el aprendizaje digital ha sido un alejamiento sucesivo, quizá ya irremediable, entre los adolescentes y sus maestros. Mientras, se caía en una deshumanización de la enseñanza, donde el maestro perdía protagonismo con la aparición de cada nuevo artilugio, de cada programa informático. La luz de las pantallas ha oscurecido a los docentes. Algunos adivinos incluso afirmaron gozosos que pronto sobrarían los profesores. Ignoraban que la suma de todos los maestros y las maestras es la verdadera patria interior, la que labra en el presente el futuro del país. Aunque eso ya solo lo sostenemos cuatro idealistas en peligro de extinción.

La educación de una nación no cambia con una transformación digital de las aulas, ni tampoco con una nueva ley orgánica. La educación solo se transforma si cambia el profesorado. Todo depende de los docentes, de su preparación y de su formación permanente. Desde hace unos años, las comunidades autónomas se empeñan en endurecer el sistema de acceso a la enseñanza para seleccionar a los profesores mejor preparados. Sin embargo, con esa medida aislada se consigue muy poco. La clave es atraer hacia la educación a las mentes más brillantes de cada territorio.

Ya escasean o faltan profesores de Matemáticas, Informática, Lengua, Inglés, y de muchos módulos de FP. Con esos sueldos, las niñas ya no quieren ser maestras de Matemáticas y a los niños les da por perseguir el éxito en una red social en lugar de enseñar Informática. El desarrollo de una carrera profesional estimulante, en sus vertientes económica e intelectual, resulta más atractivo en las empresas que en las escuelas. Ahora, junto al abandono escolar de los alumnos, crece también el abandono docente. Hay profesores que dejan definitivamente la enseñanza. Otros ni siquiera se plantean su ingreso por las condiciones laborales adversas: estrés, baja remuneración, excesiva presión de las familias, poco respaldo institucional, pesada carga burocrática y escasa consideración social. En las pequeñas localidades, el profesorado sí goza de otra valoración y respeto. He visto nombres de

119

maestras en calles, plazas y escuelas, e incluso un día encontré en Lanzarote una escultura como homenaje de todo un pueblo a su joven maestra. En cambio, la vida impersonal de las ciudades, donde prevalece el modelo de enseñanza despersonalizada y tecnificada, provoca que no se perciba la relevancia del docente en la formación de los niños. Se desemboca claramente en la deshumanización.

Hoy como ayer, los *maestroescuela* pasan apuros para mantenerse con dignidad, mientras familias descreídas ningunean su labor. Tras terminar una carrera, un máster, una oposición y con, al menos, dos idiomas acreditados, el sueldo actual de un maestro da para vivir en un piso compartido y llegar a fin de mes. Punto.

Para atraer a los mejores a la docencia y transformar la educación de verdad es imprescindible duplicar los salarios actuales, dignificar la docencia ante la ciudadanía y proporcionar al maestro una carrera profesional. Los gobernantes de Finlandia o Singapur ya aplicaron estas y otras medidas hace décadas y convirtieron países de pescadores en referentes económicos y educativos mundiales. No se asuste nadie por esta propuesta de duplicar el sueldo del *maestroescuela*, pues revertiría en poco tiempo en una riqueza enorme para todo el país. Desgraciadamente, los políticos no se plantean una reforma que dé frutos en un tiempo superior al que dura el tapizado de su escaño. Se necesitaría un acuerdo de Estado, es decir, algo imposible, para que España trazase un modelo de vida común cimentada en una educación de calidad. Lo que se le dé a la enseñanza, esta lo devolverá acrecentado en el futuro. En la escuela se forjan todas las profesiones.

El incremento del PIB crecería sobradamente para atender al resto de los sectores. Pero el problema de fondo no son los políticos, sino la sociedad entera, que no ama la educación y que, por tanto, no le exige al político de turno esa actuación definitiva que mejore su nación. Aquí el objetivo nunca ha sido la búsqueda de la calidad educativa.

El camino que se ha tomado es otro. Hace unos años se apostó fuertemente por la modalidad de enseñanza en línea, sobre todo para los estudios superiores. Lo cual ha traído consigo una pérdida progresiva de humanismo en la educación actual. Hemos dado en una seudoeducación de aspecto, fachada y título oficial, pero carente de comprensión con el ser humano. No se ha visto, creo yo, que la informática no está al servicio de la educación, sino que la moldea, la encauza y la dirige hacia sus propios intereses.

Se confiaba con ingenuidad en que la tecnología con nuevas aplicaciones, herramientas y plataformas sistematizaría la educación. El formato digital se imponía gracias al atractivo de su flexibilidad horaria, sus contenidos interactivos, sus recursos multimedia y a la *gamificación*, que no es otra cosa que mero jueguecito, «entretenimiento educativo». A mí me recuerda a las técnicas de Pávlov, con esos estímulos que engarzan respuestas automáticas. No existe interiorización del conocimiento, ni reflexión, ni se incentiva la capacidad crítica. Solo trivialización de un saber epidérmico, de concurso televisivo. Lo justo para que el mocerío con ingenio razone un *tuit* y no una evolución, menos aún una revolución.

El alumno no dialoga ya con su maestro, lo hace con algoritmos y combinaciones de bits. Pero ¿quién está detrás de este tsunami tecnológico? ¿Por qué tanta insistencia en que se digitalice la educación y en que asumamos que es normal estudiar de forma remota sentados frente a pantallas? Detrás están los fondos de inversión que han apostado millones de euros por el mercado educativo, porque es un negocio con rentabilidades anuales superiores al 20 por ciento.

Fondos inversores como Permira, CVC Capital Partners, el estadounidense KKR, el suizo Crescendo o el italiano Investindustrial desembarcaron en la educación de nuestro país en 2019 para comprar academias, empresas educativas, escuelas de negocios, de diseño, colegios, universidades, cursos de todo tipo, etc. España les resulta especialmente atractiva por ser la puerta de entrada a Latinoamérica, un mercado mucho mayor, con cientos de millones de alumnos y con enormes necesidades educativas.

El modelo consiste en enlatar clases, conferencias, másteres o talleres para emitirlos en *streaming* a miles de estudiantes en cualquier lugar del mundo. Es enseñanza tecnificada, virtual y muy pronto con profesor en holograma. Un modelo interesante que facilita el acceso a la formación a personas en sitios alejados y sin posibilidad de acudir a clase con regularidad. Pero la tentación de estas compañías es reemplazar parcelas de la enseñanza presencial por esta otra mediante la venta de sus herramientas informáticas.

El concepto educativo ha desaparecido en las reuniones de algunas de estas universidades, donde escuché a sus dirigentes hablar sin pudor de la «Empresa», no de la universidad. *¿Quo vadis*, Educación? Las ferias educativas se han convertido en una exposición de plataformas de gestión y de aplicaciones en las que solo se muestran las últimas novedades tecnológicas. ¿Quién podría encontrar en medio de esa marabunta una sola idea innovadora que no implique el comercio de un nuevo cacharro o de un programa informático?

Si estos fondos de inversión, tras pormenorizados estudios, han comprado universidades, academias, centros de FP a precios tan elevados es porque aguardan una rentabilidad similar o mayor en unos años. Para los economistas la conclusión es obvia: los estudios universitarios se encarecerán y se financiarán con créditos. Habremos alcanzado la ansiada americanización de la enseñanza en el negocio, no en la calidad.

Y, si en los próximos años se expande aún más la compra de centros de educación en España, la enseñanza pública no competirá en igualdad de oportunidades con estos fondos de inversión. Los premios Nobel, los investigadores y sus mil altos cargos de empresas multinacionales aceptarán dar conferencias en estas universidades privadas. Se romperá la dinámica de la educación en la que están juntos alumnos de diferentes niveles sociales. La brecha se abriría en canal. ¿Cuánto tiempo tardarán en desembarcar en las enseñanzas medias, un nuevo mercado muy apetitoso? ¿Por qué están los fondos de inversión aquí? ¿Por qué no en otros países de habla hispana?

El abandono durante décadas permite que el salto respecto a la pública sea fácilmente asumible. ¿Por qué prefieren los estudiantes ir a universidades privadas? Por el deterioro de la pública, por la escasez de plazas y porque, de momento, las familias superan fácilmente las notas de corte con la pértiga de los euros.

Educar es atender la diversidad en cada alumno, personalizar la enseñanza, escuchar atentamente y dialogar sin cesar como método irrenunciable. Si no se apuesta por el talento, se condena a la sociedad a una mediocridad desoladora que acarreará graves consecuencias sociales y políticas.

La digitalización ahorra gasto de profesores y el objetivo de estos fondos no es redimir a la humanidad, sino ganar dinero para sus accionistas. Pero cualquier ciudadano puede ser inversor de este modelo educativo a través de uno estos fondos sin saberlo. La enseñanza se convierte así en pura economía, ya no se entiende la educación como amor, con espíritu, como vocación de vida. La diferencia entre la enseñanza impartida en las escuelas y la que impulsan los fondos es la misma que existe entre la fabricación de figuritas idénticas en molde de escayola y la manufactura artesanal imperfecta, hecha de tiempo y esmero.

En la actualidad, parece asentado que jamás un programa informático educará por sí solo a un estudiante. Recordemos que no es lo mismo educar que enseñar. Enseñar es mostrar con claridad, adiestrar. Educar es algo más profundo, es instruir y formar, desarrollar capacidades intelectuales y morales. Ni la inteligencia artificial (IA) ni el ordenador cuántico más poderoso sustituirán el vínculo emocional entre un maestro y sus alumnos. Preferimos el pensamiento poético al pensamiento computacional. Tampoco despreciamos la IA, una herramienta que es necesario usar, pero con inteligencia sensitiva. El mundo digital crea, transporta y almacena información en segundos y en cantidades ingentes. Pero ¿realmente los muchachos necesitan en su enseñanza cotidiana medios tan potentes y sofisticados? La respuesta es que, si su incorporación supone sacrificar en la formación de nuestros hijos factores como el razonamiento filosófico, la sensibilidad, la intuición o la creatividad, nuestro modo de vida y el suyo se resquebrajarán de manera irreversible.

En Las Musas no quisimos que la tecnología invadiera todos los ámbitos de la enseñanza. Era preciso revalorizar y no desterrar el conocimiento del profesorado en cada disciplina. Cifrar el aprendizaje exclusivamente en aplicaciones informáticas implicaba desperdiciar el mejor saber del claustro. No obstante, recurrimos a ellas porque están presentes en la ciencia más avanzada y lo hicimos con profundidad, no como pasatiempo. En sus investigaciones en bachillerato, los alumnos utilizaban de manera admirable programas complejos como Zotero, un gestor de referencias bibliográficas; LáTeX, para composición de textos científicos con expresiones matemáticas; GeoGebra, una herramienta para gráficas, geometría, álgebra y 3D; BioRender, para crear figuras científicas, diagramas e ilustraciones a partir de una biblioteca de imágenes; Copernicus Browser, para descargar datos de los satélites del programa Copernicus; Scopus, una base de datos de artículos científicos; el navegador EO de Sentinel Hub, para el procesamiento de información de teledetección, etc. Todas estas aplicaciones y herramientas siempre estuvieron al servicio de una finalidad científica, tecnológica e investigadora de mayor calado.

En todo momento dimos un paso adelante para apoyar la creatividad. Un día, Cristina Z., profesora de Tecnología, me habló de dos alumnos de 2.º de ESO que querían participar como expositores en «Madrid Games Week» (la feria del videojuego) que se celebraría en IFEMA con un juego que ellos mismos habían ideado y desarrollado. Necesitaban presentar una solicitud avalada por el instituto, un presupuesto y un mínimo respaldo económico para montar un pequeño estand. Las Musas, cómo no, sufragó el talento de sus musos. Fueron los creadores más jóvenes de toda la feria. Hoy esos alumnos son dos magníficos ingenieros informáticos que nunca han olvidado aquel primer impulso que recibieron de su instituto.

Cuando se avecinaba esa ola de bits que se interponía entre profesor y alumno, en Las Musas nos refugiamos en la palabra, en la poesía. Todas nuestras propuestas llevaban el sesgo de la rehumanización de la labor docente. El trato individualizado, el diálogo permanente y la cercanía con el alumno se desplegaron como abanico variado para un alumnado diverso. Perseguíamos una educación de calidad. Estudiantes con inquietudes y motivación encontraban sugestivo su camino hacia la investigación; otros, con dificultades sociales o personales para progresar académicamente, hallaban en algunos proyectos un asidero, una ilusión para no hundirse. De brindar ambas posibilidades estábamos orgullosos por igual. Los alumnos colaboraban con diferentes ONG para desarrollar tareas solidarias de cooperación y voluntariado y conocer la diversidad real. Apostábamos de forma decidida por una vuelta al humanismo. La educación profunda, la de verdad, es aquella que se aleja de modas, de oportunismos y de lo artificial; la que no se recrea en la antipática perfección técnica; en definitiva, la que conserva amor, espíritu y emoción. Cuando carece de estos tres efectos, poco vale una educación por mucho dinero que cueste.

En varias facultades, y no solo de ciencias duras, se les repite una y otra vez a los alumnos que quien no sepa programar será el nuevo analfabeto del siglo xxi; sin embargo, el CEO de Nvidia, la mayor compañía de tecnología del mundo, afirma ahora que un ciudadano no debe saber programar. Que lo que busca su empresa son universitarios que lean, escriban y comuniquen con precisión y claridad para expresar con rigor sus ideas, sus deseos y su creatividad. Las máquinas se ocuparán de programar y dar forma a lo que el ser humano sueñe y verbalice. El código para comunicarnos con las máquinas será nuestra propia lengua. ¡Qué acertados estuvimos al proponer una pedagogía poética en Las Musas!

Si solo se habla en términos de rentabilidad y eficiencia, y olvidamos a los niños, se arruina la escuela esencial. Se cae entonces en la frialdad, en la impersonalidad, en una sociedad de individualismo feroz con una competitividad ciega. El egoísmo acaba con la dicha de pertenecer a un grupo, lo cual generará otros problemas más costosos y difíciles de resolver.

Impulsamos programas que incentivan la palabra como «Alumnos mediadores»; la redacción científica con el Bachillerato de Investigación; la lectura y la escritura diarias con la revista escolar *El Muso*;[27] la creación de una editorial propia, concursos literarios, matemáticos, de pintura, etc. Recuperamos el valor del maestro en la conversación constante con sus alumnos, la escucha atenta, la convivencia y el encuentro, con programas como «Mentorización». Abrazamos la diversidad con «Los Musaicos», «Adopta un abuelo» o «I am Able». Queríamos personalizar el proceso educativo. Reivindicábamos así en la enseñanza la imprescindible espiritualidad. Para recuperar el aprendizaje más esencial no debíamos deslumbrarnos con pantallas, teclas o tupidas y estúpidas redes sociales. La educación es alegría, pura poesía; pero en manos de los legisladores se vuelve triste, prosaica, sin brillo. Y si la encerramos empaquetada en pantallas se torna fría, anónima, desalmada.

Recuerdo que un día, en una exposición sobre la Institución Libre de Enseñanza, vimos unos maravillosos cuadernos escolares con los apuntes que elaboraban los alumnos, a principios del siglo pasado, y en los que añadían dibujos alusivos de botánica, geografía, etc. Un método de trabajo que nos resultaba cercano, pues también nosotros habíamos prescindido del libro de texto desde hacía años en bachillerato, especialmente en 2.º curso, y también en muchos módulos de FP. Era una manera sencilla de que los alumnos interiorizaran los contenidos, de que los hicieran suyos.

Hay quienes se oponen a labores como la escritura manuscrita porque ya prácticamente no es necesaria en la vida adulta. No comprenden que la escuela no es la vida, sino el adiestramiento para ella. «¿Por qué han de ejecutar los alumnos determinadas tareas, si en la vida real se realizan otras diferentes?», nos insistían. Cualquier deportista respondería que solo el entrenamiento meticuloso con métodos y ejercicios variados fortalece los músculos, los ligamentos y los tendones que le capacitarán para superarse a sí mismo. Algún estudio reciente destaca que el estudiante asimila con mayor facilidad lo que escribe a mano y lo que lee en papel antes que sobre medios electrónicos. La escritura manual estimula partes del cerebro inalcanzables con otras actividades. No hay ninguna diferencia entre pulsar una letra u otra en el teclado de un ordenador; sin embargo, al trazarlas con un lápiz o bolígrafo nuestra mente retiene mejor el significado de lo que caligrafiamos. Afortunadamente, el arte de la pintura aún se aferra a la mano.

La tecnología es otra herramienta más al servicio de la educación, nunca podrá reemplazarla. Supeditar la educación a la tecnología es una inconsciencia. Y relegar el profesor a un papel secundario, una temeridad. Resulta absurdo educar a un ser humano sin contar con otros humanos. Que nadie confunda informar con educar. La IA nos anega en segundos con ríos y ríos de información fluida como jamás habríamos sospechado. Pero ¿cómo se bracea en medio de tanta agua para no ahogarnos? No acompañar y guiar al alumno en su aprendizaje es una irresponsabilidad semejante a la de dejar solo a un adulto ante los millones de libros que atesora la Biblioteca Nacional y en mitad de uno de esos pasillos repletos de estanterías decirle:

—Ahí está todo el saber. Empieza a aprender.

Los valores que nos definen como especie, la historia de la humanidad, son un relato del desarrollo de nuestras capacidades específicas. Cuanto mayor sea nuestro humanismo, mayor y mejor calidad de progreso obtendremos.

V

Símbolos

El transporte y la educación llevaron el progreso al madrileño barrio de Las Musas. La estación de metro se abrió en julio de 1974 y el instituto en octubre de 1980. *Archivo ABC / Luis Ramírez*.

Las Musas antes de su transformación: conserjería, aula de informática de FP y pasillos en mayo de 2015.

La luz y la ciencia iluminaron Las Musas: conserjería, aulas y despachos transparentes en septiembre de 2017.

Los estudiantes de Bachillerato exponen sus investigaciones en el salón de actos del CSIC (*arriba*, diciembre de 2022) y en el CNIO (*abajo*, diciembre de 2019).

En busca de las señales de los satélites NOAA-18 y NOAA-19 con nuestra primera antena en 2021.

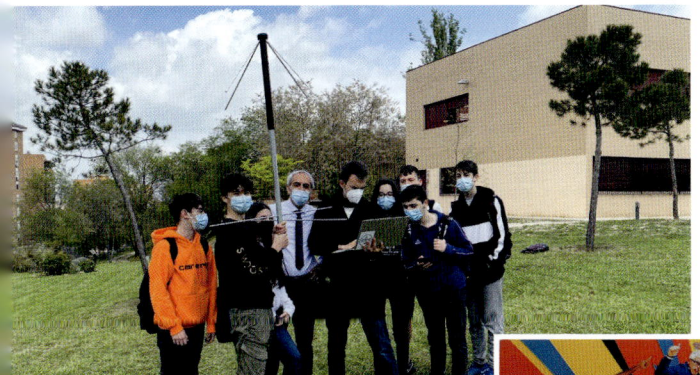

Pistas deportivas renovadas por la Consejería de Educación y graderío donado por el Atlético de Madrid en septiembre de 2019.

Portada del disco del grupo de música inclusiva Los Musaicos, editado en 2019.

El jardinero Omar supervisó la plantación de árboles por los alumnos en octubre de 2023.

La primera expedición a la Amazonía ecuatoriana tuvo lugar en junio de 2018.

En diciembre de 2018 se realizó un intercambio con el colegio Miguel de Cervantes de Moscú. En la imagen, musos y moscovitas bajo las cúpulas de San Nicolás y sobre la nieve.

Aula taller y laboratorio de los ciclos formativos de grado superior de Higiene Bucodental (*arriba*) y de Laboratorio Clínico y Biomédico (*abajo*).

José Antonio Expósito manteado por sus alumnos de Bachillerato.

Los alumnos Alejandra C. y Carlos P. son felicitados por los reyes de España tras su intervención en el acto de Estado por el Día Europeo de las Víctimas del Terrorismo. Palacio Real de Madrid, 11 de marzo de 2021. © *Casa de S.M. el Rey.*

Entrega de la Orden Civil de Alfonso X el Sabio a José Antonio Expósito en diciembre de 2024. *Cortesía del Ministerio de Educación, Formación Profesional y Deportes.*

Tras treinta y seis cursos, veinte años en Las Musas y diez como director, Expósito se despide en octubre de 2024.

13

Pedagogía poética versus IA

Amor y poesía
cada día.

JUAN RAMÓN JIMÉNEZ

—A ver, Expósito, explíqueme qué pretende su instituto con tanta lírica y esas cosas, porque, discúlpeme, no le entiendo —me insistía el inspector.

—Nada más y nada menos que recuperar la ilusión de todos —le respondí.

—¡Ah, bueno, acabáramos! Si es eso, adelante. Siga, siga, con el verso —sentenció.

De buenas a primeras, iniciamos una transformación sucesiva de Las Musas. El propio nombre del centro ya ayudaba, era inspirador; pero faltaba lo esencial. Todo para salir de la nada. Faltaba una renovación material de los espacios que recuperase la estética del instituto. Y que después esa belleza física de la escuela nos mostrase el camino hacia una educación de calidad mejorada por la estética. Faltaba que impulsásemos una pedagogía poética alejada por igual de la enseñanza dominante tradicional y de la nueva enseñanza subordinada a la tecnología. Faltaba un método con programas educativos que recuperase el humanismo y el diálogo perdidos, una fórmula que situase a alumno y profesor como centro y eje del proceso. En educación hay una dimensión poética que los legisladores y técnicos olvidan o no comprenden, a pesar de que engloba

129

todo lo anterior. Por la metáfora y el símbolo la escuela se engrandece.

A mí me resultaba natural hablar de poesía para aludir a una actividad vocacional como la educación. Otros no veían la relación entre ambas. Ser maestra o maestro entre niños es un trabajo elevado. Diría que acaso el más alto y noble dentro de cualquier país. Creo haber leído una afirmación parecida en la novela *El extranjero*, de Albert Camus. Siempre me conmueve recordar cómo Camus, tras recibir el Premio Nobel de Literatura en 1957, dedicó su discurso a su maestro en Argel por su entrega y después le escribió una famosa carta de puño y letra para agradecerle lo mucho que había hecho por él en años decisivos. ¡Qué grandeza sensitiva y humana la de Camus! Esa página tendría que estar enmarcada en todos los despachos de las consejerías y ministerios de educación.

Solo el poeta posee encomienda parecida al maestro. Ambos viven en la palabra y se desviven por revelar la existencia, por forjar la realidad. Crean mediante símbolos y ejemplos lo que aún no son capaces de ver los demás por sí solos. Abren puertas a mundos ignorados. Ellos amplían las almas cuando nos comunican lo que desconocíamos. Por ello, poesía y educación son unidad, un mismo corazón de vida.

Cuando yo empleaba las palabras «estética» y «poética» para referirme a cuestiones educativas, provocaba algún desconcierto a muchos, porque son términos por completo ajenos a normativas y fundamentos de la Administración y, en particular, de la inspección escolar. El legislador se pierde en enredos reglamentarios y en cláusulas. No encuentra el vocablo suficiente para educar. Sufre de no saber cómo ni por qué no acierta en su empeño. No acaba de explicarse que siendo el articulado de su ley tan redondo y completo en lo jurídico no mejore la enseñanza. Sencillamente, porque la mayoría de las leyes carece de espíritu. Es el maestro quien cada día con la poesía de su trabajo pulcro enmienda la planilla al gestor administrativo y el borrón al político legislador. Fue más fácil que entendieran los niños qué es una educación basada en premisas poéticas que explicarlo a las autoritarias autoridades, exégetas que solo idolatran los textos sagrados del *Boletín Oficial del Estado* o el de su respectiva comunidad autónoma.

Yo traía otro pensamiento distinto de una escuela ideal. Mi modelo no encajaba en el tedioso oficialismo burocrático. Inventé un instituto en el que prevaleciera la alta calidad educativa. Auné en un proyecto mis dos mundos propios: poesía y educación. Porque ambas son vertientes del mismo proceso de conocimiento. Educación y Poesía buscan crear una conciencia en el individuo de ser algo más que un tránsito temporal sobre la tierra. Educar es poesía pura, es descubrir un puñado de verdades contra el destino. Hay poesía en un teorema de matemáticas, en la termodinámica o en la física cuántica, no solo en los versos de Garcilaso. Poesía es Educación puesta en pie. Los grandes maestros son sencillos poetas que revelan con sílabas y números de tiza la grandeza de vivir.

Inicié una insólita pedagogía poética. Aquello sonó muy raro en la España de 2015. Hablé entonces por primera vez de un método poético en el mundo educativo frente a tanta avalancha de una enseñanza despersonalizada basada exclusivamente en la frialdad de mecanismos informáticos. Cuando, a finales de 2022, arreció el viento huracanado de ChatGPT de IA, nosotros, profesores enraizados en nuestro humanismo educativo, fuimos flexibles como juncos, pero sin movernos nunca de nuestro sitio. Nos mantuvimos firmes en que ninguna inteligencia ficticia tumbaría jamás la palabra viva del maestro, porque la educación de un niño es un acto profundamente humano.

La transformación de los espacios, como ya se explicó, dio pie a una etapa distinta. Quisimos refundar y apadrinar con poesía una escuela renovada. Levantábamos el telón a una dimensión educativa desconocida. Pero antes de desmigar esa otra forma de abordar la enseñanza, detengámonos en la refundación mítica de Las Musas por el verso.

En un capítulo anterior se narraron los inicios del instituto en los años ochenta, pero a ese pasado histórico se sumó un pasado poético, una visión sentimental de una escuela que yo me empeñaba en recrear. El mito es más poderoso que la realidad y nosotros necesitábamos, para ofrecer una educación elevada, superar mucha leyenda negra que provocaba desconfianza entre las familias por un viejo instituto de FP carcomido por el olvido, por un descrédito de décadas y por una delgada presencia. El pasado pesaba mucho dentro de unas aulas de arrabal, en unas instalaciones penosas y en una fama a trasmano. Lo primero para acabar con todo ello fue crear el mito de una educación transparente con aulas de cristal y unos espacios poéticos en los que la enseñanza se enalteciera. Después, era obligado que anunciásemos una idealización de Las Musas por el verso, porque este pervive en el recuerdo. Entonces, la educación obtuvo un instituto.

Abrí mi primer claustro de manera inusual, no con la prosa administrativa del acta de la sesión anterior, sino con la lectura del poema «La trasparencia, dios, la trasparencia» de JRJ. Una metáfora definía una escuela en un tiempo distinto y unos nuevos espacios: aulas transparentes, humanismo y convivencia en y por la palabra. Siempre supe que cerraría mi último claustro y mi etapa como docente y director, como ocurrió, con otro poema suyo: «El viaje definitivo» (…Y yo me iré y se quedarán los pájaros / cantando). Aunque nunca imaginé que llegase a ser tan fascinante lo sucedido entre la lectura de unos y otros versos. A veces, el programa educativo más hondo nace de la sencillez y la verdad de un manojo de versos. Tan solo eso. En la poesía se fundamentó la ética de un instituto. Buena parte de los cien profesores miraban atónitos al nuevo director traspasar aquel umbral tan intimista.

Sí, convertí en hábito iniciar cada claustro y cada Consejo Escolar (formado por padres, alumnos y personal no docente) con unos versos alusivos al contenido de la reunión. Era necesario marcar en cada comienzo un nivel intelectual y sensible adecuado en un encuentro de profesores. Recordar nuestra distinguida misión ante la sociedad para no caer en bajezas ni mezquindades de funcionamiento, alzar la mirada y la conciencia hacia altos ideales. Cuando en alguna ocasión olvidaba el poema inicial, alguien levantaba la mano para reclamar «su» poema. ¡Qué maravilloso claustro de profesores me acompañó siempre!

Pasé de ser un lector de versos a convertirme en director lírico y trasladé a mi despacho muchas grietas e ignorancia en el ámbito administrativo, pero apuntaladas por principios poéticos. Mi experiencia previa como escritor de ensayos literarios, como estudioso de la poesía del siglo XX, como articulista, como editor de JRJ, como intelectual puro me permitió atrevimientos inauditos en un director más prosaico: declaraciones en radio, apariciones en televisión, reuniones con ministras, consejeros de educación, embajadores, políticos, investigadores, etc. La palabra poética no solo inauguraba los claustros, sino que también abría puertas de despachos aferrados a la prosa más procedimental.

La metáfora educativa posee valor universal. La poesía y la estética transformaron nuestro instituto en un modelo vivo de enseñanza que se extendió años después a centros muy alejados. Muchas directoras me invitaron a comprobar la huella que habíamos estampado en sus escuelas. Era muy reconfortante ver esa estela que dejábamos en otros.

Partíamos de las emociones, de la palabra, y buscábamos la hondura. La poesía es anterior a cualquier razonamiento. La poesía expresa los temores y los sueños del ser humano. La poesía es el esfuerzo por comunicar lo desconocido. El verso no es menos real que la misma realidad. Poesía es hacer ciencia, es investigar. Aristóteles decía que las cosas se diferencian en lo que se parecen; así, los centros educativos se distancian unos de otros por lo mismo que enseñan, pero con métodos distintos. La pedagogía poética que propusimos era un estilo de vida, una manera peculiar de entender la docencia, un magisterio profundamente dialogante y perseverantemente humano. En nuestro ideario académico prevalecía la palabra creadora sobre normativas u ordenanzas.

De un verso nació otra educación posible. No hizo falta más. «Amor y poesía cada día», este fue el verso y nuestro breve programa educativo para forjar una conciencia común a la que sumarnos todos hasta hacer de Las Musas una identidad diferenciada. Sí, pedíamos a los profesores que se guiasen por dos únicas leyes: que amasen a sus alumnos y que embellecieran la vida escolar de palabra, obra y actitud. Con amor y poesía proclamamos una enseñanza nueva. Más cercana y cordial. De respeto y trato esmerado, de diálogo permanente. Una enseñanza basada en la confianza. No eran meras declaraciones, que nunca las hubo, sino un ejercicio diario. Queríamos que cada profesor y cada alumno pensasen y sintieran su trabajo con poesía, que fueran felices en Las Musas.

Nuestra misión como equipo directivo consistía en facilitarles la tarea con medios materiales, con buenos horarios, con libertad y siempre con gentileza y consideración hacia todos. Debemos allanarle el camino al docente, desbrozarlo de impedimentos para que su labor le resulte cómoda y satisfactoria. Y al alumno trasladarle la certeza de que él es el centro en torno al cual giran todos los desvelos del proceso educativo. El equipo directivo está al servicio del profesorado. Quien no entiende esto no ha comprendido nada. La pedagogía poética es peligrosa para el político, porque es libertad absoluta para hacer y deshacer la gramática, para ampliar los significados y ensanchar las almas, para crear mediante la palabra lo que aún no existe en el pensamiento de los alumnos y para revelar nuevas rutas educativas.

Frente a la nueva IA, la inteligencia sensitiva contiene las verdades del ser humano y de la vida. Un estudiante solo las comprenderá leyendo por sí mismo a Shakespeare, a Nietzsche, a Cervantes o a Virginia Woolf; y estudiando a Newton, a Mendel, a Curie o a Hawking. Los niños deben ser educados por maestras y maestros con naturalidad empleando diversas herramientas, incluida la IA, pero sin abandonarlos solos a los oscuros algoritmos de una fría digitalización.

Decíamos que la asimilación de esa pedagogía en Las Musas fue rápida. Docentes, estudiantes y personal laboral dimos muestra de ello. Ya no servía cualquier cosa, ni el arreglito breve ni el *quemasdá*. Solo lo escogido, solo lo cuidado en detalles físicos e intelectuales; en organización, diseño y proyectos; en una convivencia armoniosa y de cariño sincero entre profesores y alumnos.

Hacer un instituto feo en lo material y en lo espiritual cuesta lo mismo que hacerlo bello. Sin embargo, ¡qué diferencia abismal encandilar a la muchachada en un ambiente amable con propuestas atractivas y no en otro inhóspito y anodino! Nos propusimos cambiarlo todo para elevar la docencia a arte. Alzar el espíritu y afanarnos en cuestionar la enseñanza, procurar que la actividad diaria nos reconfortase a todos al final de la jornada. Un estar satisfecho consigo mismo al detenerse tras lo realizado. Ese extraño y dulce disfrute del cansancio que provoca el trabajo gustoso, del que hablaba JRJ. Ahondábamos en calidad educativa, que le da al enseñante sentido y encanto.

Armonizar un claustro es tarea prioritaria de cualquier director. Unir y abrazar a un colectivo en un propósito común. Solo en concordia florece la confianza y el respeto por el trabajo ajeno. Fue fundamental implicar en este proceso a todo el profesorado y también al personal no docente. Todos educamos. Y, si bien ya era conocida mi monomanía por la calidad, cada año se actualizaba con la llegada de nuevos profesores.

En septiembre, recibía a veinticinco o treinta docentes que se incorporaban a nuestro instituto. Una rotación del 30 por ciento del personal era lo habitual. Desgraciadamente, ya estábamos acostumbrados a esa inestabilidad de las plantillas en secundaria. Nosotros lo amortiguábamos, en parte, gracias a un engrasado modelo educativo en el que todo el claustro se esforzaba por que los noveles profesores encajasen. Durante los primeros años, ese caudal de savia nueva lo vivía como un desafío que intentaba diluir con reuniones iniciales en las que les desmenuzaba todos los programas que impartíamos. Quería integrarlos cuanto antes. Años después, aguardaba con impaciencia a esas hornadas de docentes. Nos agradaba sobremanera acoger a antiguos musos convertidos ya en profesores. ¡Qué emoción mutua! Traían luz, alegría y vida a la escuela. Recibíamos a todos con un desayuno para trasladarles entre café y bizcocho el espíritu de Las Musas, junto con ligeras pinceladas de nuestra esponjosa identidad. Me importaba más que supieran qué esperábamos de ellos y qué oportunidades iban a encontrar. Les pedía colaboración y que aportasen las experiencias que considerasen oportunas. Buscaba siempre un enriquecimiento de la escuela con las miradas desenvueltas de estos profesores más jóvenes. Se sorprendían al comprobar que los veteranos no gozaban de privilegios en horarios, ni en grupos, ni en participación en programas o intercambios. Su conversión en convencidos musos y musas era, por tanto, inmediata y duradera, pues todos querían permanecer en Las Musas al año siguiente. En verso Lope lo expresó así: «Esto es amor, quien lo probó lo sabe». Los posos de un buen café dialogado y compartido se saborean durante muchos meses a lo largo de un curso.

Les explicaba que en nuestra pedagogía poética, para llegar a ser un buen profesor, el primer mandamiento era amar a los alumnos.

Creo que este mensaje les sorprendía gratamente. Decían que lo escuchaban por primera vez en boca de un director, aunque lo considerasen coherente. Una profesora del departamento de Orientación pedía a su compañera que la pellizcara, porque no se creía lo que escuchaba. Sin embargo, solo así es posible establecer la relación propicia para un mejor aprendizaje. Un día otra profesora, en un aparte y a media voz, me confesó que le parecía muy valiente hablar de amor a un claustro de profesores. Lo interpreté como un síntoma terrible, porque evidenciaba entonces que en las escuelas habíamos relegado tratar con naturalidad lo sustancial del ser humano.

Si no comprendemos que somos primero emoción y después razón, nunca nos adentraremos por la senda educativa con solidez. Hay quien enseña solo leyes irrefutables, argumentos, fechas, datos, polinomios, etc., pero sin apelar a la emoción. Es un error, a mi modo de ver. Nadie sin entusiasmo logra transmitir la belleza de un algoritmo o del ADN. El estudiante necesita sentir la realidad o la fantasía. Y luego reflexionar sobre la irrealidad de ambas.

Es preciso vivir sensitivamente la enseñanza. Si en cualquier renovación didáctica no hay emoción previa, no surgirá la necesidad de expresarla y menos aún la de llevarla a la práctica. En el principio era el verso. Un gran proyecto pedagógico es el desarrollo de una buena metáfora. A nosotros nos atraía con fuerza el destino de una escuela innovadora que intuíamos cada día con mayor claridad. La poesía es educación y el verso la enseñanza. Cimentado nuestro planteamiento educativo en una estética y una ética poéticas, fue ya posible acometer cotidianas lecciones en prosa.

Educar a un niño quizá sea la acción más humana, la de mayor significado, pues nos define como especie. Educar es enmarcar nuestra civilización. La vida de todo individuo o de cualquier nación se construye con palabras. Se nos olvida esta dimensión educativa del lenguaje. Somos en la palabra. Todo lo sustancial: amistad, amor, verdad, enfrentamiento, olvido... se sostiene o se derrumba por los vocablos. La enseñanza, que es un acto verbal, se fragua con parábolas. La infancia asciende por la escalera de los significados hasta el mundo adulto. Una pedagogía poética consiste en atraer al alumno hacia el conocimiento mediante el magnetismo de la palabra y el diálogo.

Del mismo modo, el poeta nos cautiva por el ritmo hacia la interpretación profunda de la existencia.

Recuperar la relación elemental entre profesor y alumno fue nuestra tarea prioritaria. Además de suprimir tanta dislocación de neologismos y extravagancias educativas para establecer una sintaxis fluida, para reencontrar el sentido originario de lo escrito. En educación se usan eufemismos y rodeos para enmascarar la realidad. Se importan términos para renombrar lo propio solo por el afán de aparentar ciencia y camuflar carencias. El resultado es una enseñanza disfrazada de otra cosa, cuando lo que en verdad necesitamos es la desnudez de conceptos, la sinceridad de lo sencillo. Me propuse desechar una terminología con la que habían enjoyado la educación y derribar los muros que aislaban el auténtico saber.

El ritmo del poeta y la palabra del maestro engendran una disposición de ánimo, una espera que solo se resuelve con el descubrimiento. Ritmo y palabra son tiempo, ambos son, en definitiva, el significado de lo que se enseña y se canta, en la cadencia del ritmo y de la palabra está el aprendizaje.

14

La palabra conciliadora de los mediadores (2013)

> No hay duda de que en la palabra cordial e inteli-
> gente tiene la violencia su peor enemigo.
>
> PEDRO SALINAS

El programa «Alumnos mediadores», que arrancó en 2013, fue el germen de una pedagogía poética. La palabra como bien supremo del ser humano era nuestra mejor aliada. A ella nos consagrábamos, a su poder inmenso para crear, amar y entendernos. Si la palabra falla o falta, la sinrazón y la barbarie se alzan. El educador lo es por el diálogo y, sobre todo, mediante el ejemplo. La palabra es tan necesaria en educación como el aire que respiramos. Palabras, palabras, palabras...

Cuando impulsamos este programa, hace casi tres lustros, fuimos pioneros. Compartíamos con los alumnos una responsabilidad crucial: la convivencia en el instituto. Les cedíamos protagonismo, algo hasta entonces poco habitual en cuestiones tan relevantes. Confiábamos en ellos, porque son sensitivos y maduros para asumir la tarea de guiar a su escuela por la senda que deseen. Creamos grupos de mediadores escolares que atajasen los roces y conflictos cotidianos entre adolescentes para evitar que se enquistasen en enemistad. Nos acogíamos al valor seductor del verbo y de la conversación constructiva. Un cauce para que los propios alumnos aprendieran a resolver los problemas que surgían en el aula.

En una escuela, ¿por qué los alumnos son mejores intercesores que los adultos? Porque la comunicación entre adolescentes es siempre más fluida y directa que cuando interviene un adulto. Además, los niños comprenden mejor la flaqueza y la debilidad de una equivocación y no interpretan como error perverso lo que nosotros con frecuencia atribuimos a un fondo de maldad. El niño perdona y olvida con sencillez. Mira siempre hacia el futuro; nosotros hacia atrás. Los alumnos mediadores gozan de una gran estima entre sus compañeros, por su forma de proceder, por la naturalidad con que conviven con los demás y porque no dan lecciones, sino ejemplo vivo con su presencia y su comportamiento diario. Ayudan a los demás. Y ¿por qué nos decantamos por esta opción y no por establecer duras medidas contra el acoso escolar? Porque a los jóvenes en proceso de formación de poco sirve mostrarles un repertorio de sanciones. Hay que proponerles modelos y referentes en los que fijarse. El mediador no resuelve el acoso escolar sino que trata de impedirlo.

Profesores y alumnos aprenden a detectar situaciones no deseadas por nadie, a abordar disputas y a favorecer la convivencia y la integración. Antes de comenzar, contactamos con expertos, como Pedro Uruñuela o Juan Carlos Torrego, que viajaron hasta nuestro centro para asesorarnos y formar a los estudiantes. Esta práctica de la mediación, implantada en ámbitos laborales o judiciales, casi no se había aplicado en escuelas de secundaria. Merecía la pena aventurarnos por una ruta no transitada, una vez más.

El mediador no impone nada, ni otorga ni niega razones. Los demás confían en él cuando se presentan las desavenencias. Escucha atentamente a las partes por separado y después mantiene un encuentro con los implicados para llegar a una solución. Recoge por escrito (en un parte de mediación) los compromisos contraídos para aliviar relaciones tensas y solventar problemas de convivencia. Tras el acuerdo, hace un seguimiento durante quince días. En cada clase, los alumnos eligen a los dos compañeros que mejor encarnan las cualidades del perfil de un buen conciliador. El grupo lo forman treinta y dos alumnos, desde 1.º de ESO a 2.º de Bachillerato, además de seis profesoras. Es preciso que haya variedad de edades para que los menores aprendan habilidades y estrategias de actuación de la experiencia de los mayores. Juntos diseñaron un logo que estamparon en carpetas, camisetas y mochilas; y que ahora preside la entrada del instituto. Ser alumno negociador en los conflictos es una distinción y una estimación ante toda la comunidad educativa.

Cada semana, los profesores mediadores se reúnen para valorar el trato, la actitud y los comportamientos del alumnado dentro y fuera de las aulas, así como las medidas adecuadas para promover un ambiente de armonía e inclusión. Especial atención se presta a aquellos chicos con problemas de socialización o de integración durante los cambios de clase, en los recreos y en las actividades extraescolares. También se acompaña a los estudiantes que atraviesan momentos de incertidumbre por variadas causas: familiares, sociales, de salud física o psíquica, etc. Al finalizar cada trimestre, se organiza una pequeña comida de camaradería, donde el equipo de mediación (profesores y alumnos) habla de manera distendida sobre nuevas propuestas. Desde dirección se facilitó un espacio propio para mediación y se asignó una hora semanal de reunión al profesorado implicado.

Los mediadores también promueven actividades para favorecer la integración de todos. Su dinamismo los lleva a cooperar en iniciativas socializadoras muy arraigadas en el centro, desde Halloween o carnaval hasta la San Silvestre de Las Musas y tantas otras festividades. Su participación en ambientes lúdicos favorece la naturalidad y la espontaneidad para conseguir la mejor coexistencia. Sin duda, los profesores les habíamos servido de inspiración.

Los jóvenes siempre aprenden por imitación. Conscientes de ello, apostamos por crear un entorno seguro y conciliador. En un centro educativo es fundamental el ejemplo de convivencia que ofrecen los propios docentes.

Desde mi inicio en la dirección impulsé un clima de cordialidad. Recordaba todo lo aprendido del espíritu de los exprofesores del claustro *Magíster Musas*, quienes seguían manteniendo una hermosa amistad a pesar del paso de los años. Me di cuenta de que ese debía ser el rasgo distintivo de nuestro instituto: la armonía entre maestros. Los alumnos enseguida lo percibían y nuestra unidad se convirtió en su modelo. El espíritu del instituto, del que tanto se habló, consistía tan solo en esa amistad musa. Unidos haríamos más.

Favorecí todo tipo de ambientes distendidos para que los profesores sintonizaran. Celebramos desayunos conjuntos en los recreos,

140

fiestas de carnaval y cumpleaños; organizamos salidas al campo o a teatros, viajes, bailes de salón en el gimnasio, partidos de fútbol sala o voleibol; preparamos barbacoas o paellas en el patio y hasta cenas con karaoke y discotecas incluidos… Todo esto nos permitió conocernos mejor en distintas facetas de la vida. Superamos el compañerismo laboral para convertirlo en camaradería. Nos arropamos unos a otros en momentos de contrariedad y también compartimos muchas alegrías.

Para que el instituto funcionase, era esencial que el equipo directivo propiciara siempre el entendimiento y la cercanía con los compañeros. Se generó así un entorno de complicidad y confianza que mejoró la docencia. En ese punto, sentimos que la educación se elevaba, pues éramos capaces de superar otros contratiempos. La trascendencia de nuestro cometido era mucho más que un simple trabajo.

Mi labor como director consistió en integrar a todos, en superar la división en todo momento y en no permitir que nadie quedase aislado. Por supuesto, hubo diferencias y conflictos como en cualquier trabajo, pero siempre actué con la generosidad que aprendí desde niño con mi madre para evitar que se resquebrajara la concordia. Preferí pecar de ingenuo antes que ser riguroso. Confié en el valor integrador y reparador de la palabra. Fue mi mejor amiga, nunca me falló. Quizá, porque no era una postura fingida, sino mi forma de sentir la vida. Por eso, ante el desafío que internet supuso para la convivencia escolar, también actuamos juntos mediante el diálogo.

Percibimos que el mayor deterioro de las relaciones entre los alumnos se generaba en las redes sociales con el constante *tikitoki*: siempre caía alguna víctima en esas turbias telas de araña. Se acordó que los mediadores también moderaran en dichos medios. Cuando en una conversación —por ejemplo, de WhatsApp— alguien detectaba comentarios subidos de tono que molestaban u ofendían, de inmediato enviaba el icono de los mediadores como aviso para reconducir esos parloteos o bien segar memes, memeces o emoticonos inapropiados. A menudo, su actuación surtía efecto y se recuperaba la sensatez; en otras, era necesaria la intervención de mediadores adultos o de jefatura de estudios.

El abuso que los alumnos hacen de las redes sociales ha ampliado el horario y el calendario de la escuela indefinidamente, hasta las veinticuatro horas del día, incluidos los fines de semana y las vacaciones. En la actualidad, los incidentes entre compañeros suceden especialmente fuera del horario lectivo. Sin embargo, la escuela no se aleja de estos sucesos, pues atiende y soluciona todo eso en un ámbito del que muchas familias sí se despreocupan o prefieren desconocer. Para lograrlo necesitábamos la colaboración de estos cibermediadores. Recientemente leí que Australia será el primer país que prohibirá usar las redes sociales a los menores de dieciséis años, tras la aprobación en su Parlamento de la ley de internet más estricta del mundo. Aplaudo esta medida, que redundará en un claro beneficio de la salud física, pero sobre todo mental, de los niños y de la convivencia en las escuelas.

Era frecuente recibir visitas de equipos directivos de otros centros, que presenciaban en directo, a través de nuestros espacios abiertos y acristalados, el ritmo diario, la vida escolar en estado puro. A veces, se sorprendían al ver cómo en jefatura de estudios se invertían horas y horas en dialogar con unos y otros alumnos para reconducir o revertir situaciones anómalas pero cotidianas en cualquier escuela.

—¡Qué paciencia tenéis! Con la cantidad de cosas que hay que atajar, yo eso lo hubiera resuelto, reglamento en mano, en dos minutos —exclamaba alguna de nuestras visitas.

Justo era ese el modelo que rechazábamos y del que huíamos. Situábamos la palabra poética siempre por encima de normativas y preceptos. Quizá esos otros profesores no eran conscientes de que en estas labores diarias de conversar con los alumnos se habían fraguado todos nuestros éxitos académicos. Esa era la clave: el ambiente de entendimiento entre profesores y alumnos. Sí, muchos docentes que se incorporaban a Las Musas también se asombraban de que escuchásemos tanto a los alumnos, de cómo nos abordaban con naturalidad en cualquier pasillo y del respeto con que se les trataba. Para nosotros era imprescindible explicar una y otra vez los porqués, escuchar y entender lo que vive y siente quien se equivoca o duda en su comportamiento para corregirlo. Cualquier sistema educativo solo triunfará si antes se instaura en la escuela un clima de tranquilidad y una voluntad de diálogo permanentes. Es primordial que los alumnos se involucren en los problemas de su centro y que aprendan a tratarlos. El resto viene solo; luego ya es muy fácil alcanzar juntos logros y éxitos.

En repetidas ocasiones, recibimos la invitación para trasladar nuestra experiencia a docentes de otras comunidades autónomas o a participar en diversos foros. Los medios de comunicación (*El País*, *El Mundo*, La Sexta, Antena 3, Telemadrid…) visitaban una y otra vez nuestra escuela para apreciar el funcionamiento y los resultados de esta iniciativa. En esas entrevistas con los periodistas, los mediadores explicaban el modelo y narraban jugosas anécdotas que habían protagonizado. La figura del mediador se agrandaba ante los ojos de la comunidad educativa, al mismo tiempo que desarrollaban habilidades lingüísticas con sus exposiciones orales en público. Para extender este modelo de mediación propusimos, en colaboración con la Junta Municipal, la creación de la Red de Institutos del Distrito (RID). Tutelamos a varios centros. La policía municipal y el Centro Municipal de San Blas impartieron talleres y seminarios. También viajamos varios años hasta Soria, gracias al empeño de su director provincial de educación, para iniciar a sus profesores en estas prácticas.

Ideamos que los mediadores regresasen cada año a su antiguo colegio para hablarles de su labor a los niños de 6.º de Primaria que en el siguiente curso se incorporarían al instituto. Disipaban temores o deshacían rumores infundados que tanto agitan a niños y familias a punto de empezar la secundaria. Eran embajadores representantes del espíritu, la sensibilidad y la inteligencia de un instituto en un colegio. ¡Qué madurez y compromiso mostraban en sus intervenciones y qué satisfacción sentían sus maestras al ver la desenvoltura de sus pupilos, ya alumnos de instituto!

El primer día de curso, los mediadores actuaban como anfitriones. Enseñaban a los nuevos alumnos de primero de ESO las instalaciones, las aulas y les resolvían esas preocupaciones de cualquier recién llegado. Se establecía desde el comienzo un clima de seguridad que favorecía la integración de todos. La palabra, una vez más, humanizaba la enseñanza. El niño que se incorporaba al instituto tenía como referente ante sus ojos la mirada amiga de un compañero que lo acogía. Los canales de comunicación quedaban abiertos desde el inicio.

Muy pronto este programa innovador recibió el Premio Agente Tutor, del Ayuntamiento de Madrid (2017), de manos de su entonces alcaldesa Manuela Carmena. Un año antes, el periódico *El País* destacó este proyecto en un reportaje de Cecilia Jan (18 de abril de 2016). Y, al día siguiente, su página editorial nos elogiaba: «Las Musas ha creado grupos de mediadores escolares cuyo objetivo es detectar los conflictos y facilitar soluciones dialogadas. En esta y otras experiencias similares, los alumnos reciben formación para poder detectar mejor los problemas y los posibles casos de acoso escolar. El beneficio de estas experiencias no se limita al efecto preventivo y benefactor sobre la convivencia escolar. Quienes participan en esos grupos tienen una excelente oportunidad de entrenarse en unas habilidades que les serán de gran utilidad en la vida». También desde *El Mundo*, Ana M.ª Ortiz ensalzó esta labor de los mediadores tan relevante y decisiva para la vida de un instituto en su artículo «*Bullying*: mediadores hasta en WhatsApp» (6 de junio de 2017).

Los alumnos comprobaban el valor del verbo, su fuerza para solucionar problemas escolares, familiares, sociales o laborales. Dialogar hasta agotar todas las posibilidades de comprensión mutua. ¡Qué gran aprendizaje vivo para estos jóvenes! Solo en la palabra afable tiene el ser humano su mayor y mejor aliado frente a la sinrazón, la barbarie, la guerra o la tiranía. Las palabras lanzan guerras; las palabras las acallan.

15

Escuelas como señas de identidad

¡Transformad esas antiguas aulas!

Francisco Giner de los Ríos

La arquitecta iraní Zaha Hadid, primera mujer en recibir el Premio Pritzker (considerado el Nobel de Arquitectura), diseñó una escuela pública de secundaria en cristal y acero, la Evelyn Grace Academy, en el barrio de Brixton, el más conflictivo al sur de Londres. Con este proyecto obtuvo en 2011 uno de los premios más prestigiosos del Reino Unido, el Stirling Prize, que concede el Instituto Real de Arquitectos Británicos. El premio le permitió mostrar cómo los colegios son ejemplos de arquitectura que todo el mundo percibe. Además, dejan un impacto enorme entre los niños a medida que crecen, porque ese edificio singular alimentará su alma estudiantil durante años. Construyó una escuela espectacular para cambiar el destino de unos alumnos en claro riesgo de exclusión social.

Sería iluso pensar que los problemas de la enseñanza los resuelve la arquitectura por sí sola, pero sin arquitectura el conocimiento no saldrá de las catacumbas. Es condición necesaria, pero no suficiente. Pedimos que el arte consagre la educación. La humanidad siempre ha necesitado templos para creer. Una escuela es un pequeño templo del saber.

La innovación educativa que no se ha acometido en nuestro país es la más elemental: la de la estética, a pesar de que provoca efectos más transformadores y en menor tiempo. La estética de los centros

145

educativos lo dice todo acerca de qué pedagogía se cursa en ellos. El profesorado no reclama adornos superfluos, sino sencillez y decoro. En general, a diferencia de cualquier oficina, en los institutos el frío es un estudiante más en invierno y en mayo escolarizamos el calor; los baños son bromas sin gracia, desgraciadas; internet va o viene según le apetezca; los ordenadores tienen sus días; y la fotocopiadora sufre atascos cuando circulan tres exámenes. En fin, el profesor va pertrechado cada mañana contra todos estos males y otros más profundos que acechan en la sombra. Y, mientras, sueña con entornos amables para una enseñanza de calidad.

Siempre que he visitado cualquier colegio me ha sorprendido percibir por pasillos, aulas y despachos limpieza, claridad y orden. Me declaro devoto de la pulcritud. En otros, en cambio, se agolpan sucias sombras entre cúmulos de olvido bajo la desgana de fluorescentes fallecidos meses atrás.

Educar en la belleza es atemporal, los valores y principios de la enseñanza en un mundo que cambia sin cesar han de ser universales y válidos para interpretar el pasado y descifrar el porvenir. Qué mejor renovación educativa que inculcar una estética y una ética estética en armonía.

Transformar un centro educativo desde dentro es «vivir en héroe», como escribió JRJ. Esa tarea de la raza heroica de profesores entusiastas se forja con años de lucha por la mejor formación. Cuidar y embellecer los espacios de los colegios e institutos deberían ser cometidos prioritarios de las autoridades educativas, incluido el profesorado. Sin embargo, no es así. Otros son los intereses de quienes guían la educación en España. Todos, educadores y familias, repetimos a los niños que el estudio será lo más decisivo para encauzar sus vidas, aunque después los escolaricemos en aulas inhóspitas, mal acondicionadas y deterioradas, más parecidas a almacenes que a lugares de encuentro y aprendizaje. En esos lóbregos almacenes se toparon con el odioso sintagma «estándares de aprendizaje», que revela cómo los legisladores entienden la educación solo en términos de producción. Puro mercantilismo.

Cuando, al caminar por una escuela de primaria o secundaria, uno siente que deambula por el pasado y no hacia el mañana, la educación se tambalea. Lo acostumbrado es tropezarnos con un abandono normativo e institucional. Como la variable de la belleza no figura en ningún programa o ley educativa, a nadie le duele su ausencia, nadie la reclama. Docentes y adolescentes conviven en espacios insustanciales y asumen como ordinario lo extraordinario: edificios sombríos donde el abandono promociona cada curso, pasillos de frío futuro, carpinterías astilladas como sueños imposibles, paredes con desconchones de miseria, techos desprendidos de un cielo inalcanzable, cristales o ilusiones rotas... Todo muy del siglo XX, ya ajado. Por no entrar en esos otros rincones escabrosos mal llamados aseos.

Sé que los profesores entienden perfectamente de qué hablo, porque es el pan nuestro de cada día. En las casas, si su economía lo permite, las familias renuevan los baños cada cierto tiempo. En un centro escolar, tras el uso diario por cientos de estudiantes y pasadas varias generaciones, ahí siguen esos baños embriagados de un pasado atascado. Ninguna voz se rebela ni se alza contra estas ofensas estéticas. Padres y madres esperan mucho de la escuela, pero ¿realmente conocen las condiciones materiales en que se educan sus hijos? Callan.

El profesor que entabla la batalla de la belleza es mirado de reojo. Es un visionario, un exquisito o, peor, un esteta braceando contra la ola gigantesca de lo feo. Nada desesperadamente a contracorriente. La sociedad ofrece a los adolescentes espacios agradables, limpios, luminosos y cómodos en cines, centros comerciales, hamburgueserías, todos ellos lugares que contrastan sobremanera con nuestras lúgubres aulas. No hemos sabido o querido levantar colegios e institutos bellos, porque los políticos han entendido la enseñanza como estabulación y no como esmero de convivencia humana. Recuerdo que un arquitecto me confesó un día que el presidente de una comunidad autónoma lo reprendió por diseñar un tejado plano, atrevido y moderno para un colegio. Solo admitía la cubierta de toda la vida, con teja y vertiente a dos aguas.

Buena parte de la sociedad juzga que a los niños de las barriadas no se les deben ofrecer escuelas confortables, porque las maltratarán. Invertir en calidad para unos jóvenes les parece despilfarro. En el fondo, subyace el penoso pensamiento de que, si las aulas fueran espacios

147

cuidados y acogedores, los alumnos serían conscientes de la fealdad en otros ámbitos de sus vidas. Consecuentemente, creen que el entorno educativo no debe mostrar unas condiciones materiales mejores para no agraviar a aquellos niños más desfavorecidos económicamente. Es decir, consideran que lo propio es servir unas lentejas preparadas sin ganas o sin amor, para todos. Esto supone aburrir el talento y perder el apetito.

Si en cada pueblo o ciudad del país hubiésemos levantado un recinto escolar extraordinario, como siglos atrás se elevó con esfuerzo común la iglesia o la catedral colosal de la que sus habitantes se sienten orgullosos, hoy esta España sería otra España. Con el tiempo esos edificios se convirtieron en emblema de todo el pueblo. Las catedrales fueron erigidas por la comunidad y su función fue servir al pueblo.

Quizá, si en las escuelas de esos municipios hubiesen entrado la ciencia, la investigación y la modernidad, la vida se habría enaltecido y el progreso hubiera anidado especialmente en aquellas que hubiesen construido edificios más dinámicos, atractivos y soñadores. Eso en España no sucede, porque se piensa que la educación es un gasto. ¿Pero quién concibió como gasto las obras de una catedral? Lo que generó a su alrededor a lo largo de los siglos ha sido espectacular en el campo espiritual y económico. La fascinación que ejerce la arquitectura sobre los individuos es incuestionable. La arquitectura eleva la grandeza de una idea, crea espacios que dialogan con el tiempo en idioma de luz y gravedad. La belleza atrae más belleza y el orden llama al orden, del mismo modo que el caos engendra mayor caos.

Alzar un centro escolar único como seña de identidad de una ciudad es una hazaña de una trascendencia inmensa, mayor y más relevante que cosechar una efímera victoria en una batalla histórica. Así lo atestiguan muchos ejemplos como las ruinas de Bath, las bibliotecas de Alejandría o Pérgamo, etc.

Dignificar la enseñanza en cada pueblo de España con edificaciones excelentes habría generado un modelo educativo y científico (además de económico) fascinante, cautivador para gentes cultivadas de otros lugares. Ciudades como Oxford o Cambridge lo hicieron y no parece que les haya ido nada mal. Eso es soñar en voz alta, pero algún día llegará ese momento. Algún día…

El estado de Massachusetts (Boston) apostó hace mucho tiempo por la educación. Algunos de los centros educativos más prestigiosos están allí: la Universidad de Harvard, el MIT, el Boston College, la Universidad de Boston, la de Massachusetts Amherst, la de Northeastern, la de Tufts, la de Suffolk, y colegios de artes como Amherst College, Berklee College of Music, Williams College, etc. Además, impulsó una enseñanza secundaria y primaria de calidad, lo cual atrajo a muchas familias preocupadas por la mejor formación de sus hijos a instalarse en dicho estado, reorientando su vida laboral (trabajo, empresa, etc.). Se revalorizó la vida académica, deportiva..., incluso la vivienda. Deberíamos aspirar a reproducir este modelo de alta calidad educativa en el ámbito público. Sería la mejor manera de hacer patria, pero de verdad.

Una profesora que viajó con sus alumnos en un intercambio escolar hasta una escuela de Winchester (Massachusetts) me contaba que sus colegas americanas se avergonzaban del aspecto del instituto en el que trabajaban, pues tras catorce años aún no se había remodelado, como sí había sucedido con otros colegios y guarderías de la misma localidad. Allí la ley obliga a remozar por completo las escuelas (tabiques, ventanas, puertas e instalaciones) cada diez o doce años.

La consecuencia de esta decisión es que Massachusetts se ha convertido en una especie de paraíso académico: son líderes mundiales en biotecnología, ingeniería, finanzas y educación superior. La prosperidad viene a los pueblos siempre de la mano de la investigación y de la educación de valía. Así ha sucedido en Málaga, que se ha convertido en la capital cultural de Andalucía y en un destino europeo preferente del arte gracias a sus museos: Casa Natal Picasso, Carmen Thyssen, Centro Pompidou, el ruso San Petersburgo, el Centro de Arte Contemporáneo. Y a sus festivales de cine, teatro, jazz o flamenco. Por ello, Málaga atrae también a influyentes multinacionales de innovación tecnológica como Google o Amazon.

En el resto de esta Iberia, seríamos dichosos tan solo con que se acometiera un plan *renove* de las escuelas e institutos. Desde la masiva creación de centros en los años ochenta y comienzos de los noventa con los primeros gobiernos democráticos, no se ha ejecutado un propósito semejante a nivel nacional. En aquel entonces fue necesario escolarizar en institutos a miles de niños nacidos en la década de los sesenta (los llamados *baby boomers*). Esos centros educativos ya han cumplido más de cuarenta años y siguen fondeados en el pasado. Mientras, a los sucesivos gobiernos solo les ha preocupado redactar nuevas leyes educativas, sin duda una tarea más barata, pero que cosecha más tinta de titulares en la prensa. Uno creería con ingenuidad que ha prevalecido lo ideal frente a lo material, aunque, a decir verdad, unos y otros se han refugiado en la ideología para no afrontar lo ineludible: dignificar los espacios en los que estudian nuestros hijos. Con las autonomías convertidas ya en reinos de taifas, la capacidad del Ministerio de Educación se encuentra muy limitada. Sin embargo, en ciertas comunidades autónomas parece poco probable que se emprenda una gran campaña para mejorar y prestigiar edificios e instalaciones de las escuelas públicas, porque otras son las prioridades y, sobre todo, porque la sociedad ni lo exige ni lo demanda. Así las cosas, la degradación de los institutos se agrava cada año y el contraste con la modernidad de las construcciones de universidades, academias y colegios privados crece ante los ojos de las familias, que dudan o no dudan sobre dónde escolarizar a sus hijos.

Si España quiere ganar el mañana tiene que brindar a estudiantes y profesorado escuelas e institutos modernos, en los que ambos se sientan valorados. Una escuela debe ser un símbolo de unidad y de los valores de un pueblo, de un municipio o de un distrito. Una construcción emblemática con la que se identifiquen los vecinos y que atraiga a otros ciudadanos hasta su entorno. La edificación más trascendental es aquella en la que se gesta el porvenir, nadie puede soñar con un país avanzado, mientras las escuelas sigan siendo edificios inadecuados, indiferentes y hasta hostiles al estudio y la investigación.

Al Estado le corresponde crear una red de institutos icónicos repartidos por cada pueblo o ciudad, como existe una red de paradores nacionales de turismo. El centro escolar sería el icono relevante de cada localidad, como lo han sido durante siglos un monasterio, un museo, un puente, una catedral o un castillo. Se evidenciaría que la educación es tan decisiva (o más) que la espiritualidad, si es que no es espíritu puro. El orgullo por haber alzado en el pasado un edificio monumental con el esfuerzo colectivo sirve de inspiración para proyectar construcciones escolares de modo similar. Si se hizo de manera admirable con los paradores, ¿por qué no con los institutos? Al levantar arquitecturas semejantes destinadas a la educación en cada municipio, de las que todos se enorgullecieran, el futuro sería un sueño más hermoso.

Un día viajé hasta Cangas del Narcea y allí vi una imagen que me sobrecogió y que resume la nula consideración que en España se da a la arquitectura de las escuelas. Había dos edificios separados por una carretera: a un lado, un colegio triste, comido por la humedad, la decrepitud y el paso del tiempo, de aspecto moribundo; en la acera de enfrente, destacaba una magnífica morgue de mármol para escolarizar muertos, mucho más reluciente y confortable que el mortecino recinto escolar. El contraste entre el colegio de los niños y el tanatorio de los muertos era la mejor metáfora de los valores de nuestra sociedad. Qué poca importancia concedemos a las escuelas en las que se fragua el futuro del país y cuánta a los mortuorios donde lo que fue todo comienza ya su inevitable nada. Seguí caminando meditativo por aquella carretera y, seiscientos metros más adelante, un antiguo monasterio del siglo VIII, convertido en parador nacional de turismo de cuatro estrellas, nubló mi pensamiento. Después, me refugié en los Picos de Europa a respirar nuevos ideales bajo la pureza del cielo para edificar una educación elevada como la de la arquitecta iraní Zaha Hadid.

VI

Abrazos

16

Cuatro expediciones a la selva de la Amazonía ecuatoriana

Sube conmigo, amor americano.
Besa conmigo las piedras secretas.

PABLO NERUDA, *Alturas de Macchu Picchu*

David Jiménez, un joven profesor de Matemáticas que había vivido dos años como cooperante en Ecuador, soñaba con volver al país andino alguna vez acompañado de sus alumnos. Quería que admirasen las manifestaciones de esa naturaleza grandiosa y que también ellos conviviesen con sus gentes adorables. David intuyó con acierto que en Las Musas esa locura sería posible. Un día me propuso organizar una expedición a la selva de la Amazonía. Acepté inmediatamente arriesgarme en lo desconocido. Aún recuerdo su cara de confusión y alegría al mismo tiempo. Concurrían en aquella iniciativa varios alicientes, como orientar nuestro destino en sentido opuesto a los demás: abrazar un país sudamericano de habla hispana y adentrarnos en las raíces de la inmigración. No se trataba solo de un mero viaje. Este llegaría al final de un proceso dividido en dos fases. En la primera, durante el curso, los alumnos estudiarían la geografía, la política, la historia, el arte, la gastronomía, la fauna y la flora de Ecuador. Todo ello culminaría después en una aventura transoceánica para reconocer lo aprendido sobre el terreno. Le sugerí una tercera fase tras regresar de América: recoger sus experiencias en un libro redactado por los propios alumnos.

155

Trabajamos durante meses en aquella expedición a la Amazonía ecuatoriana. Se celebraron reuniones con alumnos y familias para explicar el proyecto, pero solo contábamos con siete alumnos dispuestos a embarcarse. Quizá era una empresa desmedida que excedía la capacidad de un instituto de barrio para organizar su propia ruta amazónica por su cuenta y sin ayuda. Después de haberlo intentado, el profesor, cabizbajo, daba por finalizado un empeño infructuoso. No acepté su renuncia, le infundí ánimos y le pedí que informase también al alumnado de FP. Conseguimos que se sumase una estudiante más del ciclo de Farmacia.

—¡Son solo ocho! —exclamó.

—Sí, le respondí, más dos profesores, los diez necesarios para formar grupo. ¡David, tenemos expedición!

Mantuvimos algunos encuentros con la embajada y buscamos apoyos económicos en otras instituciones, pero nunca llegaron. Los alumnos financiaron parte del viaje con la venta de cajas navideñas, lotería, chapas, sorteos de bicicletas, de las botas del futbolista De Gea (portero de la selección española; no sé quién ni cómo las consiguió), conciertos, etc. Hasta instituyeron en el centro la tradición de vender flores con dedicatoria en el día de los enamorados. Casi dos mil flores nos regalábamos unos a otros: profesores, alumnos, personal no docente y familias. Durante una semana se veían por todo el instituto flores y más flores. Mi escuela era una ilustración viva del capítulo «¡Ángelus!», de *Platero y yo*. Mis ojos veían a un tiempo y en silencio al niño deslumbrado con aquella primera lectura y al director embriagado de felicidad y flores interiores.

No faltó quien criticara este osado propósito americano; otros la tomaron con la decisión de enviar al viaje a dos profesores, pues desatendían sus clases durante dos semanas para acompañar solamente a ocho alumnos. Si uno no mira más que el corto plazo, nunca alcanzará un imposible. Creo que fue la mejor decisión que tomé, arriesgada pero fructífera. Trajo al instituto enormes satisfacciones que ni siquiera intuíamos entonces. Nos animaba a viajar de otra forma, ajenos a las modas, sin lujos, escapando de la tecnología y de las comodidades, con objetivos diferentes a los acostumbrados. Nos adentrábamos en la naturaleza para rehumanizarnos, para comprometernos con la Sudamérica profunda.

La primera expedición a la selva de la Amazonía fue un éxito en todos los sentidos: humano, cultural y de camaradería. Una labor esencial previa que garantizó el éxito del viaje fue cuajar un sentimiento cooperativo entre los estudiantes a través de diversas actividades para cohesionar al grupo y superar siempre unidos los conflictos que surgiesen durante la travesía.

Además, fue preceptivo vacunarse contra la fiebre amarilla, la hepatitis A y las fiebres tifoideas. Contra el olvido pusimos la vacuna de la escritura. Los aventureros escribieron sus reflexiones sobre la experiencia con guarnición de muchas fotografías que ilustraban paisajes, situaciones y gentes. El viaje quedó no solo grabado, retratado y pintado en la memoria personal de estos expedicionarios. Se convertía en un referente para otros jóvenes que en años sucesivos se acercaron con curiosidad a la cultura ecuatoriana gracias a la escritura plasmada por sus compañeros. Con este espíritu de transmisión y continuidad, nació la costumbre de editar un libro de cada expedición. Fue un estímulo y un recuerdo de lo sentido y ensoñado. Era prioritario que llevásemos al nuevo mundo la pedagogía poética que nos identificaba. Por la palabra fuimos más profundos, y el viaje resultó así más intenso y perdurable.

Cada día un alumno ejerció de periodista para redactar la crónica de lo sucedido, y otro se encargó de fotografiar el viaje. Cuando, meses después, recibieron en sus manos «el libro de Ecuador» ya editado, todos se emocionaron. El esfuerzo lingüístico de convertir en palabras sensaciones y pensamientos había merecido la pena. Lo conservaron como el relato de una odisea adolescente mítica.

El testimonio recogido en aquella primera publicación ayudó a conseguir nada menos que el XI Premio Nacional de Educación para el Desarrollo Vicente Ferrer (2019), que nos entregó la ministra de Educación en el salón de actos de la Agencia Española de Cooperación Internacional para el Desarrollo (AECID) del Ministerio de Asuntos Exteriores. Se nos premiaba por «sensibilizar, concienciar, desarrollar el espíritu crítico e implicar al alumnado en la consecución de una ciudadanía global, solidaria, comprometida con la erradicación de la pobreza y sus causas, y el desarrollo humano sostenible». Esta distinción nos alentó a continuar con el programa en años sucesivos, a convertir aquella iniciativa en un distintivo de nuestra escuela. Además, el galardón conllevaba la participación del instituto en unas jornadas de intercambio de experiencias docentes organizadas por la AECID en Amán (Jordania). Allá fueron como representantes David y María Jesús J., los dos profesores trotamundos, y conocieron el trabajo que la Agencia Española desarrollaba en los campamentos de refugiados sirios y palestinos. También visitaron la misteriosa ciudad de Petra. Todo ello aportó una fabulosa visibilidad, tanto al proyecto como al centro. Pronto la prensa española y ecuatoriana se interesaron en difundir esta exploración por Latinoamérica protagonizada por una escuela pública con alumnos aspirantes a bachilleres.

Durante el viaje y por las noches, el grupo se reunía para compartir impresiones, se hablaba de lo sucedido durante el día, de los contratiempos vividos, de las sorpresas y descubrimientos, de lo que contaban los indígenas, de lo que supuso la dolarización del país, de las consecuencias de la emigración, de la convulsa situación política a la que aludían sus gentes, de los problemas de la explotación de la naturaleza, etc. Qué madurez en cada alumno, qué receptivos eran a cuanto veían y escuchaban… Ese momento al final del día, en que el grupo se recogía en una intimidad dialogada y compartida, era especialmente querido por los profesores acompañantes, rodeados de jóvenes inquietos y sensitivos que apreciaban cada detalle de unas visitas únicas.[28]

En la convocatoria del segundo viaje hubo que limitar el número de plazas, pues nos vimos desbordados con las peticiones recibidas. Alumnos y familias habían leído y oído prodigios y encantos sobre la otra parte del mar; habían visto fotografías y vídeos de la experiencia del viaje, y muchos deseaban internarse en largas caminatas por la selva amazónica, ascender hasta los volcanes andinos, descender en balsas hechas con troncos por el río Napo o comer chontacuros a la brasa (los gusanos de Oriente) y hormigas con sabor a limón. La fotografía de la cubierta del primer libro transmitía una fuerza y una magia arrolladoras: ocho jóvenes intrépidos subidos en una *pickup* rumbo a la jungla. ¡Qué otra aventura más fascinante se puede soñar con tan solo dieciséis años! Eso, o leer a Rudyard Kipling o a Joseph Conrad.

Fueron ya cuatro las expediciones completadas a América y, en 2025, preparan con ilusión la quinta. Quizá sea nuestro instituto el único en España, hasta el momento, con esta firme vocación de ultramar. Ningún otro centro educativo dirige su atención hacia América del Sur, ninguna otra escuela vive con nuestra intensidad la cercanía de un país tan próximo al corazón de todos nosotros. Esta iniciativa dentro de la educación española se fue consolidando con los años. Con cada nueva expedición se enriquecía y se renovaba nuestra visión de Hispanoamérica.

Cuando preparábamos la primera expedición a la selva de la Amazonía todo parecía un sueño, una irrealidad, que pronto cobró sentido y fuerza entre un alumnado entusiasta y unos intrépidos profesores. Desde un barrio de Madrid, supimos dar a la enseñanza una dimensión humana y trasatlántica irrepetible. Descubrimos un nuevo mundo de vida, un continente con otros contenidos, y comprobamos con nuestros sentidos cómo la Tierra es una y la misma en todos los lugares. El universalismo a que aspirábamos en el modelo educativo de Las Musas se reafirmaba con la convivencia armoniosa entre profesores y alumnos aquí y allí, porque los valores en que instruíamos a nuestros jóvenes traspasaban fronteras.

Estas expediciones han sido el resultado sensible e inteligente de captar el otro lado, la otra orilla de la inmigración. Desde España, donde reside una nutrida comunidad ecuatoriana, dirigimos la mirada limpia y desnuda de un grupo de adolescentes hacia ese país. Sentíamos necesidad de indagar nosotros mismos en la realidad sudamericana. Todos aceptamos la responsabilidad de conocer la inmigración desde su origen en tierras remotas, en sus aldeas interiores de la serranía y la selva. Sin duda, estos jóvenes comprometidos y valientes nos impulsaban a recuperar el sentido originario del viajero vocacional. Alumnos y profesores se adentraron en una geografía mítica y deslumbrante, la cordillera de los Andes y la selva de la Amazonía, para entender cómo viven sus gentes. El resultado, en el que al final se volcó la Embajada de Ecuador, fue enriquecedor. Los estudiantes constataron que el ser humano es el mismo dentro de una gran variedad de circunstancias y que a todos nos afectan los mismos miedos y sueños. De Ecuador regresaban nuestros alumnos cargados de las certezas más elementales de la vida: la comprensión, el diálogo, el amor al prójimo, el respeto a la diversidad y el ánimo de explicar a sus amigos qué es, de verdad, la emigración, y cómo la existencia es extraordinaria en otras latitudes. Cómo la hermandad entre los seres humanos debe prevalecer sobre cualquier frontera política.

Este esfuerzo colectivo aunó más a nuestros estudiantes, y ensanchó sus miras y pensamientos. Difundió entre sus compañeros una realidad ecuatoriana diferente a la acostumbrada. Les hablaba de su experiencia formativa, de la protección y de la lucha de los indígenas por preservar el medio ambiente, de la diversidad cultural o del valor del mestizaje, de los quechuas, del poblado levantado por las *sinchi warmi*, unas mujeres nativas, en Misahuallí. Allí durmieron durante una semana en unas cabañas con mosquiteras que ni protegían de las tarántulas ni de los inquietantes ruidos nocturnos de la selva, pero permitían soñar. Realizaron actividades y talleres para conocer flores salvajes, frutos exóticos, animales o sonidos ocultos, incluso para fabricar chocolate o sanar heridas con plantas curativas; en definitiva, su cultura y forma de vida ancestral.

Cuando preparábamos la cuarta expedición a la Amazonía recibimos una carta del jefe de Estado de Ecuador en la que invitaba al grupo expedicionario a mantener un encuentro en el palacio presidencial de Carondelet (Quito). Quería agradecer al instituto su vocación ecuatoriana y apreciar pormenores de un programa educativo del que le había hablado elogiosamente Cristóbal Roldán, embajador de Ecuador en Madrid. Que una escuela pública sea recibida por el jefe de Estado de un país es una noticia sin precedentes y que nos enorgulleció a todos. Fue un acontecimiento y un reconocimiento a nuestra labor de divulgación de la cultura ecuatoriana en nuestra Iberia durante los últimos años. Nunca hubiésemos soñado nada semejante.

Especialmente en el ámbito educativo, siento que España vive de espaldas a Latinoamérica. Es un error que ya aprovechan otros países como Estados Unidos o China. Es necesario volver los ojos a ultramar y forjar alianzas entre las escuelas. España tiene a un tiempo la obligación y la oportunidad de recuperar vínculos con un continente con el que comparte su lengua. Sin embargo, resulta incomprensible que no exista un programa similar al Erasmus europeo que promueva el intercambio entre estudiantes españoles y latinoamericanos. Así se lo expresé a Guillermo Lasso, presidente de Ecuador, en el encuentro que mantuvimos en su despacho durante el cuarto viaje en junio de 2024. Se mostró muy interesado en desarrollar esta idea.

Yo había imaginado Ecuador de muchas maneras y modos, pero cuando vi, pisé y toqué su realidad cierta comprendí lo incierto y distinto de mi Ecuador soñado. Acompañaba por primera vez al grupo expedicionario. Un lugar diferente y nuevo se erigió ante mí en una altura inmensa de dignidad: un cielo que crecía y crecía hasta tutorizar montañas y volcanes. Nada era como creía, allí todo surgía desde las entrañas del mundo con fuerzas naturales y otras sobrenaturales. En medio de ello, uno hallaba rincones o rostros serenos, con silencio de siglos en las cumbres y una soledad de tierras abiertas a lo desconocido. Yo, en cambio, respiraba en mi interior otro Ecuador diferente: más pequeño, más triste, menos profundo, pero el Ecuador real giraba mansamente desde su centro en el mundo en sentido contrario a mi sueño, como desaguan los lavabos en el hemisferio sur. Ecuador se ensoñaba a sí mismo en sus verdes vivaces. Viví junto a los alumnos días memorables con noches ecuatoriales bajo distinta trayectoria de estrellas, nuevos sueños y otras aspiraciones.

Un colibrí, mensajero leve de lo mucho que me aguardaba, acudía fiel a la primera luz del amanecer hasta mi patio fresco y verdecido para despertarme con su canto de aguda alegría. Así brotaban días plenos de hallazgos: el magnetismo de una cueva, la lluvia voraz en la selva, la luz sofocante y mercados con frutas y frutos de sabores a otro tiempo más profundo. En las calles quebradas de Quito había calma, baldosas meditadas, desvaídas; nadie chillaba, nadie hablaba más fuerte que un susurro. Tan solo las tiendas de telas en Otavalo, en la «Plaza de los Ponchos», el mercado indígena más grande de Sudamérica, proclamaba con voz alta y clara la intensidad de los colores de la vida. Metáfora callada de emociones y sentimientos de unas gentes que comerciaban unas manualidades hechas de humanismo y con verdades cultivadas por sus manos: ponchos, gorros, mantas, flautas de caña, etc. Ecuador es una voz de siglos quechuas en boca de mujeres y hombres que nos enseñan lo elemental de la existencia, eso que a diario olvidamos por otros quehaceres de industria deshumanizada.

Una mañana, en las montañas profundas, un cóndor sobrevoló el cielo de un territorio sagrado para curiosear nuestra identidad extraña, de forasteros adictos a las ciudades y a las tecnologías, que sufríamos mal de altura. Allí, al pie del volcán Antisana, una cumbre de casi seis mil metros de altura, caminamos todos asombrados y mudos por una llanura que no era de este mundo: la luz y el aire más inmaculados nos lo decían a cada paso. Ahora, con esa gloria ya meditada, sé que ese día cruzamos, sin saberlo entonces, una pradera del cielo. Un racimo de estudiantes y sus profesores fuimos huéspedes privilegiados de la belleza pura durante ese breve ensueño de primavera. Y más no hace falta.

Allí, en aquellas alturas estéticas, David y yo nos abrazamos por haber cumplido el sueño de llevar a nuestros musos hasta aquellas cordilleras, por compartir una dicha en este tiempo actual devorado por la soledad y el olvido. Éramos dos profesores en medio de los Andes que nos emocionábamos en silencio al preguntarnos qué pensarían de esta hazaña nuestros maestros de la Institución Libre de Enseñanza, pioneros en viajar con los estudiantes para aprender humanismo de la naturaleza.

Vivimos una educación esmerada de encuentro y entendimiento entre dos orillas de un mismo mar, de un mismo idioma, de un mismo tiempo. La diversidad nos reunió bajo un solo cielo, único y el mismo en todas las tierras. Por fin, en esta Península nuestra con sol a borbotones el sueño de la mejor educación se convirtió en realismo mágico.

17

Cooperación y voluntariado «Las Musas–Actúa»

Nunca nadie se ha vuelto pobre por dar.

ANA FRANK

El día que presencié en un aula una disputa entre los alumnos más brillantes de bachillerato por las notas y supe después, por su tutora, de la rivalidad que había entre ellos y de su negativa a intercambiar apuntes por una absurda enemistad académica, sentí la necesidad de cambiar muchos planteamientos. ¡No es esto, no es esto! El modelo que yo buscaba era otro. La Educación nunca puede ser una malsana competitividad.

Conseguir el éxito académico conlleva riesgos. Uno fue convertirnos en un centro más de élite. Para cualquier escuela privada, concertada, y aún más para un instituto público, dicho logro hubiera sido una noticia extraordinaria, digna de fuegos artificiales. La sociedad ambiciona el éxito sin reparar en matices ni sutilezas. Sin embargo, yo no quería un instituto en el que los estudiantes se ocuparan exclusivamente de sí mismos. Esto genera un modelo viciado, que incentiva el egoísmo y que cae en un individualismo feroz. Un mundo infeliz, impropio para adolescentes, en el que la insolidaridad es la actitud habitual de ser y estar en la vida. Esta competición los conduce a una insatisfacción permanente. Debíamos superar la excelencia académica para ir a una excelencia educativa, mucho más amplia y de raíz más humanista.

Para formar ciudadanos completos no basta con cultivar las habilidades académicas, sino también las sociales y emocionales. Me preocupaba tanto o más educar en valores humanos que enseñar matemáticas o inglés. Quería que mi instituto se distinguiera por un fuerte compromiso social. Explotar esa veta sin la cual las escuelas pierden orientación y sentido. En las mejores universidades estadounidenses, la contribución del estudiante a su comunidad forma parte primordial de su currículum.

A finales de 2015, propuse al claustro y al Consejo Escolar la creación de un programa de cooperación y voluntariado para que los alumnos dedicasen su tiempo libre a participar en diversas ONG. Establecimos quince o veinte convenios con ONG locales y con otras más grandes y afamadas para que los estudiantes desarrollaran valores éticos y solidarios inherentes a una educación más profunda, como siempre soñé. Replicamos el modelo de colaboración con centros de investigación y empresas que ya realizábamos en el Bachillerato de Investigación y en FP.

Mi idea inicial fue incentivar con alguna recompensa la inscripción de alumnos. Parte del profesorado, que enseguida abrazó la iniciativa, consideró que un fomento de la solidaridad no debía otorgar más reconocimiento que la satisfacción y el aprendizaje personal del compromiso con los demás. Recordé que el poeta JRJ nunca aceptó más premio por sus versos que una espartana ramita de perejil. Una vez más, me guie por la sensatez de mis compañeros, pues descubrí con agrado que algunos eran cooperantes en distintas organizaciones.[29] Tras las vacaciones de Navidad, recibí propuestas y experiencias en numerosos correos, mensajes y llamadas, también de las familias que se felicitaban por la iniciativa. Todos se mostraban esperanzados por el hecho de que su instituto introdujera esa vertiente altruista como seña de identidad. Se armó un agradable revuelo.

Un padre desconcertado me preguntó para qué quería que su hijo contribuyera con una ONG. Le expliqué que, en lugar de estudiar de forma teórica en clase de Valores Éticos o de Religión qué son la solidaridad, la cooperación o la empatía, las practicasen hasta interiorizarlas. Entonces dio su «sí» a la participación de su hijo.

Ideamos el programa con una estructura flexible que facilitase la incorporación de nuevos profesores e instauramos la cooperación como principio de actuación dentro de la propia organización. Se generó un ambiente de trabajo grato que garantizaba el debate de propuestas. Mi misión, levantado el andamio, consistió en supervisar la evolución. Impulsar siempre desde la distancia justa para que todos gozasen de la libertad suficiente y sintieran como propio el proyecto en el que se esforzaban. Esta es la clave del buen funcionamiento de un centro: trasladar confianza a cada coordinador de área para que guíe, decida y, por supuesto, recoja los laureles cuando toque hacerlo. Nunca subí a recibir ningún premio de los muchos concedidos, aunque los protocolos así lo indicasen. Siempre cedí ese honor a quienes se habían implicado. Acoté iniciativas o corregí situaciones, pero lo habitual era felicitar a los grupos por su tarea. Confiaba plenamente en sus aciertos y asumí como propios los errores, cuando los hubo.

El programa «Las Musas-Actúa» permitió que cada año más de doscientos alumnos dedicasen su tiempo y su energía a cooperar desinteresadamente con muchas ONG, siempre según su edad o sus gustos. Pretendíamos que adquirieran una conciencia social y un compromiso.

Uno a veces no es consciente de la hondura en la que se encuentra hasta que no la ve reflejada en los rostros de las personas a las que admira y quiere. Una noche acudía con algún retraso a una cena con mis amigas. Tras mis disculpas, exclamaron: «A estas horas, ¿todavía trabajando?». Sí, había ido a escuchar la actuación de Los Musaicos, un grupo de alumnos que tocaban una música diferente en un centro cultural.

—Bueno, ¿qué tal ha ido el concierto de tus alumnos? —me preguntó Montse.

—Ha sido muy emocionante. Estos muchachos transmiten una alegría de vivir, un optimismo y una fuerza que te sobrecogen. No hay mejor lección de vida que verlos felices en un escenario cuando tocan, sobreponiéndose a todas sus limitaciones. Vibran con la música y eso se percibe enseguida.

Cuando les conté que eran chicos con discapacidad intelectual, vi sus caras de sorpresa y me rogaron que desmigase eso con detalle. Sí, meses atrás la profesora Beatriz López nos presentó a Afanias, una ONG en la que ella colaboraba, para crear un taller de música inclusiva en Las Musas y reunir a alumnos de educación especial con los nuestros, que estudiaban música en el Conservatorio o en la Escuela de Música del barrio.

La música fue el inmejorable idioma universal que integró a unos y otros. Formamos la más genuina banda de música pop de San Blas con guitarras, bajo, batería, piano, violín y otros instrumentos más. Quince alumnos la componían: cinco musos y diez muchachos del centro ocupacional Plegart 3 de Afanias. Ensayaban los jueves en Las Musas, donde música y felicidad retumbaban por pasillos y aulas. Eran muchachos muy afectuosos y cuando llegaron por vez primera a Las Musas buscaban entrar en las clases «sin paredes». Así llamaban a las aulas de cristal. Irradiaban una euforia contagiosa.

Se percibía amistad y cariño en el ambiente. Pablo fue el profesor incansable que cohesionaba y afinaba el entendimiento entre Los Musaicos. Después, se incorporó otro músico más, Óscar G., padre de dos alumnos de Las Musas. Ya éramos una gran banda, al más puro estilo de la E Street Band, de Bruce Springsteen. Un día de primavera de 2019, ambos me propusieron grabar algunas canciones. Si habíamos creado la editorial Las Musas, ¿por qué no también una discográfica? Por supuesto, sacamos un disco con dos temas: «Los huevos fritos», su gran éxito, y «Los Musaicos». La tarde en que se lo entregamos no se cansaban de escucharlo entre risas, una y otra vez, al tiempo que lo cantaban a pleno pulmón. En ese momento, me fijé en los ojos brillantes de mis amigas y fui consciente de que Los Musaicos las habían cautivado. Todas pidieron comprar el disco.

Fueron invitados a tocar en diversos lugares. Una vez quisimos ir más allá y que actuasen en la graduación de los alumnos de 2.º de Bachillerato. Subidos al escenario del auditorio, ante más de seiscientas personas, dieron un breve concierto que dejó al público (profesores, alumnos, familiares y amigos de los graduados) boquiabierto. El mensaje de superación que transmitían con su presencia, las ganas de vivir, de ser felices a través de la música y su espontaneidad nos enamoraron a todos. Fue una clase magistral de vida, de humanidad, de compañerismo y de auténtica integración. La lección más sonora, más directa y más vibrante. La música habló precisamente donde las palabras se quebraron, delante de aquellos alumnos de bachillerato que interpretaban la educación como mera competición. Quienes desafinaron antes en lo humano ahora entonaban los acordes de la cooperación.

Siempre había deseado vincular nuestra escuela con UNICEF. Invité a Adriana Negueruela, su responsable en Madrid, para que conociera nuestros programas y nuestra forma de entender la educación. Quedó muy impresionada y pronto encontramos la forma de colaborar. Antes puso como condición que incluyésemos en el Proyecto Educativo del Centro (PEC) la Convención sobre los Derechos del Niño.

¡Pues claro! ¡Cómo no había caído en que un instituto con más del mil niños no hubiese recogido entre sus principios educativos los derechos de la infancia! A veces, de tan obvio no se ve lo más elemental. Se lo agradecí sinceramente. Aprobada su incorporación por claustro y Consejo Escolar, UNICEF entró en nuestra escuela. El objetivo fue situar a la infancia y sus derechos en un lugar destacado de la vida del instituto, guiándonos por los principios de inclusión, equidad, solidaridad y calidad. También incorporamos en nuestro ideario la Convención de Derechos de Personas con Discapacidad. Por coherencia, lo uno nos llevó a lo otro, y después a seguir con actividades que plasmasen esos derechos.

Durante seis años cooperamos con UNICEF. Primero como Escuela Amiga (2019); después como Centro Referente en educación con nivel 2 (2022-2024) por nuestra labor en la integración de los derechos de la infancia y de la adolescencia en la tarea docente y los esfuerzos por convertirlos en una realidad en la actividad cotidiana de la comunidad educativa. En 2024, se nos concedió la máxima categoría: el nivel 3 para el periodo 2024-2026, gracias al incansable trabajo de profesoras como Marta Galán y Chabela Pescador, nuestra coordinadora de bienestar.[30] Con la creación de este cargo nos anticipamos en tres años a los demás centros. Siempre en la vanguardia educativa. Solo cinco institutos públicos en toda España han acreditado esta distinción. Hicimos real a UNICEF en la vida diaria de Las Musas. Hasta entonces, los alumnos solo conocían esta organización por la televisión, las tarjetas navideñas o las camisetas de algún equipo de fútbol.

Estudiantes, profesores y personal auxiliar de Las Musas colaboraron con varias organizaciones sin ánimo de lucro en diferentes campañas solidarias en cada curso. En unas, los alumnos recogían donaciones de comida para Banco de Alimentos y para la asociación de parados del distrito a través de la Despensa Solidaria de San Blas. En otras, reciclaban ropa, zapatos y mantas para GLORR Fundación; o tapones de plástico para otras fundaciones como Stop Sanfilippo y Amar a fin de recaudar dinero que permitiese investigar sobre enfermedades raras como el síndrome de Sanfilippo (sistema nervioso central) y la ataxia de Friedreich (neurodegenerativa). También contribuían con la venta, en el instituto, de café, cacao, piezas de artesanía y cerámica para la organización Comercio Justo y se concienciaban acerca de la explotación infantil y del medio ambiente. Con estas actividades reflexionaban sobre la salud, el consumo y el despilfarro de nuestra sociedad, así como el enorme valor de reciclar y reutilizar.

En noviembre, nuestros musos se convertían en pajes de los Reyes Magos. Recogían videoconsolas y videojuegos que la Fundación Juegaterapia entregaba a los niños hospitalizados por cáncer; y juguetes que Aventura 2000 donaba a niños desfavorecidos del distrito. Los estudiantes de bachillerato ayudaban como voluntarios los fines de semana y en vacaciones a la Federación Madrileña de Deportes para Discapacitados Intelectuales (FEMADDI), con el objetivo de que los federados participasen en competiciones deportivas. Una alumna comentó que cuando volvía a casa sentía que la voluntad de esos chicos la acompañaba después en sus largas horas de estudio.

Dos veces por curso, los mayores de dieciséis años (FP, bachillerato y profesorado) donaban sangre para la Cruz Roja en las camillas habilitadas en la biblioteca de Las Musas. Aquella cooperación servía de aplicación de las enseñanzas del ciclo de Laboratorio Clínico y Biomédico y de concienciación entre el alumnado. Nunca se sabe hasta qué punto un gesto cambia varias vidas: la del donante y la de personas anónimas.

En Canal Refugiados, los alumnos redactaban y difundían, a través de una página web, trabajos de investigación sobre las condiciones sanitarias, de higiene o educativas de millones de refugiados en el planeta. Conocer las realidades de los desplazados e inmigrantes, tan alejadas de sus entornos familiares, les ayudaba a madurar y a comprender la actualidad de nuestro mundo.

Se llevaron a cabo otras muchas jornadas solidarias, como la venta de bolígrafos para recaudar dinero que enviamos a un instituto afectado por el volcán en La Palma. O cuando Malena L., una musa universitaria de Erasmus en Polonia, canalizó la ayuda recaudada en el instituto para batallar solidariamente en la guerra de Ucrania. Los estudiantes vivieron un permanente espíritu de cooperación. Asimilaban valores como la tolerancia, la inclusión, la diversidad, la empatía, etc. Todas estas iniciativas solidarias fueron avaladas en dos ocasiones por el Premio Sello Comprometido de Afanias (en las ediciones de 2018 y 2019) y una satisfacción personal formidable por un trabajo gustoso.

Una educación de calidad no debe restringirse a aspectos meramente académicos, sino que debe abordar una preparación del ser humano en su totalidad. Formaremos así ciudadanos más tolerantes, dialogantes y respetuosos. «Las Musas-Actúa» seguía la línea humanista iniciada con programas como los ya citados de mentorización o de los alumnos mediadores.

Una mañana dos profesores, Beatriz López y José Antonio Méndez, entraron a mi despacho para anunciarme un proyecto de ciencia e inclusión que «sabemos te va a encantar», dijeron. La Facultad de Química de la Universidad Complutense de Madrid nos propuso traer a Las Musas cada año a varios grupos de niños de colegios de Educación Especial para que realizasen experimentos de química en nuestros laboratorios, guiados por los alumnos de 1.º de FP de los ciclos de Laboratorio Clínico y Biomédico, Farmacia y Parafarmacia, y 4.º de ESO de Ciencias. No se equivocaban mis profesores. Me conocían bien. Organizamos tres jornadas, una de ellas en el Día Internacional de las Personas con Discapacidad (3 de diciembre), en las que vinieron alumnos de tres colegios de Educación Especial de la zona: Buenafuente, María Corredentora y Fundación Goyeneche. Varios profesores de Las Musas coordinaron voluntariamente la preparación durante las semanas previas de las prácticas con materiales y pictogramas. Un trabajo muy laborioso y minucioso para garantizar la seguridad de todos.

Me asombró la madurez con que nuestros alumnos trataron a sus invitados; mostraron un mimo, una delicadeza y una empatía ejemplares. El entendimiento fue mucho más fácil de lo que pensábamos.

Todos, musos y niños de Educación Especial, disfrutaron enormemente con los vistosos experimentos. La felicidad fue completa cuando, al final de cada mañana, se divirtieron juntos con algo de deporte en el patio. Se despidieron con una pícara sonrisa tras haber pasado un día en un colegio «de los normales», como nos dijeron.

Las personas con discapacidad, «la minoría más amplia del mundo», piden acceso a la actividad cotidiana y que se eliminen los obstáculos a su integración. Uno de los objetivos de desarrollo sostenible (ODS) de la Agenda 2030 de la ONU es reducir las desigualdades. Con estas jornadas de educación inclusiva nuestra escuela aportó su granito para que fuese posible la integración y la cooperación con alumnos con discapacidad. Esta actividad se llamó «I am Able» y cada año nos vuelve a todos más capaces.

Para promover una educación no sexista, profesoras y alumnas crearon la Comisión de Igualdad (2019).[31] Con propuestas originales fomentaron la participación de alumnado y profesorado con el fin de combatir la violencia de género. Las más destacables fueron un gigante violenciómetro de género; un marcapáginas del violenciómetro; el vídeo «Alza tu voz contra la violencia de género»; una campaña contra la violencia machista en las redes sociales; el muro de la desigualdad; la inauguración de un punto violeta en un pabellón del instituto; un 8M de literatura y cine con exposición de películas, series y libros escritos o protagonizados por mujeres; las campañas «Nosotras: somos, estamos, sumamos» y «Libres para ser, libres para amar».

Las actividades se focalizaron en torno al 25 de noviembre, Día Internacional de la Eliminación de la Violencia contra la Mujer; y el 8 de marzo, Día de la Mujer. Más adelante se añadió el 17 de mayo, Día Internacional contra la Homofobia, Transfobia y Bifobia. El dinamismo calaba entre todos y el grupo creció con la incorporación de algunos chicos.

La comisión, unida por una educación más inclusiva que respetase las diferencias sin distinciones de género, reivindicó la presencia de las mujeres en los libros de texto de Historia, de Literatura, y también en la ciencia que se estudiaba en clase y de la que muchas veces ellas (como las sinsombrero) han sido olvidadas o borradas. En ocasiones, veía cómo el profesorado y el alumnado participantes preparaban sus propuestas tras finalizar su jornada escolar. El pundonor por mejorar sus actividades alargaba ese trabajo esmerado que defendíamos.

Un día recopilamos todo aquel dinamismo de igualdad desarrollado durante cuatro años y lo enviamos a un premio. Nunca pensamos que lo realizado en las aulas o en el patio traspasase el ámbito educativo en que se gestó y que tuviese más repercusión que concienciar al alumnado de la importancia de la igualdad; sin embargo, para la Delegación del Gobierno de Madrid tanta creatividad educativa era merecedora del Premio Menina (2022). La ministra de Justicia entregó a nuestras musas una distinción, que alentó a muchas otras niñas a reivindicar el papel de la mujer en todos los ámbitos de la sociedad.

Otra iniciativa, «Adopta un abuelo», unió desde 2018 a nuestros alumnos con los ancianos de la residencia Orpea Ibérica, próxima al instituto. La finalidad no era solo hacerles compañía, sino que generaciones tan alejadas intercambiaran experiencias con sintonía. Los ancianos se contagiaban de la vitalidad de los jóvenes y se sentían escuchados. Y los muchachos se llevaban lecciones de historia viva, de esas que no siempre se imparten en clase. Se trataba de completar su educación con una formación emocional en la que los alumnos aprendiesen a escuchar, a tener paciencia y a dar su tiempo a los demás. Especialmente, a quienes están más solos y necesitan amistad. El objetivo era forjar una ciudadanía comprometida.

Dos estudiantes mantenían un encuentro con un abuelo cada viernes por la tarde durante una hora y media. Era admirable ver cómo estos jóvenes cumplían con su compromiso de visitar la residencia a lo largo de todo el curso. Lo hacían con sumo agrado y, solo después de entrevistarse con su abuelo, quedaban con compañeros para divertirse después de una semana de estudio. Primero «su» abuelo, después sus amigos. Nunca faltaron a esas citas en las que establecían un vínculo afectivo muy poderoso. Uno hablaba de su pasado, de otras formas de vida, y los jóvenes de sus proyectos y progresos. A veces, jugaban a las cartas o les enseñaban el manejo de los móviles para aprender a comunicarse en el siglo XXI. Contábamos con tantos alumnos deseosos de participar que asignamos dos jóvenes a cada mayor lúcido capaz de recibirlos.

Celebramos el Día Internacional de las Personas Mayores con una visita de los abuelos al instituto. Se convirtieron en estudiantes por un día. Creo que pocas mañanas han sido tan emocionantes en Las Musas como aquella en que acudieron quince ancianos de la residencia de mayores con la que colaborábamos desde hacía varios años. Regresaron a las aulas y las llenaron de vida. Algunos no habían vuelto al colegio desde su infancia. Otros lo hacían por primera vez. Al verlos entrar, yo recordaba inevitablemente a mis padres, desgajados tan temprano de la escuela. Mi entusiasmo y el de los niños al recibirlos por los pasillos con aplausos fue memorable. Caminaban con sus muletas o sillas de ruedas hasta las clases donde los esperaban los alumnos deseosos de escuchar sus experiencias, sus viajes, sus visiones de la vida. Los ancianos se sintieron queridos con toda esa expectación que generaban entre los chavales. Federico, un exjesuita misionero en Japón, con noventa años, les escribió su apellido en japonés en la pizarra y les contó cómo era la vida en el Extremo Oriente. La lección impartida por los abuelos trató sobre valores e historia viva, cosas que nunca se deben olvidar.

La relación de complicidad entre jóvenes y mayores los llevó en 2022 a una curiosa iniciativa. Diez alumnos de Las Musas junto con su profesor José Antonio Méndez y diez mayores de la residencia presentaron en el Congreso de los Diputados un Decálogo Intergeneracional para conseguir una sociedad más inclusiva con la tercera edad. También grabaron entrevistas para varios programas de televisión en las que contaban vivencias junto a sus abuelos.

Cierto día, un alumno se mostraba inquieto tras recibir algún suspenso de más. Lo tranquilizamos, pero insistía en que le preocupaba más cómo reaccionaría su abuelo de la residencia que su propia familia.

—A ver cómo se lo cuento ahora esto a mi abuelo. —Se deshacía entre lágrimas.

—Bueno, pues si no te atreves tú solo, que te ayude tu madre.

—¡No! Me refiero a mi otro abuelo, al de la residencia.

En realidad, los chicos habían adoptado un abuelo. Era ya un miembro más de su familia.

Las Musas abrió las puertas a aquellos que siempre se las cierran: a Los Musaicos, a alumnos con discapacidad física y psíquica; a los alumnos de colegios de Educación Especial o a los ancianos de la residencia. A su vez, promovimos entre nuestros alumnos valores como la igualdad, la solidaridad, la integración, el trabajo cooperativo y el compromiso con los demás para educar a personas con calidad humana.

Durante unos meses, una encantadora muchacha con síndrome de Down realizó en Las Musas sus prácticas laborales como auxiliar de control. Pronto se ganó el cariño de todos. Cada día progresaba en el trabajo y ganaba confianza. Un viernes, en que terminaba su jornada antes que sus compañeras, fue saludada así por una de ellas:

—¡Qué suerte, Sonia, la una y media y a casa! ¡Y nosotras, aquí hasta las tres!

A lo que respondió despacio y sin mirar atrás, mientras se arreglaba el cuello de su abriguito mal colocado:

—¡Ah, se siente, haber sido Down! —contestó.

Días después, cuando Sonia finalizó sus prácticas, se despidió cariñosamente de todos nosotros. Nos había dejado un recuerdo divertido con su trabajo impecable y su anécdota, pero también la mejor lección de ingenio y de ironía de la vida con la que elevó su Down sobre nuestras conciencias.

18

El jardinero de Las Musas

> El claro del bosque es un centro en el que no siempre es posible entrar.
>
> María Zambrano

Un jardín es una parcela del cielo en la tierra, pero dos hectáreas y media, que es la cantidad de terreno que rodea Las Musas, es mucho paraíso de jardines y flores. Al principio, cuando comencé mi labor como director, en 2015, me encontré una tierra salvaje, abandonada, cubierta de cañas y malas hierbas, que lo invadían todo sin fe, pero con fuerza. Ramas caídas, algún árbol tronchado, hojarasca apelmazada: sobre esta alfombra de desidia asomaban papeles, botes oxidados, escombros, una sartén en negra interrogación vuelta a las nubes, hierros, un bidé y hasta un colchón con noches y muchos sueños abandonados. Así amanecía cada mañana el campo agreste del instituto.

Para mí, aquel paisaje era como una ventana abierta a mi infancia. Detrás de mi casa, como ya he contado, jugábamos de niños entre montañas de escombros a descubrir tesoros o ratas robustas. Quizá, no sé, me empeñé en acabar con esas imágenes de miseria y abandono de un plumazo. En lugar de reescribir el escenario de mi niñez, la vida me ofrecía una oportunidad de enderezar aquel pasado que se extendía ante mis ojos. Fue una de mis primeras obsesiones como director. Me propuse ajardinar todo ese echadizo, convertir aquella escombrera en un nuevo Parnaso, la morada de Las Musas. Un sueño imposible.

A veces, el azar ayuda cuando se sueña con convicción. Junto al instituto, el Ayuntamiento trasteaba en la renovación de calzadas y aceras. Un operario entró a mi despacho para solicitar estacionar su excavadora dentro del instituto al finalizar la jornada. La maquinaria pesada no podía dormir en la calle y debían trasladarla diariamente en un camión a más de treinta kilómetros, hasta Torrejón de Ardoz, según me dijo. Convinimos un arreglo: aparcaría dentro de la escuela durante las semanas que durase la obra municipal a cambio de que esa excavadora limpiara, desbrozara y abriera caminos y rampas por toda la parcela del instituto. Teníamos un pacto entre caballeros, como en la canción de Sabina.

Necesitó emplearse a fondo y echar algunas horas más de las pensadas para despejar todo aquello. Llenó no sé cuántos contenedores de suciedad y desamparo. De repente, surgió espacio y claridad. Parecía que el instituto se hubiese ensanchado. La maleza acumulada era tanta que impedía apreciar las dimensiones del lugar. Ahora había campo limpio y aire. Alguna profesora se sorprendió al descubrir tanto terreno abierto, pensaba que aquella no era tierra educativa, tampoco cultivable.

Cuando les expliqué a dos jardineros mi propósito, se rieron.

—*Di* verdad, ¿usted quiere crear un jardín aquí, encima *di ista* escombrera? Es una locura.

—Si no lo veis posible, no empecéis a trabajar. Llamaré a otros —les dije.

—Ese otro que tú *nicisitas* soy yo.

Era un joven marroquí fibroso e intuitivo, que comprendió enseguida que, si educábamos esa tierra inculta con abono, agua y cariño, la naturaleza nos devolvería con el tiempo un ameno jardín. Se llamaba Omar. Durante meses, se aplicó con método y mimo junto con su compañero Óscar.

La excavadora había desnudado la verdad sepultada entre mucha maleza: cascotes, masas de hierros, trozos de azulejos y ladrillos rotos, bolsas de cemento semienterradas, en fin, sobras de obras vertidas y olvidadas hacía cuarenta años. No me desanimé. Profesores veteranos me aconsejaban que no dedicase más empeño a algo que nunca había tenido presencia ni relevancia en el centro. Esos espacios eran una renuncia en el tiempo. Unos y otros insistían en que no valía la pena el esfuerzo de arreglar aquellos campos. Que si el coste económico, que si no le veían provecho para la escuela, que con todo lo que había que cuidar y mejorar dentro. A mí me asombraba ese razonar, que no entendía. Pero callaba. No comprendían que esa escombrera era San Blas, era mi infancia sola, y que de ellas saldría un sueño enaltecedor de humildad, que ese entrevisto jardín era la aventura educativa más real que viviríamos. Era la metáfora de la dignidad de un suburbio.

Busqué modos y maneras de avanzar. Coincidí un día con el director de la UFIL de Carabanchel, mi amigo José Luis Gordo, una escuela maravillosa que atiende a muchos chicos a los que la vida, a su edad, ya ha zarandeado en exceso. La UFIL los inserta en la sociedad mediante la enseñanza de un oficio: jardinería, ebanistería, cocina, etc. Acordamos que sus aprendices de jardinero, azada en mano, abriesen surcos a la vida en Las Musas. Así colaboramos desde hace ya nueve años. Cada curso llegaba su profesor, Josevi, con ocho o nueve alumnos para ajardinar un rincón, plantar unos árboles, instalar riego automático, podar, sembrar, etc. A mí me encantaba salir de mi despacho para compartir con ellos momentos de frío y sol dialogados. Me estremecía cuando me contaban cómo es acurrucarse en un cayuco durante días rumbo a Canarias o arrojar al mar a un compañero muerto y sobre un mapa señalaban su lejana ciudad o su aldea en Mauritania, Senegal, Marruecos, Mali, Chad, Níger, etc. Ahora aprendían a ganarse el pan. Alguno no sabía con exactitud su edad, pero rebosaban vida desde sus miradas profundas, solas y escurridizas por las que se asomaban con recelo hacia los demás. La vida los tornó precavidos al principio, infinitamente cariñosos y agradecidos al final.

He conocido a cientos de profesores a lo largo de muchos cursos, pero creo que pocos tan admirables como Josevi. Era estremecedora cada año su entrega y dedicación para sacar adelante a estos muchachos. ¡Cuánto me inspiré en él para confiar siempre en los alumnos! Me enseñó a sembrar. Casi todos ellos chapurreaban un castellano inmigrado. Los nombres de plantas, arbustos y árboles, a veces, tropezaban en sus labios carnosos. Cuando alguno hablaba con mayor soltura, le pedía que les explicase geografía moral a unos cuantos «musos», allí mismo, en el patio. Durante el breve recreo, les narraban una lección de vida verdadera: de qué país eran y qué penurias pasaron hasta pisar las calles de Madrid. Mis «musos» abrían unos ojos grandes y enmudecían. Olvidaban hasta morder su bocata. Los proyectos de Josevi duraban una semana o diez días. Al despedirnos, entregábamos a cada muchacho un pequeño obsequio y un certificado que acreditara su experiencia y su buen hacer para ayudarles a solicitar después algún empleo.

Recuerdo con viveza la mañana en que Omar, el jardinero marroquí que contraté, reconoció a Josevi. Había sido uno de esos alumnos suyos hacía ya bastantes años. Se abrazaron emocionados. Josevi reunió a sus muchachos para que escuchasen de Omar su ejemplo de superación y entrega hasta lograr su sueño de embellecer jardines. Después, se enamoró de una maestra y formó una bella familia con dos hijos.

Omar sabía que la jardinería era la mejor metáfora educativa. Un día le encomendé que dirigiese y guiase a cada uno de los ciento veinte alumnos de primero de ESO en la plantación de un árbol por niño. La Unión Europea (UE) destinaba fondos para la mejora de la eficiencia energética a los centros educativos y los árboles estaban catalogados, pero no con ese nombre tan antiguo, sino con este otro más burocrático y tecnificado: «sumideros vegetales de CO_2». No quedó más remedio que solicitarlo con esta fórmula para que un día llegaran los árboles de toda la vida. Cada niño plantó el suyo con una etiqueta con su nombre y la fecha y, además, contraía el compromiso de cuidarlo y regarlo en algún recreo.

El jardín crecía por meses. Y eso me animaba a conseguir más plantas y árboles. Pronto supe, gracias a los jardineros, que la Comunidad de Madrid cuenta con unos viveros enormes en El Escorial y en Arganda que ayudan a los centros públicos con sustanciosos descuentos en sus pedidos. Pedí y pedí. Tanto que el encargado vino hasta el instituto para conocer qué diseño queríamos trazar en una parcela tan amplia. Nos aconsejó esto aquí y eso allá, mejor estas plantas que aquellos árboles, aquí van bien los cipreses; para esos desniveles, lirios; y allí al sol, las aromáticas: romero y lavanda… Yo me dejaba guiar. Al final, este hombre de monte se entusiasmó con el cometido y nos regaló dos camiones cargados de árboles grandes, muchos arbustos y cientos de plantas. Nosotros asumimos el transporte. Josevi también traía cada otoño árboles y arbustos desde los viveros de la UFIL. Mi amigo Luis Cardo, director del Centro de Capacitación Agraria, nos permitió cargar de su vivero algún camión de árboles en maceta y de raíz desnuda. Unas amigas mías del Ayuntamiento de Madrid aportaron lo suyo durante varios años, hasta que cambiaron a sus jefes. En fin, comprobé que a todos les emocionaba nuestro ánimo de educar una tierra baldía. Como en el título del famoso poema de T. S. Eliot, *La tierra baldía*, nosotros habíamos iniciado en Las Musas un viaje hacia la trascendencia, dejando atrás la ignorancia.

Los niños también ayudaban en ciertas tareas. La primera sanción que impuse como director fue a un racimo de alumnos de 1.º de ESO. Un raro castigo luminoso. La conserje acompañó hasta mi despacho a un niño que se había accidentado en un aula. Traía un pequeño corte junto a la ceja. Le pregunté cómo había sucedido y me explicó que mientras jugaban a tinieblas en el aula chocó con un compañero. Bajaban las persianas y apagaban la luz para perseguirse a oscuras por la clase intuyendo pupitres, sillas... La caída de uno o varios estaba, pues, más que garantizada. Reuní a ese juguetón grupo oscurantista y los castigué duramente a salir a la luz del sol y a retozar en el patio sin obstáculos. Recogieron y limpiaron el jardín de inoportunas piedras. El escarmiento por jugar a tinieblas fue recibir la luz. Llevaron a casa un parte de amonestación en el que indicaban de su puño y letra que el director los había sancionado a correr bajo la luz del sol y a retirar pedruscos del jardín. Los niños, extrañados, preguntaban:

—Director, director, si quitamos las piedras, ¿verdad que nos vas a hacer un campo de fútbol?

—Tal vez una pradera para dar clase al aire libre.

Cuando en los recreos salíamos a cumplir lo acordado, otros niños nos pedían también recoger piedras con sus amigos. Levantamos una gran montaña, que luego retiraron los jardineros. Ojalá todas las trastadas de los alumnos fueran similares. En ocasiones, las cuestiones que han de resolver profesores y equipos directivos sobrepasan lo imaginable para unos adolescentes.

Una mañana se presentó un matrimonio de ancianos en el instituto. Eran vecinos de uno de los pisos de enfrente. Entraron para agradecerme que, por fin, después de veinticinco años viviendo en la misma casa, ahora se recreaban con unas vistas preciosas: los jardines del instituto.

—A mi marido y a mí nos encanta sentarnos en la terraza a contemplar tantos árboles y flores. Esto es un pulmón para el barrio; gracias, director.

—Se lo diré a los jardineros. Les agradará saberlo. —Uno nunca se figuró que al crear un parque en una escuela también haría felices a unos abuelos. Inspirar, espirar, respirar: niños y ancianos unidos por el mismo aire en el círculo de la vida.

Entre las muchas entrevistas y visitas que realicé gastando suela y saliva, un día di con un hombre excepcional, de cuyo nombre sí quiero acordarme (aunque no lo logro) en una oficina de empleo. Algunas instituciones colaboran de muchas maneras con los centros educativos. Los institutos de secundaria son terreno de las comunidades autónomas y los colegios de los ayuntamientos. Aquel hombre claro y sencillo hizo lo que no esperaba, puso a las personas encima de los papeles.

—Mire, a mí me da igual ayudar a un colegio o a un instituto. Son niños todos, ¿no es así? Lo que yo necesito es dar formación a mis desempleados. Y los colegios en septiembre, con las clases ya empezadas, no me admiten personal de oficios dentro de sus instalaciones. Así es que, si usted los acepta, le mando una cuadrilla de pintores, dos de jardineros y otra de limpieza. ¿Qué le parece?

—Pues digo, buen hombre, que me ha arreglado usted el día. —Aquel funcionario fue para mí una especie de madre Teresa de Calcuta nacionalizada.

Durante un curso entero, seis pintores además del oficial enlucieron las cincuenta y tantas aulas, los pasillos más las fachadas del instituto. Por su parte, patios, clases y despachos relucían con los limpiadores. Y en los jardines, seis jardineras combatieron frío y calor con un ejercicio completo de poda, siembra y riego.

A lo largo de estos años hemos plantado cerca de trescientos árboles: cipreses, moreras, cerezos, madroños, fresnos, mimosas, robles, plátanos, palmeras, olivos, pinos, abetos, arces, almeces, zelkobas, liquidámbar, leylandis; y otros centenares de arbustos y plantas: tuyas,

179

adelfas, espirea, celinda, yedra, bambú, acanto, durillo, etc. También flores y rocalla. Incluso reservamos un terreno para una huerta, en la que los niños se doctoraban en tomates y lechugas. Sacamos buena cosecha con los alumnos, como ya hemos dicho aquí. Habíamos plantado un huerto muy lírico, a lo fray Luis de León: *beatus ille*.

Una mañana, Óscar entró a mi despacho para informarme de que habían ingresado a Omar en el hospital: un dolor, el pecho, pruebas… A los pocos días, vi una sombra muda en su rostro. Una enfermedad muy avanzada consumía a Omar. Ya no volvió a trabajar en sus amados jardines. Sabía de él por espaciadas llamadas y por lo que me contaba su compañero. Meses después, apareció por el instituto la víspera de mi despedida como director. Vino a decirme adiós. Y a abrazar a sus árboles. Paseamos juntos por última vez entre setos y arbustos. Se fatigaba mucho. Parábamos a respirar, mientras me hacía indicaciones de riego, de poda, de herbicidas… cosas. Omar amaba su oficio.

—¿Te acuerdas de cuando empezamos? —le pregunté.

—¡Cómo no! Bueno, los niños de Las Musas ya tienen jardines. Lo conseguimos, director. Ha sido bonito, ¿verdad?

—¡Ha sido precioso, Omar!

Sus ojos, que ya no brillaban como antes, se embellecían al hablar de sus flores. Lo abracé dulcemente para no dañar su pecho dolorido. Regresamos en silencio bajo un cielo puro y frío de otoño, mientras ya solo escuchábamos el griterío de pájaros y niños cobijados entre los árboles. Sabíamos los dos que ya no nos volveríamos a ver. Una misma tibia sonrisa asomó a nuestros labios, quizá porque en una escombrera habíamos encontrado el paraíso.

Semanas después llegó la triste noticia: Óscar me comunicó la muerte de Omar, el jardinero de Las Musas. Recordé entonces con dolor los versos iniciales de *La tierra baldía*: «Abril es el mes más cruel, hace brotar / lilas en tierra muerta».

VII
Sueños

19

«Repetición 0,0 por ciento»: ningún niño atrás

> Cuando alguien toma una decisión importante, siempre duda de si se estará equivocando.
>
> Lola Cabrillana

El éxito educativo de cualquier escuela no se mide exclusivamente por los buenos resultados en la selectividad o en evaluaciones externas, como el Programa para la Evaluación Internacional de Alumnos (PISA), el Estudio Internacional de Tendencias en Matemáticas y Ciencias (TIMSS) o el Estudio Internacional sobre el Progreso en la Competencia Lectora (PIRLS). El análisis de esos datos proporciona información muy relevante sobre el rendimiento académico. Pero si es lo único que se tiene en cuenta, dejamos de lado los pequeños y grandes logros de cientos de alumnos en cuestiones humanas, sociales o de salud. Educar es un mar mucho más profundo, en el que no resulta fácil medir la hondura de otros aspectos decisivos que configuran una vida.

Una escuela de calidad es aquella que atiende el progreso de la diversidad. Hay centros y familias que se obsesionan con cosechar o mantener el 100 por ciento de aprobados en la selectividad. Nosotros nos planteamos otro porcentaje como meta. Nos fijamos en los alumnos más pequeños, los de 1.° y 2.° de ESO. No buscábamos el 100 por ciento, sino el 0,0 por ciento. Sí, el propósito era que ni un solo niño de 1.° de ESO repitiera curso. Nuestro compromiso buscaba bajar la tasa de repetidores a esa nada y redonda cifra.

Un centro educativo debe ofrecer programas que incentiven y motiven a todos. Desde hacía algunos años habíamos reducido progresivamente el porcentaje de repetidores, tanto en la ESO como en FP y Bachillerato. Asimismo, y en paralelo, se incrementó curso tras curso el número de alumnos que titulaban al finalizar dichos niveles educativos.

Sin embargo, veíamos cómo España continuaba como el segundo país de la UE, tras Rumanía, con mayor proporción de abandono escolar temprano. Según los datos del Instituto Nacional de Estadística (INE) correspondientes a 2023, el 13,7 por ciento de los adolescentes españoles no completa la enseñanza secundaria —el nivel mínimo establecido—. La media de la UE es de un 9,5 por ciento, que ya se aproxima al objetivo fijado del 9 por ciento para todos los países en 2030. En la serie histórica de Eurostat, con datos de los 27 países de la UE, España ocupó el último puesto entre 2011 y 2020; y el penúltimo lugar desde 2021 hasta 2023. Es decir, siempre en el vagón de cola del abandono escolar prematuro.

Bajar esas cifras fue uno de nuestros mayores retos educativos. Nos cuestionábamos la conveniencia y la efectividad de las disposiciones reguladas profundamente asentadas y jamás cuestionadas. Asuntos que otros no se planteaban, porque evidentemente superan nuestras competencias. Nos atraía esta aspiración de no dejar a ningún niño atrás. Éramos un puñado de quijotes. Sabíamos que la estrategia de la repetición de curso, tan indiscutible en nuestro país para los alumnos con dificultades académicas, se convertía en la antesala del abandono escolar. Y, sin embargo, ha sido durante demasiados años casi el único remedio para combatir el fracaso. Un arreglo casero y chapucero, fácil de explicar y justificar ante la sociedad, pero imposible de entender y razonar pedagógicamente, pues se incide en sangrar a quien necesita una transfusión. Expliquémoslo.

Con esa norma se producía una selección encubierta de alumnos en la que se reforzaba el avance de los más aventajados hacia metas más altas, mientras que los que no alcanzaban los niveles prefijados quedaban apartados, relegados, para no entorpecer al resto. Es la cultura no del esfuerzo, sino del machetazo: eliminar las ramas desviadas o torcidas para que el tronco crezca espigado y recto. Un sistema profundamente injusto que no incentiva el estudio, sino que, en ocasiones, marca a quien no progresa al ritmo y con la intensidad que establecen las leyes educativas. La repetición es una norma con un alto coste económico para un país sin que suponga un beneficio indudable para el alumno repetidor.

La repetición, por tanto, no resuelve el problema. Lo agrava en muchas ocasiones. El alumno repetidor se ve separado de su grupo, de sus compañeros, y carga con el estigma del fracaso, sin que la escuela le haya proporcionado todas las herramientas o medios disponibles (materiales y humanos) para superar las barreras o los condicionantes sociales o familiares que impiden su progreso educativo.

En Las Musas nos propusimos avanzar con toda la muchachada de un mismo nivel educativo al mismo tiempo. Esto suponía asumir la diversidad de intereses, capacidades y motivaciones. Nuestro programa «Repetición 0,0 por ciento» reconocía que no todos los estudiantes parten de una misma situación y que esa desigualdad no debe lastrar su formación. En junio, optamos por la promoción de todos los alumnos frente a la consabida repetición, que recae casi siempre sobre aquellos más desprotegidos social y económicamente. Cuando aparecen complicaciones en determinadas materias o deberes, sus familias, sin recursos o sin estudios, no pueden ayudar a sus hijos ni tampoco disponen de los medios económicos para contratar a un profesor particular o los servicios de una academia.

Sin embargo, el repetidor sí sabe que al año siguiente pasará de curso con toda certeza, independientemente del empeño mostrado. Se convertirá en un promocionado por imperativo legal, llevará las famosas siglas de alumno PIL, pues así lo establece la ley. El argumento de incentivar una cultura del esfuerzo no se cumple en estos casos. Por el contrario, sí asusta a quienes ascienden al curso superior al ver cómo un compañero se quedó atrás. Esta norma parece haberse pensado más para que el repetidor sirva como ejemplo y escarmiento al resto de los alumnos que en su propio provecho. La repetición es una pauta que promueve la selección. No un apoyo para que el alumno supere los obstáculos. A veces, se sanciona con esta decisión una actitud, una falta de voluntad o de trabajo, en lugar de evaluar si se han conseguido las competencias básicas.

Hay asignaturas con continuidad curricular, cuyos objetivos se pueden lograr durante el curso siguiente. Intentar esa otra vía nos pareció una senda mucho más prometedora, tanto en lo académico como en lo humano. Romper esta inercia resulta muy arduo cuando el profesorado, los alumnos, las familias y la propia Administración han sido formados con este supuesto ideal de mejora, sin que haya contribuido, después de años de rigurosa aplicación, a un avance con respecto a los niveles educativos de otros países. Más bien al contrario, como demuestran las cifras expuestas más arriba.

Bajo el lema «Ningún niño atrás» impulsamos un audaz plan educativo que buscaba el progreso del conjunto del alumnado de 1.º de ESO. Al terminar aquel primer año de su implantación, ladeamos la repetición para los ciento veinte alumnos matriculados en primero. Todos promocionaron de curso. Es decir, no hubo ningún repetidor en ese nivel educativo en el curso académico 2021-2022.

Conscientes de que algunos de ellos no habían adquirido las destrezas suficientes en todas las asignaturas, nos decantamos por una vía alternativa más sugerente e innovadora. Creamos un programa de mentorización para ayudar y hacer un seguimiento de aquellos estudiantes con problemas de aprendizaje por causas diversas (familiares, personales, de salud, socioeconómicas, etc.). A cada niño se le asignó un profesor mentor, además de su tutor de grupo. Cada uno con funciones diferentes, pero una misma finalidad: guiar a los muchachos hacia la superación y el progreso escolar. Fue esencial mantener una comunicación permanente con sus familias. Procurábamos una enseñanza más personalizada y ajustada a la variedad de ritmos y capacidades de mejora de cada alumno. Volvimos a rehumanizar la enseñanza con el programa «Repetición 0,0 por ciento» en 1.º y 2.º de ESO.

Se pretendía evitar, salvo en casos excepcionales, las secuelas de la repetición o, lo que es aún peor, el abandono escolar. El reconocimiento nos llegaba desde las familias, que alababan la iniciativa al comprobar los beneficios que la atención individualizada surtía en sus hijos.

Con esta decisión, avanzábamos hacia la convergencia educativa con la Organización para la Cooperación y el Desarrollo Económico

(OCDE). Según su informe *Panorama de la Educación. Indicadores de la OCDE 2024*, España es el segundo país con mayor proporción de repetidores de primero a tercero de la ESO (12-15 años), con el 7,8 por ciento de los alumnos. Esta tasa triplica la media de la OCDE (2,2 por ciento) y de la UE (2,1 por ciento). España se sitúa, además, lejos de otros países con cifras muy inferiores, como Suecia (0,2 por ciento), Finlandia (0,2 por ciento), Irlanda (0,4 por ciento), Francia (1,1 por ciento) o Italia (1,8 por ciento). Y, por detrás, solo es superada por Colombia (8,1 por ciento). El concepto de repetición no existe en Japón, Noruega y Reino Unido, donde la promoción es automática.

En Las Musas, restringimos exclusivamente a casos extraordinarios la medida de la repetición de curso en la enseñanza obligatoria. Nos adelantábamos así con este planteamiento a lo que años después vino a constatar la LOMLOE. Considerábamos que, en el caso de los alumnos de primero, aún tenían por delante otros tres cursos más para que sus profesores les inculcasen hábitos y técnicas de estudio y mejorasen las habilidades y las competencias que les permitieran obtener, al final de la etapa, su título de graduado. Nos preocupaba la igualdad de oportunidades. Y, para ello, dedicamos más recursos, profesores y horas lectivas a los que menos tenían pero más necesitaban.

El programa «Repetición 0,0 por ciento» supuso un desafío apasionante en un modesto instituto sin dotación específica adicional para abordarlo. Lo afrontamos exclusivamente con nuestros propios medios, pero con audacia y también con razonables dudas, pues ocurre que cuando se abren caminos antes no transitados siempre surgen sorpresas o tropiezos inesperados. Padecemos las mismas limitaciones de programas y de profesorado que cualquier otra escuela del país, por el modelo de educación por el que ha optado la sociedad. Detrajimos recursos de otras partidas para focalizarlos en atender de manera individualizada a estos alumnos. Estábamos convencidos de que la experiencia humanizaría la evaluación de los niños.

Para coordinar este programa confié en Marta González, la jefa de estudios de la ESO, quien organizó acciones y trabajo conjunto de profesores y alumnos. En colaboración con el departamento de Orientación, fijó reuniones semanales con los mentores, definió estrategias, distribuyó espacios y actividades y planificó un calendario de actuaciones. Me informaba de los avances con periodicidad y siempre que pude me sumé a las reuniones. El programa se diseñó como un modelo de participación voluntaria para profesores y alumnos. Se pedía autorización a las familias para incluir a sus hijos y, al mismo tiempo, estos se comprometían a asistir con regularidad.

El profesor mentor contaba con dos horas lectivas semanales para tutelar y guiar exclusivamente a un par de alumnos como máximo durante todo el año. Su cometido era afianzar conocimientos y destrezas en aquellas áreas de mayor complejidad. Para ello, revisaba tareas, organizaba la agenda del niño, constataba que había entendido lo explicado en clase, además de enseñarle cuestiones elementales como resumir, leer de manera comprensiva y supervisar sus trabajos. En definitiva, acompañaba su rendimiento académico. Era lo más parecido a contar con un profesor particular dentro de la propia escuela.

A lo largo de los años hemos comprobado cómo esta cercanía entre mentor y alumno creaba un vínculo emocional muy especial que redundaba en un compromiso por sacar adelante a su pupilo. Una vez más, la estrategia más certera consistía en rehumanizar la enseñanza y no en colocar a un niño delante de una pantalla. Gracias al mentor recibíamos información muy esclarecedora sobre los alumnos. Impresiones y detalles valiosos, como la dificultad de que un niño de 1.º de ESO estudiase durante varias semanas tales o cuales contenidos de unas u otras asignaturas o cuestiones de coordinación entre docentes sobre lecturas, trabajos, exposiciones, etc. Paradójicamente, hasta ese momento algunos profesores no concedían tanta relevancia a esas pequeñas realidades que entorpecían el avance de un estudiante en su propia asignatura. Hay que adoptar siempre el punto de vista del otro para mejorar. ¡Qué insólita lección! El profesor-mentor y el resto aprendíamos pedagogía y estrategias de los alumnos con mayores lagunas académicas. El poeta JRJ, una vez más, nos lo confirmaba: «Hay que aprender de los jóvenes, no de los viejos, porque lo que se aprende no es la experiencia sino la novedad».

El mentor, el tutor y la jefatura de estudios velaban por que el programa se cumpliese. Registraban los progresos, los contratiempos y las necesidades que aparecían en dicho acompañamiento. Para ello, mantuvieron contacto fluido con las familias sobre la evolución de su hijo, a fin de que todo transcurriera con normalidad.

¡Cuánto celebramos al final del primer año el adelanto académico de la práctica totalidad de los alumnos del programa! La satisfacción de los padres fue notable y algunos nos trasladaron su agradecimiento de manera clara y rotunda: «Ha sido la primera vez que desde la escuela se han ocupado de verdad y con detalle del avance de mi hijo. Gracias». No necesitábamos más para saber que íbamos bien encaminados.

Estos alumnos no pasaron de la noche a la mañana a convertirse en estudiantes con calificaciones sobresalientes. No era esa nuestra intención, sino que ganasen confianza y que no abandonasen el sistema educativo. Fue como lanzarles un salvavidas y llevarlos a nado poco a poco, hasta tocar la otra orilla. Les ayudamos a bracear sin que se hundieran en medio de la corriente. Logramos ese ansiado e insólito objetivo del 0,0 por ciento. El éxito del programa era incuestionable. Habíamos acertado, una vez más.

Al finalizar, en junio de 2022, presentamos el informe «Ningún niño atrás». En vista de la efectividad que aportó a los alumnos esta experiencia de mentorización, el siguiente curso nos adelantamos y lo ampliamos también a aquellos otros que comenzaban 1.º de ESO y que ya desde el inicio manifestaban ciertas carencias. En julio, la jefa de estudios visitó a las tutoras de los colegios adscritos para recabar información de todos los niños que se incorporarían a nuestro centro en septiembre. Así, en la evaluación inicial los tutores, junto con el resto del equipo docente y el departamento de Orientación, tuvieron como prioridad confirmar los posibles candidatos al programa. A continuación, se inició con las familias el proceso para que aceptasen su incorporación. Se insistía a los alumnos y a sus familias en que el modelo era flexible y en que el equipo educativo determinaba si resultaba aconsejable o provechosa su permanencia en él.

Una escuela aislada adoptando esta propuesta es tan solo una gota de agua en un reseco páramo. Pero nos envalentonaba la convicción de que solo desde experiencias como la nuestra se cuestionan los axiomas asumidos como inalterables durante décadas por la sociedad, los docentes y los legisladores. Nuestro sencillo programa ha crecido cada año, pues hemos aumentado el número de horas y de profesores implicados. Sin embargo, la Administración no ha incrementado los recursos asignados a nuestro centro; por ello, hemos renunciado a los desdobles de algunas asignaturas como Matemáticas, Inglés, Lengua o Física y Química. Quitar de aquí para poner allí. Focalizamos los recursos utilizables en estos alumnos más frágiles. Cuestión de prioridades o maneras comprometidas de entender la política humana y educativa.

Ni selectividad, ni PISA, ni TIMSS, ni PIRLS, nada... «Repetición 0,0 por ciento» y punto.

20

«Ya, ya… Y de los resultados académicos, ¿qué hay?»

Ítaca te brindó tan hermoso viaje.
Sin ella no habrías emprendido el camino.

Konstantinos Kaváfis

Las Musas encarnó el espíritu de un momento de la historia de la educación en España. Un tiempo en que las escuelas de las localidades y los pueblos de varias regiones iniciaron la reivindicación de la calidad educativa. La asociación nacional AINVES agrupó a distintos institutos que promovían con decisión ese modelo de enseñanza elevada pendiente de ser enarbolada desde la llegada de la democracia. La alianza científica de escuelas de secundaria con grandes instituciones investigadoras fue la apuesta más atrevida para renovar el método educativo. Y, consecuentemente, con el horizonte de adelantar el país incrementando el número de futuros investigadores, como ya se ha contado. Una nación se transforma desde los pupitres y no mediante leyes orgánicas ni revoluciones. Solo la educación de calidad cambia el destino de los pueblos. Es el modo preferible de sobreponerse a las adversidades de un tiempo digital y fuertemente individualista para reconquistar la vida humana y científica.

Siguiendo ese camino de esfuerzo e ilusión, pasamos en solo ocho años de aportar a la universidad cuarenta y tres alumnos en 2010 a ciento siete en 2018. ¡Un sorprendente incremento del 150 por ciento! El cambio se produjo por la implicación de un profesorado en un método innovador, por unas familias que creyeron firmemente en nuestro sistema y por unos estudiantes entregados. Hicimos lo que no hacían otros, no porque fuésemos mejores ni más listos, sino porque disfrutábamos innovando. Como consecuencia, la demanda de plazas de admisión en nuestro centro aumentó cada año en paralelo a las numerosas apariciones en los medios de comunicación sobre nuestros avanzados programas. Estas noticias y reportajes atraían a su vez a periodistas de otros medios y pronto nos convertimos en referente educativo para periódicos y televisiones de ámbito nacional. El efecto multiplicador fue inmediato y la fama del instituto «del que todos hablan» (escribió un reportero) y las expectativas que generábamos crecían y se evidenciaban ante los ojos de una sociedad que se sorprendía por los logros de un modesto instituto de barrio.

Siempre explicamos nuestro modelo allí donde fuimos invitados: los viajes e intercambios con escuelas de otros países, los singulares programas de innovación, la dimensión humana y solidaria que completaba la formación de nuestros alumnos, la atención a la diversidad, los premios recibidos, etc. Pero una y otra vez nos preguntaban por los resultados académicos. Y aunque asegurábamos que eran excelentes, intuíamos en el ambiente un vago resquemor, porque no hablábamos de cifras y calificaciones hasta el final y siempre con prudencia. Al auditorio le preocupaba eso y, especialmente, el bilingüismo, justo lo que no ofrecíamos.

Me di cuenta de que nos equivocábamos en nuestra estrategia comunicativa. No en el bilingüismo, que habíamos encauzado convenientemente años atrás. No debíamos avergonzarnos por obtener unos porcentajes espectaculares. Fue necesario romper con esa idea preconcebida de que un instituto público no debe presumir de sus logros. Existía cierto pudor por parte de muchos profesores a airear nuestros éxitos. Algunos decían que eso era entrar en el juego malévolo de una insana competencia entre centros educativos, que la finalidad primordial de una escuela pública no es alcanzar números brillantes, que eso era puro marketing propio de otro tipo de colegios, que alardear de calificaciones y porcentajes suponía afear la labor de otros institutos… Las cosas iban por ahí.

Hubo que acabar con esos fantasmas. Si uno de nuestros objetivos fue siempre educar con calidad humana y académica a la muchachada de un barrio, ¿por qué no subrayar unos datos excepcionales?

—Sí, si tienes razón. Debemos estar orgullosos de lo que hemos logrado. Pero eso en los institutos públicos no es habitual. No acostumbramos a vender imagen, a publicitar éxitos. No sé, no lo veo.
—Escuchaba a menudo estos y otros argumentos parecidos.

—No, no se trata de apariencias. Es trasladar a las familias y a la sociedad nuestra realidad académica, por la que nos preguntan una y otra vez —respondía yo—. Nuestros alumnos cosechan iguales o mejores valoraciones en selectividad que las escuelas privadas más caras y exclusivas. Creo que esto tiene que saberse.

Faltaba confianza, asumir que el instituto ya no era el mismo y que en educación representábamos otro papel que conllevaba nueva responsabilidad.

A pesar de ofrecer un proyecto educativo innovador, o quizá precisamente por ello, al final familias y futuros alumnos querían contrastar con referencias claras que nuestro modelo funcionaba en lo académico y que les aseguraría una preparación idónea no solo para acceder a la universidad. No bastaba con explicar los intercambios escolares, el Bachillerato de Investigación, la mediación, la cooperación y voluntariado, la repetición 0,0 por ciento, la transparencia de las aulas, la pedagogía poética, etc. El público pedía porcentajes y notas. Era imprescindible que mostrásemos comparativas con otros centros, como las de selectividad, con datos que respaldasen la decisión que iban a tomar sobre nuestro instituto para sus hijos. Tras intensos debates, quise ser consecuente con la transparencia que pregonábamos. Acordamos difundir los resultados académicos en foros, reuniones y entrevistas, con folletos, presentaciones y también de viva voz.

La verdad es que resultaba todo un poco sorprendente y paradójico al mismo tiempo. Una escuela que había progresado de manera excepcional sentía vergüenza de proclamarlo. Porque eso no era lo acostumbrado en los centros públicos, porque nos tildarían de elitistas o porque pareceríamos presuntuosos…, qué sé yo. No fue fácil superar todas esas objeciones. Pasamos de un extremo a otro. Ya no empezaba mis intervenciones desgranando nuestros programas e innovaciones, iba directamente al grano: notas de selectividad y, luego, lo demás.

Me di cuenta de que anticipando en mis exposiciones datos, calificaciones y premios obtenidos por nuestros alumnos captaba sobradamente desde el inicio la atención y el interés de todos: alumnos, padres, autoridades, periodistas y profesores. Después explicaba cómo se alcanzaban esos niveles. Tocaba humanizar el instituto, trasladar la idea de que esos éxitos eran la consecuencia de una enseñanza de calidad, el fruto natural de haber desarrollado previamente un trabajo esmerado en varios ámbitos. Existía el riesgo de cómo se interpretaría el mensaje. Había que insistir en que era más relevante el camino que la meta, el viaje que el destino. Que a este solo se llegaba tras haber disfrutado del itinerario. Lo dichoso era aprender y enseñar. Acceder a la universidad era la Ítaca, en la que todos desembarcaban, como en el poema de Kaváfis: «Ítaca te brindó tan hermoso viaje».

Por mucho que insistiéramos con nuestros razonamientos, la sociedad solo reparaba en lo medible y cuantificable. Reproducía el mismo error que nuestros dirigentes educativos porque, en definitiva, son lo mismo: estos son el correlato de aquella. Ya puede el maestro desgañitarse en que lo sustancial es el método, el proceso, y que cualquier medición que se haga de un buen proyecto siempre dará buenos frutos. Puede insistir en que la clave es articular una enseñanza elevada y en que formamos ciudadanos con calidad humana y académica, que nadie le hará caso. Demostramos año tras año que, sin ser un instituto bilingüe, nuestros resultados eran sobresalientes. También en Inglés, por supuesto. Y en Francés. Solo entonces muchos se interesaron por conocer nuestro sistema.

Empezó así una avalancha de visitas, preguntas y solicitudes de admisión. Incluso sucedió lo más insólito. Alumnos y padres se manifestaron a finales de marzo de 2017 con pancartas y cacerolas en las puertas de Las Musas, previa autorización de Delegación del Gobierno, para exigir la matriculación de sus hijos en nuestro centro. Creo que fue la primera y única manifestación para conseguir plaza en un instituto público. Expliqué en mi despacho a los portavoces de las familias y de los distintos partidos políticos de la Junta Municipal de San Blas que yo no tenía la solución, que aquello sobrepasaba mis atribuciones.

A los pocos días, el consejero de Educación ordenó admitir a todos aquellos niños en Las Musas. Pasamos de cuatro a siete grupos en 1.º de ESO. Hubo que habilitar nuevos espacios para ampliar el número de aulas de cara al siguiente curso. El riesgo evidente fue mantener una enseñanza personalizada con las mismas instalaciones. En sucesivos años, supimos reconducir con acierto aquella anómala situación.

Antes de que se evaluaran todas nuestras innovaciones ya sabíamos que los resultados nos acompañarían. Era cuestión de tiempo. Pero necesitábamos que familias y estudiantes respaldaran nuestro trabajo, como hicieron tantos vecinos del barrio que nos confiaron la formación de sus hijos. En educación, los cambios y progresos no se perciben de un día para otro, ni siquiera en un curso. Se necesita mayor amplitud para que las propuestas se asienten y maduren, hasta obtener y evaluar la cosecha. Un periodo de diez o catorce años sí nos proporciona perspectiva suficiente para ver con claridad la validez de las innovaciones de un programa educativo. ¿Qué ha sucedido en semejante intervalo de años en Las Musas? Veámoslo.

En el curso 2011-2012, Las Musas, con una discreta nota media en selectividad de 6,63, ocupaba el puesto número 27 entre los 268 institutos públicos de la Comunidad de Madrid que obtenían una nota media de 6,13. Es decir, estábamos ligeramente por encima de esa media. No era ni mucho menos una mala posición. Pero lo que sucedió después fue sencillamente asombroso. En apenas cinco cursos, en 2016-2017, esa nota media se incrementó sustancialmente y pasó a ser un 7,34. Lo cual hizo que Las Musas se aupase hasta el segundo puesto (en realidad el primero) entre todos los institutos públicos.

Téngase en cuenta que el primer puesto lo ha ocupado desde 2013 el único instituto público de excelencia de la Comunidad de Madrid, que por sus muchas peculiaridades (no entraremos aquí en detalles) no es equiparable a ningún otro centro de Madrid. Guarda criterios de acceso para sus estudiantes distintos al resto. Solo imparte bachillerato y solo admite a alumnos con un expediente superior a 8,5 puntos. Por lo tanto, la comparativa con la realidad que se vive en los demás centros se desvirtúa. No se interprete esto como una crítica a la labor de los profesores que allí trabajan, sino como una pertinente aclaración a los lectores.

Nota media de los aprobados en la fase general
(convocatoria ordinaria) de la selectividad (EvAU)

GRÁFICO 1. Fuente: Instituto Nacional de Estadística. Servicio Integrado de Información Universitaria.

Es decir, habíamos alcanzado el primer puesto entre los casi trescientos institutos públicos que sí compartimos los mismos criterios de admisión. El salto fue de gigante. Además, presentábamos a más de setenta alumnos cada año y pronto superaron el centenar. Inimaginable para todos. ¿Cómo se consiguió? Gracias a una pedagogía poética que insistía en humanizar la enseñanza, en investigar, en redactar y exponer en público, en leer en clase, en dialogar mucho con los alumnos, en viajar y convivir con ellos, y en el trabajo meticuloso realizado por los profesores desde 1.º de ESO. Y aún diría que antes, también por los maestros de infantil y primaria de nuestros colegios adscritos.

En una ocasión mantuve una conversación decisiva, nunca la he olvidado, con la maestra de infantil de mi hija, una mujer con más de tres décadas de experiencia en educar a los más pequeños. Sus palabras me sobrecogieron porque resquebrajaron mis cimientos educativos y pedagógicos hasta aquel momento. La realidad ha ratificado sus afirmaciones muchas veces:

—Vuestra hija será una gran estudiante —afirmó.

—Bueno, es muy pequeña aún. No se puede saber. Cuando aprenda a leer, quizá… —respondí.

—Te equivocas. Yo ya sé perfectamente quiénes de entre mis niños de cuatro y cinco años destacarán académicamente. Se ve clarísimo.

—¿Cómo, Eutimia? —que así se llamaba la veterana maestra. Se sonrió mientras entregaba sus niños a los otros padres.

Lo afirmó con la seguridad de quien revela lo evidente, una certeza de la vida que tan bien conocen unas escogidas: las educadoras de infantil. Aguardé inquieto a que terminara su tarea diaria de atender a las familias. Continuó categórica:

—Después, los profesores de otras etapas los encauzáis por aquí o por allá, pero lo decisivo, a estas edades de infantil, ya está hecho. Nosotras lo sabemos muy bien.

No se equivocó en su diagnóstico con mi hija, ni tampoco con sus compañeros. Desde entonces siempre he pensado, como de costumbre a contracorriente de la mayoría, que los profesores más brillantes deberían estar en infantil y primaria, y con los mejores sueldos, y no en las aulas de doctorado de la universidad. Todo está en sus manos. Cuando se incentivan la creatividad, la imaginación, el respeto y el trabajo compartido, el resto del camino resultará más llano.

Mucho medité sobre aquello. Y, efectivamente, he observado con especial atención desde entonces a los niños más pequeños. He reparado en minucias significativas y muy reveladoras como su capacidad de concentración, de escucha y atención, sus ganas de aprender o también su manera de relacionarse con los demás. De todas las habilidades, la más importante, al menos para mí, es aquella que precisamente nos vuelve más humanos, la que nos aleja del resto de las especies: la curiosidad. Esta siempre supera el talento o el ingenio. La curiosidad fue la clave de la evolución humana y, por consiguiente, aquellos niños que la alimentan y la desarrollan son capaces de acumular más conocimientos y de atesorar mejores destrezas que incluso aquellos otros que los aventajan con un coeficiente intelectual superior. Por el contrario, cuántas veces hemos comprobado que amigos, familiares o compañeros con una gran inteligencia carecen de habilidades sociales, son reacios a manifestar emociones o a amigarse con los demás.

Aprender es desarrollar la capacidad de observación para reproducir o superar un modelo que se nos propone. El gran paso se da cuando lo aprendido se extrapola y se aplica a otro ámbito completamente diferente. Quien realiza ese proceso es un inventor, un innovador. Captar e interpretar detalles, sutilezas y matices, ya sean materiales o abstractos, es lo que nos diferencia a unos de otros. Lo decíamos al comienzo de este libro: el matiz lo es todo, como la calidad es el brillo de la vida. Con más finura lo cantó el poeta maldito Arthur Rimbaud: «Pour délicatesse / j'ai perdu ma vie» [Por delicadeza / perdí la vida].

Pero volvamos al prosaísmo de la selectividad.

—Sí, pero ¿cómo consigue Las Musas resultados tan espectaculares en EvAU año tras año? —insistían padres y periodistas.

Si hubiésemos contestado la verdad, es decir, porque lo cifrábamos todo a cultivar el matiz y el detalle, todos hubieran interpretado la respuesta como una burla. Así es que acudimos a cuestiones más tangibles y peregrinas, pero también necesarias. Entre otras razones, expusimos, por ejemplo, que gracias a la valentía de profesoras como las del departamento de Lengua, cuya asignatura es obligatoria en EvAU y fundamento de las restantes.

Estas nueve musas profesoras cuajaron un modelo que sirvió para otros departamentos. Acordaron que su misión, desde 1.º de ESO, no sería enseñar literatura, sino forjar lectores. Desecharon el aprendizaje de fechas, autores, sus obras y sus características, porque mataban el disfrute y la comprensión de la lectura. Propusieron que los alumnos se acercaran a los clásicos como el *Lazarillo de Tormes*, la *Celestina* o el *Quijote* mediante pódcast en los que analizaban las obras como si fueran críticos literarios. Los niños adaptaban pasajes en forma de cómic e incluso se transformaban en los personajes para experimentar los dilemas y conflictos universales de la literatura.

La gramática de morfemas, complementos directos y pretéritos pluscuamperfectos de subjuntivo quedó arrinconada, ladeada convenientemente. Los exámenes perdieron su relevancia en favor de tareas diarias como leer y escribir. A redactar solo se aprende redactando, como a nadar solo nadando. El trabajo de estas profesoras era ímprobo, pues corregían sus redacciones todas las semanas a cada niño para enseñarles a escribir correctamente. Una tarea crucial de cualquier sistema educativo es enseñar a expresarse con soltura, tanto por escrito como oralmente, y aprender a leer e interpretar textos. En definitiva, saber codificar y descodificar los símbolos de la vida. El resto viene solo. Los profesores de Matemáticas o de Física suspiraban siempre por que los niños supieran no las fórmulas, sino el sentido, el significado de lo que se formulaba. ¡Ah, el matiz, de nuevo la clave de la educación! El problema es que con demasiada frecuencia la legislación educativa nos desvía de este asunto clave en torno al cual debería girar toda la enseñanza y perdemos tiempo, ganas y esfuerzo en asuntos insustanciales. Paparruchas, que decía mi madre.

Incluso en 2.º de Bachillerato dedicábamos el primer mes de curso a enseñarles a redactar con precisión. Los alumnos se inquietaban porque amigos y familiares en otros colegios ya iban muy avanzados en el temario. Los tranquilizábamos y les pedíamos a ellos y a sus familias que confiaran en el método y en la experiencia de los profesores. El modelo funcionaba, pero el inevitable nerviosismo en este curso era difícil de controlar. La pedagogía poética no rimaba bien con la presión de la selectividad.

Para ayudar a los alumnos también establecimos un simulacro de EvAU a mitad de curso en el instituto. Supuso un gran avance. Reprodujimos fielmente cada detalle de esta prueba: impresos, cuadernillos de exámenes, pegatinas identificativas para preservar el anonimato, DNI para acreditar al alumno, mismo calendario y distribución horaria de las pruebas y, por supuesto, idénticos criterios de calificación. Los alumnos cometían errores de todo tipo: de organización, de estudio, de ejecución de preguntas, de redacción, de presentación, etc. Pero, de este modo, evitamos que repitieran esos fallos en los días decisivos. Sorprende que no estuviese ya implantado, pero así era hace catorce años. Los resultados de este simulacro eran calcados o con una ligera desviación a los que obtenían después en la selectividad. Esto permitió a cada estudiante ver con nitidez su situación real y contrastarla con sus deseos de cursar tal o cual carrera.

Otra medida importante fue que todo el profesorado completase la explicación de sus temarios antes de finalizar el mes de abril. Así, mayo se reservaba exclusivamente para repasos, recuperaciones y preparación de la selectividad. Además, convinimos en que todos los exámenes fuesen comunes para los grupos de un mismo nivel, desde 1.º de ESO hasta bachillerato y FP. Esta medida llevaba aparejada una inevitable coordinación de cada departamento para consensuar contenidos, temporalización y criterios de calificación; y también de organización desde jefatura de estudios. Integrábamos así a profesores francotiradores, que van a su aire y presumen de ello, para que no se entorpeciera el trabajo en equipo de la escuela. Se educa aunando voluntades y principios.

Año tras año, Las Musas fue incrementando su nota media en la fase general de EvAU hasta llegar en el último curso en que fui director (2023-2024) a un excepcional 7,96. Durante los últimos ocho años, Las Musas estuvo siempre entre los primeros puestos: segundo en cinco ocasiones (2024, 2023, 2022, 2020 y 2017); tercero (2018), cuarto (2021) y sexto (2019). En total, en los últimos catorce años, Las Musas presentó a 1.217 alumnos a selectividad. Aprobaron todos menos uno (99,93 por ciento) en el curso de la pandemia de COVID (2020). Un balance extraordinario que reunió cantidad y calidad educativa.

Alumnos de Las Musas presentados en convocatoria ordinaria a la EvAU

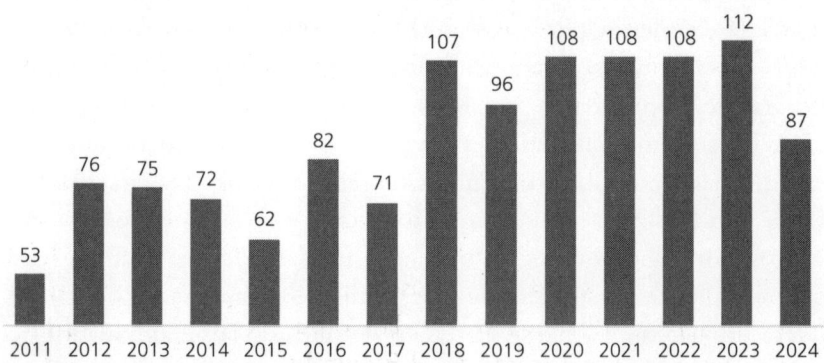

GRÁFICO 2. Fuente: elaboración propia.

Sin embargo, los resultados no nos pueden cegar. ¿Cómo medir los logros y los avances de alumnos con situaciones tan dispares? Y no me refiero al plano estrictamente académico. Algunos estudiantes se sobreponen con su edad a circunstancias personales, familiares o sociales muy difíciles, aunque no quedan reflejadas en ninguna estadística. En estos años, varias alumnas afrontaron esas pruebas tras la desgracia de enterrar en días o semanas previas a su madre o a su padre. Otros han sufrido enfermedades terribles. Solo sus familiares, amigos y profesores lo conocíamos y valorábamos. Todo es relativo. Mi amiga Nuria, directora de un instituto de difícil desempeño en el extrarradio con más de un 70 por ciento de su alumnado de una minoría étnica, me expresaba su satisfacción por presentar a seis alumnos a la EvAU. Ese sí era un éxito rotundo, aunque ninguna autoridad administrativa o periódico lo destacaba.

A pesar de ofrecer unos datos tan contundentes, algunos dudaban de que una escuela de un barrio obrero cosechase semejantes éxitos, con los que superó a muchos otros colegios de renombre y de *renúmeros* de euros al mes. Ponían en entredicho esas calificaciones con preguntas como estas:

—Sí, ¿pero qué porcentaje de alumnos matriculados presentan a la EvAU? Sirvan como respuesta los datos de mi último curso 2023-2024 como director.

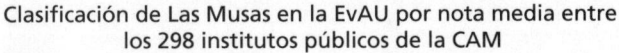

Clasificación de Las Musas en la EvAU por nota media entre los 298 institutos públicos de la CAM

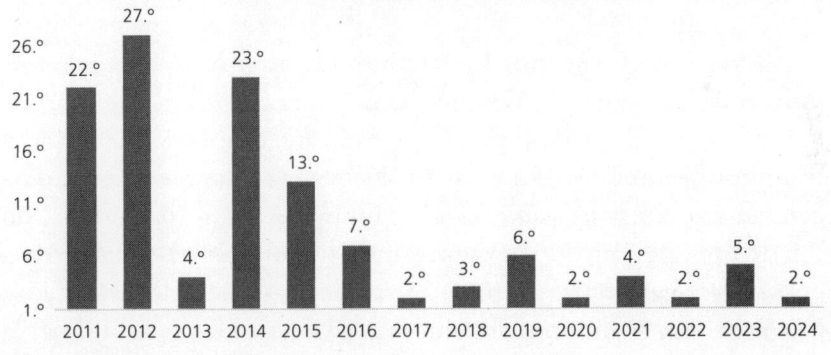

Gráfico 3. Fuente: elaboración propia.

De 113 alumnos matriculados, 110 aprobaron 2.º de Bachillerato (97,5 por ciento) en junio. En las pruebas de acceso a la universidad, en la convocatoria ordinaria (junio), se presentaron 87 alumnos de los 113 matriculados, es decir, el 77 por ciento. Y, en la convocatoria extraordinaria (julio), otros 10 alumnos más (un 9 por ciento adicional). En total, acudieron a selectividad 97 alumnos (86 por ciento) de los

113 matriculados. Asimismo, 13 alumnos (11,5 por ciento) optaron por cursar un ciclo de grado superior de FP y no se presentaron a la EvAU. Tan solo 2 alumnos (1,7 por ciento) repitieron curso y otro más (0,8 por ciento) estaba autorizado a cursar el bachillerato en tres años. Son datos sencillamente sensacionales.

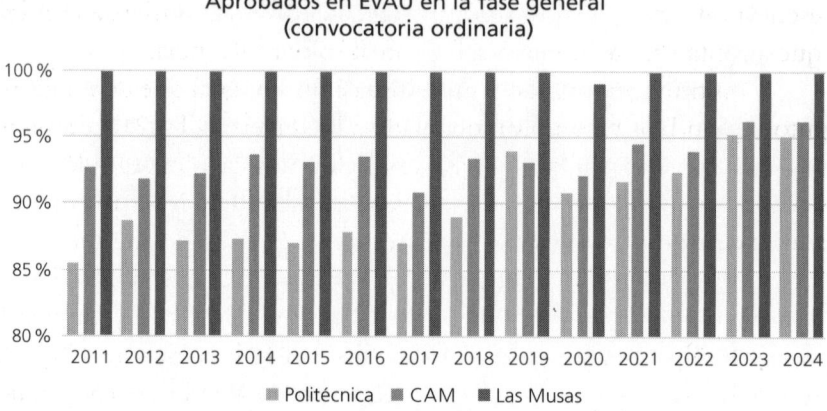

GRÁFICO 4. Fuente: Ministerio de Ciencia, Innovación y Universidades. Sistema Integrado de Información Universitaria (SIIU).

Todos los presentados, los 97 alumnos, aprobaron el acceso a la universidad. Además, el alumno Daniel D., con una calificación de 9,975, obtuvo el segundo puesto de toda la Comunidad de Madrid. Esta promoción de estudiantes brilló con una nota media en la fase general de 7,96, la más alta cosechada nunca por Las Musas, frente al 7,1 de nota media de los examinados en la Universidad Politécnica de Madrid. Pero quizá aún más relevante y esclarecedor fue revisar que aquellos 87 alumnos en la convocatoria ordinaria recibieron la calificación de sobresaliente en ciento diez exámenes, de los cuales veintiocho fueron dieces redondos. Es decir, el 32 por ciento del total de los 348 exámenes de la fase general fue calificado con sobresaliente. Frente al 7 por ciento de media que obtiene el conjunto de todos los centros públicos y privados en la Comunidad de Madrid. Cifras ciertamente apabullantes, porque un alumno excepcional aparece en cualquier lugar, aunque es difícil que se alce a los primeros puestos entre los más de cuarenta mil estudiantes que acuden cada año a la

EvAU en la Comunidad de Madrid si su escuela no lo estimula y encauza convenientemente. Sin embargo, lo sorprendente es que un grupo de cien alumnos reciba calificaciones tan sobresalientes por la gran dificultad que entraña. Nadie desafina. Esta promoción de estudiantes mantuvo siempre a lo largo de los cursos una colaboración y un sentimiento de equipo, de pertenecer y representar un modelo de escuela diferente, que les dio una seguridad y una confianza con las que afrontaron cualquier desafío con absoluta solvencia.

Constituye un orgullo y una satisfacción sin igual que de un instituto de San Blas hayan promocionado a la universidad 1.216 alumnos a lo largo de estos años. Además, varios alumnos han conseguido también los mejores resultados de toda la Comunidad de Madrid en diferentes convocatorias entre las varias decenas de miles de alumnos presentados: Víctor Miguel S., alumno número uno (2018), y Daniel D., alumno número dos (2024). En cuatro ocasiones, nuestros alumnos se auparon al primer puesto en la Universidad Politécnica de Madrid, donde se examinan de las pruebas de acceso: Anabel D. (2016) y Sandra B. (2019); además de los dos alumnos ya citados (2018 y 2024).

Otro dato relevante es que Las Musas ocupó el puesto décimo entre los 626 centros privados, concertados y públicos existentes en la Comunidad de Madrid en 2018; y el decimosexto entre los 637 centros en 2022. Si bien es cierto que esos colegios que nos preceden presentaron a un número de alumnos notablemente inferior, tan solo una cuarta o quinta parte de los que llevábamos nosotros.

También nuestros musos de FP recibieron año tras año unos resultados inmejorables. Tras cursar los ciclos de grado superior, se examinaban de algunas asignaturas específicas, generalmente Biología, Química o Economía, y obtuvieron unas altísimas notas con las que accedieron a los grados de las facultades de Enfermería, Biología o Medicina en las universidades públicas. Sin duda, otra manera muy atractiva de entrar en estos grados universitarios tan demandados.

El secreto de la mejor educación es rehumanizar la enseñanza: amar a los alumnos y convivir mucho con ellos, inculcarles sensibilidad, esfuerzo y creatividad. Menos pantallas y más diálogo con sus profesores. Los datos nos confirmaban lo que ya sabíamos. Habíamos encauzado la esperanza de profesores y alumnos en un horizonte cierto. No era casualidad, sino haber creído en un modelo de educación basado en la cercanía y en cultivar el matiz. En definitiva, una pedagogía poética para descubrir la vida e investigar la ciencia en secundaria. Y que las leyes educativas no malogren a lo largo de los cursos las semillas que las maestras de infantil, como la eterna Eutimia, sembraron en cada niño.

21

En manos de la Formación Profesional

La mano es la herramienta del alma, su mensaje.

MIGUEL HERNÁNDEZ

España no es país para jóvenes. Nuestra juventud estudia, se prepara, pero después no encuentra trabajo ni vivienda; y pospone hijos y un mañana. «Siempre mañana y nunca mañanamos», cantaba Lope de Vega. Aquí, para que un muchacho progrese en su ámbito laboral, da lo mismo un sector u otro, no basta con acreditar méritos o demostrar talento, ha de pasar tiempo. Tiene que curtirse con más años. Lo llaman madurar, aunque es tan solo ver cómo envejecen ideas e ilusiones. Excluimos a la juventud porque nos protegemos de ella. Nos atrincheramos contra su mejor preparación. España es un país donde el relevo generacional se retrasa en exceso, se confía poco en su capacidad. Es nuestro mayor error como sociedad. Y lo más grave es que no queremos verlo. No les faltan ganas, les faltan oportunidades.

Se desprestigia a los jóvenes con ligereza, se minusvaloran sus cualidades y se ningunean sus saberes. No es verdad que las generaciones anteriores fuésemos mejores o que atesorásemos mayor conocimiento. Las actuales poseen una cultura visual más amplia que la nuestra. Por sus retinas pasan a diario miles y miles de fotogramas de series, vídeos y películas. Escuchan más música, han viajado más y sus grupos de amigos son más variados y amplios que el reducido círculo de amistades de otras épocas. Su formación, sus destrezas tecnológicas o de idiomas superan con creces las nuestras; y sus relaciones sexuales son más libres y avanzadas. Sí, es cierto: muchos han leído menos libros que nosotros. Su fuente de cultura es internet. Se informan con tutoriales, con pódcast, audiolibros y a través de las redes sociales y la IA. Viven pegados al móvil, pero como tantos adultos. Estos jóvenes saben más y están mejor preparados, lo que se comprueba fácilmente conversando con ellos. Sin embargo, se encuentran en paro u ocupan trabajos precarios.

Uno de los principales desafíos del país es atajar las tasas de desempleo juvenil, las más elevadas de Europa desde hace décadas. Paradójicamente, la sociedad necesita incorporar cada año a miles y miles de profesionales técnicos que no encuentra. Si no se incentivan las enseñanzas de FP, nunca solucionaremos ambos problemas, el mismo problema.

Muchos adolescentes sienten la universidad como una carrera de obstáculos: de tiempo, esfuerzo y dinero, que dilata en exceso su formación con cursos y másteres sin que los capacite para ingresar en el mundo laboral. Finalizados sus estudios, pasan meses e incluso años como becarios en las empresas hasta ganar la pedrea de su primer contrato. De ahí que prefieran cursar un ciclo formativo de FP como vía más rápida, directa y menos costosa para acceder a un empleo más seguro e incluso mejor remunerado. Algunas familias de cónyuges universitarios ya admiten la posibilidad de que sus hijos se matriculen en un ciclo formativo, aunque sin alegría o sin convencimiento al principio. Luego, cuando completan esos estudios y encauzan su futuro, ya sí muestran una opinión más favorable sobre esta formación.

La FP siempre ha sido la hermana pobre de la enseñanza superior. Nunca se le ha dado la importancia que merece. La sociedad española arrastra un prejuicio histórico al reconocer solamente a quien trabaja sin ensuciarse las manos.

Pero la FP son las manos. Manos sanadoras, manos dispensadoras, manos administradoras o reparadoras. Gracias a las manos, el ser humano se elevó desde su ser primitivo hasta moldear su propia conciencia sobre la Tierra. Las manos obraron el milagro de la inteligencia. Por las manos crecimos intelectualmente; por las manos, como crecen los árboles, se ha ramificado la humanidad hacia un cielo más alto.

206

Sí, las profesiones son manuales. Desgraciadamente, en España durante siglos han estado mal vistas las ocupaciones manuales. Así se lee en el *Lazarillo de Tormes*, en el que un hidalgo de baja alcurnia vivía en la más absoluta miseria, pero se vanagloriaba de ser noble y de que a los de su condición les estaba vedado trabajar y mancharse las manos para ganarse el pan. Esa mentalidad aún perdura actualmente, pero hay que arrinconarla hasta vencerla. Aquí, la FP ha soportado ese lastre durante décadas. En Europa no. Nuestros vecinos europeos han progresado porque no han sufrido esos pensamientos de rancia nobleza. Max Weber lo explicó admirablemente en *La ética protestante y el espíritu del capitalismo* (1905). En los países donde triunfó el protestantismo, la salvación o la condena del hombre en la otra vida ya no dependía de su comportamiento en esta, como sí sucedía en el catolicismo. En esas latitudes, los ciudadanos eran libres para dedicarse a comerciar, enriquecerse, experimentar y manufacturar. España prefería exportar la lana castellana para importarla después tejida y encarecida en finos paños de Holanda. Ellos sí prestigiaban las labores manufacturadas, así como el comercio, el negocio y la investigación. Nada parecido se hizo en nuestra Iberia, porque ensuciarse con el trabajo manual era plebeyo y feo, poco digno. Ser rentista ha sido y es una aspiración de vida en nuestro país. El poeta Jorge Manrique en sus *Coplas por la muerte de su padre* ya marcaba esa misma diferencia entre «los que viven por sus manos / y los ricos», aunque ambas vidas, como los ríos, sean iguales cuando van a dar en la mar, que es el morir.

Mientras, los alumnos deben aprender a diario con sus manos en talleres y laboratorios hasta volverse puros en el trabajo, hasta que la ciudadanía valore su actividad limpia, honrada. Por las manos lograrán un futuro en el que ejercerán una profesión con su buen maniobrar. La sociedad necesita sus manos más jóvenes para humanizarse.

Políticos y autoridades administrativas han insistido durante años en la necesidad de impulsar y prestigiar la FP, pero pocos acreditaron con hechos sus declaraciones. Los centros específicos de FP y su profesorado siempre tuvieron una consideración menor frente al resto de los institutos y docentes (la vieja mentalidad que se ridiculizaba en el *Lazarillo*). Hoy se ha superado esa división al unificar a todos los profesores en una misma categoría profesional y con idéntica retribución salarial y condiciones laborales. La Administración ha arrinconado su compromiso con estos estudios y solo lo ha retomado a remolque de las indicaciones llegadas desde Europa. Ha preferido dejar en manos de empresas, academias y fondos de inversión el crecimiento de estas enseñanzas.

Han sido los propios jóvenes sin viejos prejuicios quienes han demandado más vacantes y nuevos estudios. Saben que, tras cursar ciertos ciclos de grado medio y grado superior, se abrirán camino en su vida. Solo ellos cambian el mundo. Quizá por eso, a mí, que amo la sucesión permanente, la transformación y la innovación, me ha gustado siempre rodearme de jóvenes. Pero sobre todo he creído en ellos y he procurado darles oportunidades para que demuestren su valía.

Recientemente, mi amigo y compañero de aquel tiempo adolescente en el instituto, Óscar López, empresario de frío industrial, me aseguraba que no encontraba profesionales a pesar de que, sin su sector, no se sostiene la alimentación, la sanidad o la informática, que dependen del frío para la conservación de comida, medicinas y centros de datos. Lo mismo sucede en las empresas de ciberseguridad. Y así en otros ámbitos. La FP es el nexo que acerca a los estudiantes a las empresas. Muchas universidades se desentienden de esa función.

En Las Musas se imparten los dos ciclos con mayor inserción laboral en España: Cuidados Auxiliares de Enfermería y Gestión Administrativa. Además de otros que también se encuentran entre los de mayor empleabilidad: Higiene Bucodental, Laboratorio Clínico y Biomédico, Farmacia y Parafarmacia, y Administración y Finanzas.

De algún modo, que un profesor de poesía como yo asumiera la dirección de un instituto donde se cursaban este tipo de enseñanzas creaba entre estos docentes cierta preocupación, al menos, al principio. Había pocas esperanzas de que alguien con mi perfil impulsara los cambios necesarios para que cobrasen mayor relevancia y consideración. Sin embargo, en apenas unos años duplicamos el número de alumnos de FP hasta superar incluso a las otras etapas de ESO y bachillerato.

Las personas que me precedieron en el cargo provenían de la antigua FP.[32] Era razonable, pues, que ese profesorado me observara con cautela, a pesar de que ya me conocían suficientemente. Mis primeras decisiones fueron inequívocas acerca de mi compromiso para cambiar y acreditar nuestra oferta educativa, especialmente en FP. Tras cuatro largas décadas, por sus viejas instalaciones habían pasado ya muchas generaciones. Las dependencias de FP (aulas, despachos, salas de trabajo) presentaban un estado ruinoso. Acometí año tras año una renovación completa de laboratorios y talleres. Unas veces con los propios fondos asignados al centro y otras con los que nos llegaban a través de la UE.

Así conseguí actualizar todas las aulas-taller donde se impartían clases. Fue el acierto más vistoso y hondo. Se hablaba reiteradamente en aquellos años (2016) de prestigiar la FP, de atraer a los jóvenes hacia estos estudios, de la necesidad de formar nuevos técnicos. Pero, una vez más, a nadie se le ocurrió empezar por lo más elemental: dignificar los espacios para que esas enseñanzas resultasen atractivas a los estudiantes. Cuando, después de mucho esfuerzo y sinsabores, lo logramos, la demanda de plazas de ciclos formativos se disparó en nuestro centro. Gracias a los programas de fondos Next Generation de la UE creamos nuevos laboratorios y construimos un ágora de emprendimiento con gradas en lugar de pupitres que incitaban al debate y la exposición. Recuperábamos la oralidad perdida o injustamente olvidada en la enseñanza actual, sin duda como consecuencia de la masificación de las aulas. Con la aparición de la IA, la expresión oral cobrará mayor protagonismo en educación, pues será el último rincón de humanismo.

También gracias a esos fondos europeos instalamos cien placas solares sobre las cubiertas de los edificios de FP. No fue solo una medida de ahorro, sino algo mucho más significativo: una labor pedagógica y de concienciación del alumnado acerca del cambio climático. La poesía, una vez más, nos iluminó: «Siempre la claridad viene del cielo, es un don» (Claudio Rodríguez). En un monitor colocado en la entrada del instituto, los profesores explicaron a alumnos y familias cómo esos paneles convertían la energía solar en la electricidad que se empleaba en la escuela. Se observó en directo cómo variaban las gráficas de la energía producida y la consumida, e incluso la que vertíamos a la red. Era fantástico apreciar a través de esa pantalla el valor real de las renovables.

Sustituimos también los viejos ordenadores utilizados por la familia de Administración, gracias a donaciones del Banco de España y del Ministerio de Hacienda. Y adquirimos nuevos microscopios, uno de ellos de fluorescencia y otro dotado con cámara para proyectar imágenes, imprescindibles para el ciclo de Laboratorio. Por supuesto, también se acristalaron esas aulas y se consiguió así una transformación integral de los viejos espacios del pabellón de Sanidad. Realizamos una simulación perfecta del ambiente de un hospital o de una clínica. Era prioritario generar ese clima y ese espíritu transparente y de pulcritud entre el alumnado de ciclos sanitarios. En los de Administración, recreamos una empresa para que los estudiantes vivieran experiencias y prácticas de trabajo previas a su incorporación laboral.

El impacto visual que provocaron aquellas instalaciones modernas fue indiscutible y cada año atraíamos a más alumnos a nuestro instituto. Envié varias cartas líricas y prosas reivindicativas a la Administración para que abriera un turno vespertino. Me dolía ver cómo todas esas magníficas instalaciones permanecían cerradas por las tardes, mudas, con sus sillones de higiene bucodental, microscopios y ordenadores cogiendo polvo, mientras varios cientos de jóvenes no podían formarse porque no habían obtenido plaza en Las Musas. En la puerta de salida, las academias de FP los aguardaban para repartirles publicidad acerca de esos ciclos en sus centros particulares. Finalmente, tras mucho insistir e invitar a varios directores generales a conocer con detalle el centro, obtuve su consentimiento para abrir un turno vespertino en el que matriculamos solo a una parte de los cientos de solicitudes que recibíamos cada año. Cuando caminaba por aquellos pasillos y veía las aulas repletas de estudiantes interesados me embargaba una sensación de orgullo y satisfacción que se atenuaba con la luz del atardecer sobre los viejos olmos meditativos de Las Musas.

A lo largo de estos cursos, muchos estudiantes inmigrantes encontraron en nuestra oferta de Sanidad y de Gestión y Administración un camino para su futuro profesional. Tras su paso por el instituto accedieron a un puesto de trabajo mediante una formación de calidad, pero también llevaron consigo un modo diferente de entender su profesión. Fue mérito de unas profesoras que enseñaron a sus alumnos con una proximidad y complicidad admirables. Pasaban durante largas semanas muchas horas con su grupo, ya que los módulos (asignaturas) que impartían contaban con una gran carga lectiva. Esto provocaba necesariamente que la relación entre alumnas y profesoras se estrechase. Convivían intensamente en el aula.

Las frecuentes prácticas que realizaban los alumnos en talleres y laboratorios propiciaban que ese contacto fuera muy fluido y la sensación de estar siempre bajo la tutela del profesor era permanente. Ejercía de formador en el aula y de guía en el laboratorio. Aquí sí se percibía con nitidez esa cercanía entre docente y alumno, la convivencia imprescindible para alcanzar un mejor puesto de trabajo a través de una educación esmerada. Una peculiaridad de la FP es el menor número de docentes por grupo que en la ESO o en bachillerato. Esto supone una indudable ventaja que facilita el entendimiento y una enseñanza con características más peculiares, en definitiva, más personalizada. Un niño de 1.º de ESO, recién llegado del colegio, tiene once o doce profesores diferentes para cada una de las asignaturas que cursa. Es un disparate ese constante entrar y salir de educadores a lo largo de la mañana en un aula. Algo completamente inadecuado para la formación de un alumno con tan solo once o doce años. En FP ese número de profesores se reduce a la mitad.

Conocer estos aspectos de la FP nos ha permitido al resto de los profesores de otras etapas aprender de sus procedimientos y de su método educativo. Siempre he percibido en estos estudiantes, cuando terminaban su formación, un agradecimiento especial y un cariño sincero por sus maestros. Saben que estos los han convertido en nuevos profesionales y que les han abierto las puertas a un mañana —por fin mañanamos— con empleo y lo que ello conlleva. Además, su labor continúa incluso cada semana con los seguimientos individuales en los periodos de prácticas de sus alumnos en hospitales, clínicas, farmacias, residencias y empresas, donde completan sus estudios gracias a los convenios que firma el instituto con esas entidades.

Los mayores ejemplos de esfuerzo y sacrificio los he visto siempre entre los estudiantes de FP. A veces, a temprana edad, estos asumen numerosas cargas familiares: cuidan de abuelos, familiares enfermos o varios hijos, y, además, batallan por estudiar mientras luchan con enfermedades complejas, viven situaciones laborales humillantes o han huido de países donde sufrieron tratos vejatorios. El estudio se convierte en una ventana abierta hacia un porvenir esperanzador. Las profesoras no realizan solo una tarea docente, sino también social y humana con jóvenes que han sido vapuleados por la vida apenas se iniciaban en el vivir.

El gran logro de la FP consiste en que es una enseñanza eminentemente práctica. La FP, decíamos, son las manos. Adiestrarse en una profesión y ejecutarla con manos certeras. La convivencia estrecha con un menor número de profesores es otro de sus éxitos. Quizá en otras enseñanzas deberíamos reproducir estas certezas educativas: la cercanía y la comunicación permanente entre profesoras y alumnos, y su carácter experimental. En nuestro caso resultó muy fácil porque convivíamos en el mismo centro profesores de FP, ESO y bachillerato. Sin embargo, hace años se optó por separar en centros específicos las enseñanzas de FP. Creo que otros no se han podido beneficiar de la rica experiencia docente que atesoraban los ciclos formativos. La enseñanza debe tender a un aprendizaje menos memorístico y más práctico. Las horas en los laboratorios y la estancia en los centros de trabajo tendrían que ser habituales también en la ESO y bachillerato.

Algunos alumnos, tras completar un ciclo de grado superior, acceden a la universidad. Saben que la nota media de su expediente en el ciclo cursado equivale a la fase general de la EvAU. Por ello, se presentan solo a dos asignaturas optativas para incrementar su calificación global y superar así las elevadas notas de acceso a ciertas carreras muy demandadas. Esta pasarela entre la FP y la universidad permite a los jóvenes progresar en sus inclinaciones hacia una profesión. Nuestras mejores innovaciones educativas vinieron inspiradas por la FP.

Este modelo de acuerdos y método de aprendizaje eminentemente práctico alentaron nuestro Bachillerato de Investigación. Comprobé que la teoría solo cobraba sentido pleno al enfrentarse al ejercicio de su vocación. Había que aproximar ese espíritu experimental a las otras etapas educativas. También trasladamos la misma fórmula de las prácticas externas de FP a los trabajos de investigación de los alumnos de bachillerato en universidades y centros de investigación. Fue un acierto pleno.

La mano es símbolo del hombre y expresión de su voluntad. Desde el Paleolítico, en que fueron pintadas en cuevas rupestres, hasta hoy han sido motivo de culto. La mano es el instrumento con que el ser humano vencía a la naturaleza. La FP es una forma de recobrar el sentido originario del hombre. Hoy ofrece a la juventud encontrar una victoria de vida. Manos manchadas siempre de honradez, esfuerzo y dignidad.

VIII
Pájaros

22

Hacia una enseñanza universal

Estando solita en casa una tarde cogí un lápiz, una
cuartilla y empecé a esbozar un diccionario.

María Moliner

Siempre se obsesiona uno con lo que no tuvo o no alcanzó a lo largo
de sus días. E intenta, de manera instintiva, evitar a sus hijos y alumnos
esas mismas frustraciones. Aunque, como cantaba Serrat, «se las vamos
transmitiendo con la leche templada y en cada canción». En mi caso,
a pesar de remontar muchas adversidades en mi devenir académico,
nunca superé la del idioma. No aprendí bien inglés, tan solo un tibio
francés. Los idiomas se convirtieron en la asignatura pendiente de mi
vida. Quizá mi ignorancia en lenguas extranjeras incentivó mis estudios de Lengua y Literatura Castellana hasta doctorarme en Filología
Hispánica, pero sin hablar palabra de inglés. Es decir, me convertí tan
solo en un semianalfabeto universal. Durante mi infancia y juventud,
a finales de los setenta y comienzos de los ochenta, aprender idiomas
en Vallecas era una quimera. Apenas cursábamos dos horas semanales
de francés en la escuela. No existían academias y nadie enseñaba inglés, porque tampoco nadie lo hablaba. Por nuestras calles de arrabal
jamás caminó ningún extranjero con quien comunicarnos. Viajar
fuera de España era tan inverosímil que no entraba ni siquiera en la
categoría de sueño. A veces, en televisión, veíamos que aquello que
estudiábamos en clase de Geografía e Historia debía de existir en un
más allá que no intuíamos.

Los estudiantes de suburbio crecimos siempre con esa rémora internacional. Nos preocupaba más, en cambio, descubrir nuevos autores y libros singulares, siempre traducidos. Después, ya como profesor y también como padre, procuré que los niños estudiaran otras lenguas y conocieran otros países. Se aprende de lo distinto, no de lo igual.

Cada uno guarda sus propios fantasmas con doble llave, que solo muestra en ocasiones especiales. Como esta. Cuando todavía era un joven profesor e investigador, recibí una fantástica propuesta de mi amigo hispanista Michael Predmore, jefe del departamento de Español y Portugués en la Universidad de Stanford (una de las diez mejores del mundo), para que dictara un monográfico sobre JRJ a estudiantes de posgrado. Aquello presagiaba un giro notable en mi rumbo profesional. Sin embargo, todo se derrumbó cuando el comité de selección exigió que el curso se impartiera en inglés a pesar de que se explicara poesía española. Si bien mis progresos con el idioma me animaban, aún estaban lejos de los niveles exigibles para enseñar durante un semestre en la lengua de Whitman. Ese día acabó sin haberse iniciado mi andanza universitaria en Estados Unidos. Corroboré que el sueño americano solo se soñaba en inglés. Otra constatación más de que los límites del mundo son las lenguas. No había manera de atravesar aquella puerta infranqueable del idioma. Uno asume sus carencias. Por ello, como director incentivé precisamente los intercambios escolares con otros países y otros idiomas.

Para evidenciarlo sustituí aquella vieja mesa camilla verde con macetas que daba la bienvenida al centro por las banderas de cada país con el que establecíamos un intercambio. Mi obsesión ondeaba en la entrada. Aquel cambio simbolizaba la nueva orientación educativa de Las Musas, testimonio de la vertiente internacional de mi modelo. El mensaje visual con que se recibía a alumnos y familias recalcaba la trascendencia de una formación universal sin fronteras.

Hoy ya existen muchas escuelas que incorporan los intercambios como una de sus principales actividades. Pero en 2015 el instituto apenas contaba con viajes internacionales. Tímidamente y de manera esporádica, se realizó alguno a Francia. Tan solo el profesor de Arte, Manuel Torremocha, recorría con sus alumnos el románico palentino o los llevaba a conocer el Museo Guggenheim en Bilbao. Al frente de la dirección impulsé estas experiencias hasta convertirlas en un rasgo distintivo de Las Musas. Fue una forma fundamental de avanzar hacia esa educación a la que aspiraba. El programa de enseñanza universal basado en la ciencia y la investigación se reforzó con esa orientación cosmopolita de los viajes de estudios e intercambios. Estos permitieron a los musos un contacto directo con otras prestigiosas escuelas extranjeras, donde entablaron amistad con chicos de su edad y fortalecieron sus habilidades sociales y lingüísticas en inglés, francés o alemán.

Al ampliar estas salidas a lugares tan alejados se suscitó un interesante debate en el claustro acerca de si un instituto público debía promover intercambios con escuelas tan remotas, ya que no todas las familias podían asumir los costes de los vuelos. ¿Debíamos circunscribirnos solo a recorrer España? ¿Era aconsejable abrir una ventana al mundo en una escuela pública? ¿O teníamos que renunciar a esa tarea y dejar que la acometieran otros centros de renombre? A veces, en esas discusiones me recogía en mí mismo y recordaba cuánto me hubiera gustado haber convivido en mi juventud con estudiantes de otras nacionalidades dentro y fuera del instituto durante unos días. Me habría parecido un privilegio y una motivación extraordinarios para percibir la dimensión de dominar otro idioma. Durante mis años como director siempre acepté e incentivé la estancia temporal de alumnos de países como Suiza, Bélgica, Estados Unidos, Italia, etc., en nuestras aulas para favorecer el contacto de los alumnos de San Blas con otras lenguas.

La solución final fue conjugar viajes domésticos con otros más cosmopolitas para dar oportunidad a la mayoría de los niños de vivir esas experiencias. Afortunadamente, los vuelos durante la década anterior a la COVID se abarataron mucho por la irrupción de las compañías de bajo coste. Sin embargo, el debate seguía vivo. En Francia, supimos que limitaban el precio de ciertas actividades escolares para evitar agravios. Al final, optamos por desplegar un abanico amplio de posibilidades, tanto de estudio como de intercambios y de programas educativos, que atendiesen a la diversidad de nuestro alumnado. Es decir, no perjudicar a nadie y que todos encontrasen su lugar y su momento.

Sin duda viajábamos en condiciones muy modestas y siempre supeditamos los destinos a encontrar las fechas idóneas con mayores descuentos y mejores precios. Emplear la fórmula del intercambio escolar redujo los gastos sustancialmente. Incluso averiguamos los medios para que nuestros musos viajaran de manera gratuita. Sí, la UE concede en cada legislatura a sus europarlamentarios la potestad de trasladar a cincuenta compatriotas suyos para que conozcan las instituciones europeas. El presupuesto comunitario costea vuelo y alojamiento durante varios días. Cada año, uno o dos grupos de 3.º y 4.º de ESO fueron invitados por europarlamentarios españoles de todos los partidos para visitar el Consejo y el Parlamento Europeo en Bruselas y Estrasburgo. Y, por supuesto, también aprovecharon para recorrer Brujas y Gante. Teodoro y Servando, nuestros europeístas profesores de Historia, eran allí más populares que la presidenta Ursula von der Leyen.

La mejor manera de conocer otro país es insertarse dentro de su sociedad. Mediante los intercambios, nuestros alumnos fueron acogidos por la familia de otro estudiante durante una semana o diez días. Esta convivencia les facilitó asimilar la vida diaria e interior de otra nación: comprender costumbres, pensamientos y cultura. Un paisaje es una lengua. Además, ofrecía el atractivo ahorro de contar con alojamiento y manutención a cargo de la familia anfitriona.

Diversificamos las salidas dentro y fuera de España. Se trataba de que todos los estudiantes descubrieran nuevas ciudades, otras culturas y convivieran con compañeros y profesores en ambientes alejados de su entorno habitual. Fue preciso brindar primero salidas a las Tablas de Daimiel, al Teatro Clásico de Almagro, a Moguer y la casa museo de JRJ, al Parque Nacional de Doñana, a la sierra de Guadarrama, a Atapuerca, a Benicàssim, a los Picos de Europa; recorrer la ruta del románico por Castilla y León; visitar Tudela, Ávila, Salamanca, Cuenca, Segovia o Toledo. Y después, o en paralelo, alcanzar otros destinos distantes como Grecia, Italia, Polonia, Austria, Hungría, etc.

Establecimos convenios de cooperación e intercambio con escuelas repartidas por Europa y América: Alemania, Francia, Reino Unido, Rusia, Canadá o Estados Unidos. No fue fácil encontrar directores y profesores extranjeros dispuestos a atreverse a ello. Hubo que aprovechar cada ocasión que se intuía o inventarlas. Recuerdo cómo, en el verano de 2015, recién nombrado director, disfruté de unas semanas junto a mi familia en Canadá. Acompañábamos a nuestra hija, musa ya universitaria, que había sido becada para estudiar el siguiente curso en la Universidad de Montreal. Recorrimos la costa este del país y nos adentramos por parques naturales espectaculares hasta las sobrecogedoras cataratas del Niágara. Soñé con que mis musos saborearan la grandiosa naturaleza de un país tan plural y abierto. A finales de agosto, antes de volver a España, me entrevisté con los directores de las dos escuelas principales de Montreal para proponerles una colaboración escolar. Con uno de ellos, el del espectacular Collège Stanislas, el entendimiento fue instantáneo y enseguida trabajamos durante meses hasta hacer posible un imposible. Desde 2016, salvo durante la pandemia, alrededor de doscientos alumnos de 4.º de ESO y once profesores participaron en este maravilloso intercambio.[33] Volaban a Montreal y se hospedaban en francés o inglés en las casas de los alumnos canadienses. Conversaron con un país dinámico y pasearon o navegaron por Quebec, Ottawa o Toronto hasta llegar al Niágara. Al otro lado del océano, los recibía la profesora canadiense Sophie, quien fue siempre nuestra guía y valedora con su trabajo inestimable.

Estas actividades enriquecían cultural, humana y académicamente a los alumnos, que consolidaron aprendizajes además de disfrutar de vivencias imborrables en su memoria. Acostumbramos a nuestros musos a otros ambientes educativos en liceos, *high schools* y *collèges* de diferentes países. Aquellas experiencias facilitaron que después, en su siguiente etapa, solicitaran becas Erasmus o internacionales para continuar sus estudios en universidades europeas y americanas. Tantos exmusos tuvimos repartidos por distintas ciudades de Europa y América que creamos la página *Musos por el Mundo* para seguirlos por internet. Cuando preguntábamos a algunos qué hacían en lugares tan alejados o insólitos, nos respondían con ironía que su instituto era el culpable por haberles inculcado ese espíritu estudiantil tan nómada. En aquellos momentos sentía, estremecido, que su escuela de San Blas ciertamente les había ampliado los límites de sus vidas.

En pocos años inauguramos en el barrio una azotea abierta al infinito. En todos los cursos de la ESO y de bachillerato, así como en FP, ofrecimos a los estudiantes viajes e intercambios con países y destinos poco frecuentes en la educación española. Sí, también en esto fuimos a contracorriente. Nunca viajamos a Roma o París, dos capitales preferentes para cualquier otra escuela, pero fáciles de visitar por los propios alumnos en años posteriores. En cambio, propusimos rutas diferentes a las acostumbradas: Creta, Montreal, Moscú, Berlín, Salzburgo, Quito, Auschwitz…, para que pisaran y sintieran de un modo vivo y profundo los escenarios donde sucedieron grandes acontecimientos históricos o culturales.

Trazamos un plan minucioso de salidas e intercambios. Así, en 1.º de ESO establecimos una inmersión lingüística en un colegio inglés en Suffolk (Inglaterra). En 2.º de ESO los niños se iniciaban en los intercambios con colegios en zonas rurales al sur de Francia: Collège Saint-Exupéry en Bram, en Gordon o en Muret (Francia). En 3.º de ESO, un inusual intercambio con el Colegio Miguel de Cervantes, en Moscú. En 4.º de ESO dimos el salto a América hasta el Collège Stanislas, en Montreal, y varios viajes al Parlamento Europeo por Bruselas, Brujas y Gante. En 1.º de Bachillerato nos hermanamos con Harvard High School en Chicago, con escala en un albergue en Nueva York, y con el instituto Luise-Büchner-Schule, en Freudenstadt (Alemania).

En 2.º de Bachillerato huimos del clásico viaje de fin de curso tras concluir la EvAU. Lo convertimos en un viaje *de estudios* y a mitad de curso. Como de costumbre, nuestro planteamiento sorprendía sobremanera a las familias y a los profesores de muchos otros centros. Diseñamos cada año un itinerario diferente por Europa con una finalidad educativa concreta y justo antes de Semana Santa, en marzo o abril. Fechas e intención causaron extrañeza en un curso que en todas las escuelas se vive con la excesiva presión de la EvAU. Esta salida al comienzo de la tercera evaluación suponía un saludable paréntesis. No se trataba de una festiva excursión de celebración tras cerrar una etapa educativa, sino de un viaje de estudios fuera de España en el cual los alumnos cumplían un programa con actividades, visitas, asistían a explicaciones y elaboraban sus propios materiales. La convivencia durante una semana, año tras año, se convirtió en uno de los factores más dinamizadores y certeros para afianzar esa relación de confianza y respeto mutuos que buscábamos. Los alumnos hacían grupo y amistad de verdad.

El humanismo que reivindicábamos se concretaba en encuentros como estos. Las conversaciones más variadas y distendidas entre profesores y estudiantes en lugares tan diferentes y alejados de las aulas cotidianas permitieron un acercamiento que humanizaba la enseñanza. El conocimiento recíproco redundó en un compromiso en el que unos y otros depositaron su esperanza. Cuántas veces escuché a los alumnos que no defraudarían a esos profesores a los que admiraban porque se habían desvivido por ellos en momentos de inquietud o angustia. También estos descubrieron en sus pupilos habilidades y facetas ignoradas, y sopesaban los impedimentos que afrontaban algunos antes de juzgar sus resultados.

Grupos de unos setenta u ochenta alumnos con sus profesores transitaron cada curso, en sucesivas incursiones, por ciudades y países diversos: Atenas, Peloponeso, Creta (2013); Varsovia, Praga, Viena, Múnich, Salzburgo (2014); Mantua, Verona, Milán, Pisa, Padua, Florencia, Venecia, Bérgamo (2015); el Danubio por Visegrado, Szentendre, Budapest, Bratislava y Viena (2016); Pella, Vergina, Olinto, Tesalónica, Tesalia, Meteora y Atenas (2017); Nápoles, Pompeya y Herculano y la cima del Vesubio, Sorrento, Capri y la costa amalfitana (2018); Atenas y el Peloponeso: Nauplia, Micenas, Epidauro, Tirinto, Olimpia y Delfos (2019); Berlín y Potsdam (2023); Bruselas, Brujas y Gante (2024). También completamos, como ya se contó, cuatro expediciones a la selva de la Amazonía ecuatoriana (2018-2023).

Las innovaciones que impulsamos afianzaban ese espíritu dinámico y emprendedor que se vivía en Las Musas. Potenciamos el aprendizaje de idiomas, además de dar una dimensión universal a la educación también en FP.

El programa Erasmus+ de la UE permitió a los alumnos de FP de grado medio de Administración y Gestión completar sus estudios con la realización de su periodo de prácticas en diversas empresas en lugares de Europa como Malta, Milán y Lituania; y a los de la familia de Sanidad (Cuidados Auxiliares de Enfermería y Laboratorio Clínico) en un hospital en Vasto (Italia), acompañados por sus profesoras. La obtención por parte de Las Musas de la Carta Erasmus de Educación Superior

(ECHE) para el periodo 2021-2027 amplió la participación en este programa a los alumnos de los ciclos de grado superior. Alguno incluso, tras esas prácticas en Malta, halló allí trabajo y residencia. La sólida preparación profesional que recibieron nuestros musos les permitió encontrar un nuevo rumbo de vida, un destino distinto.

Las cúpulas de Moscú

Las oportunidades se aprovechan en cuanto se huelen y aún sin verlas. Una mañana, Conchi Martín, una profesora recién incorporada a nuestro claustro, entró en mi despacho a solicitar un permiso para acudir a un curso especial de lengua rusa. En su adolescencia había estudiado en Moscú con una beca y añoraba trazar esos fascinantes caracteres cirílicos. A los pocos días, le entregué la autorización firmada y mi propuesta de iniciar un intercambio con una escuela de Rusia. Aún recuerdo su cara de estupor y al mismo tiempo de alegría al pensar que ella podría acompañar a sus alumnos a revivir su propia experiencia educativa en aquel país. Acordamos que yo redactaría una carta y ella la traduciría al ruso para enviarla a varios colegios de Moscú y San Petersburgo.

Aguardamos varias semanas una contestación que no llegaba. La profesora insistía en que aquella idea era descabellada. Pero, más tarde, recibimos la ansiada respuesta en la que el centro más veterano de Moscú accedía a nuestros deseos. El magnífico Colegio Miguel de Cervantes. Se inició así la colaboración escolar más atrevida jamás imaginada. Consideré que los alumnos de 3.º de ESO contaban con la edad idónea para soñar con las cúpulas de San Nicolás. Desde entonces viajaron en dos ocasiones, siempre en diciembre, para dejar su huella española sobre la nieve moscovita durante una semana. Una huella que perdurará durante años en su recuerdo. Acudían al teatro, al ballet, patinaban sobre hielo en la Plaza Roja y se hermanaban con sus amigos moscovitas.

Antes de viajar comuniqué a la embajada de España en Rusia que una escuela de San Blas visitaría Moscú. El embajador Fernando Valderrama, inteligente e intuitivo, entendió que semejante audacia educativa merecía un respaldo diplomático y un conocimiento más pormenorizado. Enseguida nos emplazó a visitarlo en la embajada para mantener un cálido encuentro con todos los niños, a los que saludó uno por uno y con los que se fotografió gustoso. Destacó que nunca ninguna escuela española había llegado hasta allí. Éramos los primeros, y se mostraba feliz por recibir a nuestros musos en audiencia dentro de la cancillería. Ese diplomático sabía sembrar.

Recuerdo que a una niña de ojos azules y algo tímida le preguntó:

—¿Cómo te imaginabas tú a un embajador?

—Pues —contestó con voz entrecortada— con una taza de té y moviendo así la cucharita. —Mientras hacía el gesto con sus delgados dedos. Todos reímos con ese diálogo entre niña y embajador. En el recuerdo de aquel viaje junto a la nieve y las cúpulas de Moscú esta alumna añadió a su mochila haber conversado con la alta diplomacia.

En el segundo viaje a Moscú, se incorporó una alumna de 2.º de Bachillerato, Leire L. A., para completar su investigación «Combatientes por la libertad. Marinos exiliados». Quería reconstruir las vidas de tres marinos españoles que lucharon primero en la guerra civil española y años después murieron en Rusia en el exilio combatiendo el nazismo por las llanuras de Ucrania durante la Segunda Guerra Mundial. Necesitaba documentarse y me pidió viajar con el resto de los alumnos de 3.º de ESO hasta Moscú para investigar, con la ayuda de los profesores rusos, en los archivos militares que allí se conservaban acerca de la unidad en la que sirvieron, dónde batallaron y otros detalles importantes de las vidas de aquellos españoles. A su regreso, tras las vacaciones de Navidad, expuso su investigación ante sus compañeros. Aproveché que justo aquel día nos visitaba la alcaldesa Manuela Carmena, que nada de esto sabía, para que presidiera el tribunal que juzgaría aquel trabajo de investigación. Aún no sé qué le impresionó más, si la investigación, si la estudiante, si el viaje de los alumnos a Moscú o el espíritu innovador de Las Musas. Sé que abría los ojos y repetía, una y otra vez: «Es increíble, es increíble».

Sin embargo, la guerra lo ha destrozado todo. Diez días antes de que los niños moscovitas volaran en su segundo intercambio hacia Madrid, el Gobierno ruso decretó que todas las actividades escolares

en el extranjero quedaban suspendidas. Aún mantenemos un tími-
do contacto con las profesoras rusas, pues la prudencia aconseja que
por motivos obvios se muestren reservadas y cautas en sus comuni-
caciones.

Esta valiente cooperación entre escuelas quedó suspendida *sine
die* y mucho nos tememos que será casi imposible durante un buen
tiempo recuperarla. No solo para nosotros, sino para cualquier otro
osado centro educativo de nuestro país. Nuestro intercambio quedará
como un hito en favor del entendimiento, el conocimiento mutuo y
la cooperación entre niños de dos naciones muy alejadas, pero profundamente similares en sus enormes diferencias.

Por toda esta firme vocación europea de viajes e intercambios
con diversos países europeos, Las Musas fue distinguida como Escuela Embajadora del Parlamento Europeo (2019-2022). Durante años
hemos destacado la relevancia de los objetivos de la UE, hemos difundido las actividades de su Parlamento y el funcionamiento de la democracia parlamentaria europea entre los jóvenes. Después, Las
Musas pasó a convertirse en Escuela Mentora (2022-2024) de otros
institutos que se incorporaban a este programa europeo.

Coordinados por Teodoro Fernández, el profesor más volunta-
rioso y europeísta, los ciento cinco alumnos, embajadores júniores,
junto con sus profesores, embajadores séniores,[34] se encargaron de informar a los demás estudiantes sobre qué es la ciudadanía europea,
qué significa la UE en la vida cotidiana y cómo diseñar un futuro para
la Europa que deseamos. A esta labor también contribuyeron varios
europarlamentarios españoles de diferentes partidos que, con enorme
generosidad, acudieron a Las Musas para conversar con los estudiantes.[35] Un pasaporte de nacionalidad musa recogía con sellos y pegatinas todas las actividades de los embajadores en cada año. En enero
de 2023, Europa premió a Las Musas por el trabajo desarrollado durante el curso anterior entre las más de cien escuelas que participaron
en el programa Euroscola. Veinticinco alumnos fueron invitados a
viajar, acompañados por dos profesores y el periodista Jacobo García,
de *El País*, hasta el Parlamento en Estrasburgo para debatir junto con
otros quinientos estudiantes europeos sobre las noticias falsas en una
sesión en el hemiciclo europeo. Días después, *El País* (29 de enero

de 2023) publicó el artículo «Una escuela pública de Madrid lleva a Europa sus preocupaciones: desinformación y cambio climático».

Tres años antes, se había producido una llamada telefónica que cobró un significado especial para el instituto y el barrio. Recibimos una amable invitación del ministro del Interior para participar el 11 de marzo en el Día Europeo de las Víctimas del Terrorismo, que se celebraba en los jardines del Campo del Moro del Palacio Real de Madrid. En realidad, se nos pedía que dos alumnos, un niño y una niña, nacidos ese mismo día de los atentados de Atocha (2004), leyeran el preámbulo y el primer artículo de la Declaración Universal de los Derechos Humanos delante de los reyes de España, de las máximas autoridades europeas, del Gobierno de España, de los presidentes autonómicos, etc.

Un honor, sin duda, pero también una gran responsabilidad para dos niños que ese día cumplían dieciséis años. La fecha determinó quiénes serían los designados. No hubo, pues, elección posible. Leyeron de manera impecable los textos. Al finalizar el acto, a unos metros de distancia, presencié discretamente cómo los dos musos, vestidos con vaqueros y zapatillas, fueron felicitados por los reyes y el presidente de Gobierno. Después se acercaron los altos responsables de la UE, con los que hablaron perfectamente, tanto en inglés como en francés. Mientras observaba la escena, bajo una primavera que ya principiaba en aquellos árboles majestuosos, sonreía lingüísticamente. Le tarareé a mi lado al jefe de estudios una mítica melodía:

—Manolo, ¿te acuerdas de esta canción de Bob Dylan?

—Claro. Esa es «Los tiempos están cambiando».

—Sí, «The Times They Are a-Changin'», también para los chicos de barrio.

23

Musas olímpicas

No importa lo lejos que estés de mí. Te alcanzaré.
Esa es la mentalidad con la que voy a llegar.

Usain Bolt

Cuando el Atlético de Madrid se mudó al estadio Metropolitano en San Blas, a unos escasos quinientos metros de Las Musas, consideré que lo apropiado, como instituto veterano, era darle la bienvenida al barrio al nuevo vecino recién llegado. Envié un saludo deportivo a su presidente, Enrique Cerezo, con carta de matasellos. Enseguida, respondieron agradecidos e inauguramos una temporada de meriendas vecinales y desayunos con pastas en encuentros de ida y vuelta, que nos permitieron amigarnos olímpicamente. Algunos directivos se sorprendieron al visitar nuestra enseñanza acristalada y nosotros saltamos a su césped a golear al destino. También examinamos salas, piscinas, palco y vestuarios de un moderno estadio.

Pronto supimos de la inminente demolición del viejo Vicente Calderón. Y antes de que lo derrumbaran definitivamente, le pedimos a nuestro vecino, el *Aleti*, cuatrocientas butacas de su Manzanares para las gradas de nuestro campo de fútbol sala y baloncesto. Accedieron encantados, pues les ilusionaba conservar un minicalderón tan próximo al nuevo Metropolitano. Nosotros también aportamos lo nuestro. No se crea… Pues en aquellos años el *cholismo* alineaba a Mario Hermoso, alumno de Las Musas durante bastantes cursos, como defensa central de los colchoneros. Luego también fue internacional con la selección española. Aquella temporada 2020-2021, en que Las Musas defendió el área rojiblanca con las botas de Mario, el *Aleti* ganó el campeonato de Liga gracias a ser el equipo con menos goles encajados. ¡Un muso es un muso! Y la vecindad es eso, entendimiento y cooperación. Sí, querido lector, Las Musas es una sucesión de sorpresas permanente.

Con el nuevo graderío ya instalado, cuatrocientas butacas atornilladas una a una, las pistas deportivas entonces deslucían mucho. Explicamos a la Consejería que contábamos con unas gradas de Champions, pero con un campo de tercera regional, lleno de agujeros y grietas que provocaban frecuentes lesiones de torceduras y esguinces entre los alumnos. En un par de años (2022), el número de partes de lesiones aumentó hasta convencer, por fin, a otra Consejería, la de Deportes, sobre la necesidad de renovar por completo unas pistas de deporte con más de cuarenta años de campeonatos. Las mismas pistas de cuando se celebraron los Juegos Olímpicos de Moscú, allá por 1980, o el Mundial de fútbol de Argentina, en 1978.

Nunca sospecha uno que una gentileza comunitaria de tú me das y yo te presto acabe en un beneficio tan evidente para los estudiantes. Pero así fue. Son esas minucias singulares como la sal o la cebolla que se intercambian los buenos vecinos a diario en cada barrio. ¡Aúpa siempre la camaradería! Partido a partido fuimos mejorando. La fórmula se repetía: primero se renovaron el campo y las gradas, después llegaron títulos y trofeos de una amistad ya imborrable entre alumnos y profesores.

Y de nuevo volvimos a desconcertar a todos al destinar esas dos nuevas pistas remodeladas para fomentar el deporte preferentemente femenino. Había que ofrecer una actividad física de equipo para que las niñas se atrevieran a participar en entrenamientos y competiciones municipales. Hasta entonces, muchas se mostraban reacias a ejercitarse en un deporte al aire libre. Pero pronto triunfaron los equipos femeninos de voleibol de distintas edades. Logramos que más de cien niñas participasen en varias competiciones. Cada temporada, alguno de nuestros equipos femeninos siempre cosechaba un título, un ascenso. Una alegría que celebrábamos todos. Nunca se sabe lo lejos que llegarán. La exmusa Gema Pascual, subcampeona del mundo del ciclismo, es hoy la seleccionadora nacional de ciclismo femenino.

Lo habitual en los patios escolares es jugar al fútbol casi de manera exclusiva. Fieles a nuestro estilo de ir a contracorriente, consideramos que no era necesario incentivar aún más este deporte. Su divulgación es más que sobrada, y sustituimos el balón de fútbol por otras variedades de pelota, para que los jóvenes se iniciasen en actividades menos populares como el voleibol, el béisbol, el baloncesto, el tenis de mesa o la defensa personal. Incluso impulsamos el piragüismo. Niños y niñas remaban en la ría del parque Juan Carlos I, próximo al instituto. Nosotros también remontábamos río arriba la incorporación del deporte en la educación escolar. Una tarea de titanes.

Como nuestro gimnasio era impracticable por sus dimensiones ridículas, apenas servía para almacenar colchonetas y dos mesas de pimpón. Intentamos que el Ayuntamiento nos cediera durante unas horas el uso de parte del pabellón cubierto del polideportivo municipal situado frente al instituto. Sin embargo, chocamos una vez más con el muro de la burocracia. Fue imposible que la empresa adjudicataria del polideportivo permitiera a nuestros estudiantes entrar en sus instalaciones un par de mañanas, a pesar de que estuvieran vacías. No hubo forma. A mí me asombraba que en otros países los ayuntamientos construyeran piscinas cubiertas y pabellones de deporte junto a los colegios para uso de sus estudiantes. Como comprobé en Alemania, Canadá, Dinamarca o Francia. El Lycée Corneille de Versalles (París) contaba, además de la piscina municipal, con un campo de rugby y pistas de atletismo para disfrute de los alumnos por las mañanas en horario lectivo. Por las tardes, se abría también al público y a diferentes equipos. Lo lógico y razonable, aquí en España, resulta impensable. Conseguí que varias autoridades de la Administración municipal y autonómica visitaran nuestro gimnasio, pero nada más. Fue imposible un acuerdo o entendimiento con esa empresa que mostraba un contrato y un pliego de condiciones más fuerte y sólido que el muro de Berlín. Alumnos y profesores musos no podían cruzar al otro lado de ese muro de Madrid para hacer deporte.

Aproveché esa cercanía con las reuniones que mantuve con la concejala del distrito, Marta L., para que un día presenciara con sus propios ojos el caos que suponía a la salida del instituto que los mil quinientos alumnos de Las Musas transitaran por unas diminutas aceras de un metro de ancho, sin vallas de protección, con vehículos subidos sobre las aceras y sin apenas señalización escolar. Aquellas navidades (2017) agrandó las aceras, quitó plazas de aparcamiento, colocó vallas protectoras, señales de tráfico y hasta nos permitió abrir una nueva entrada y salida de vehículos alejada de la puerta que hasta ese momento compartían coches y alumnos. Transformamos la derrota que nos infligió el polideportivo municipal en victoria de la seguridad vial para nuestros alumnos. Ganar y perder, como cualquier equipo. Perdíamos con la empresa del polideportivo, pero ganábamos con los grandes equipos de Champions.

También el Real Madrid quiso apoyar a Las Musas. No podía ser de otro modo. La profesora del colegio canadiense Stanislas, con el que habíamos iniciado entonces un fructífero intercambio, me expresó el deseo de sus alumnos por visitar el Museo del Prado, pero también el del Real Madrid. Conseguimos que vieran *Las meninas* y el Bernabéu. Me dirigí a Florentino Pérez, presidente del club, para que se sumara a este acto de hispanismo con los canadienses, facilitándoles la entrada a su museo y a su estadio. Y también para intentar firmar un acuerdo de colaboración por el que nuestros estudiantes del ciclo de Administración y Finanzas de FP realizasen el periodo de prácticas en sus oficinas.

Enseguida me llamó el director general del Real Madrid para que nos entrevistásemos en su despacho. Quería conocerme personalmente. Recuerdo un encuentro muy agradable con una persona inteligente y sensible. Entendió perfectamente, sin demasiadas explicaciones, que se trataba de una proyección internacional de idioma y cultura y que valía la pena apostar por ello. Además, coincidió con que el club había planificado realizar su próxima pretemporada en Canadá, según me dijo. Y se mostró especialmente interesado en apoyar nuestra iniciativa. Vio una manera de abanderar madridismo en Montreal (como dice mi suegra, yo nací con suerte para todo, hasta para la mujer. ¡Qué intuitiva ha sido siempre mi madre conyugal!).

Permitió a todos los alumnos, españoles y canadienses, acceder gratuitamente el museo. Y, además, nos obsequió con entradas para que los sesenta niños disfrutasen aquella misma tarde de un partido de la Liga en primera fila y a pie de césped. Hubo que improvisar una actividad extraescolar sobre la marcha. Le pedí al presidente de la AMPA, un aficionado del *Aleti*, que se sacrificase por la educación y me acompañase al Bernabéu para cuidar y vigilar a tanto niño.

Los rostros de felicidad y de incredulidad de los muchachos lo expresaron todo. Los canadienses regresaron pletóricos a su escuela en Montreal. Llevaban camisetas y fotografías de Ronaldo y compañía. Semanas después, su profesora, mi admirada amiga Sophie, me explicó muy contenta que se había desbordado la demanda por estudiar español para el siguiente curso. ¡Habíamos exportado hispanismo al otro lado del Atlántico, a seis mil kilómetros de Las Musas!

Un director está obligado a reivindicar el trabajo de sus docentes y la importancia de cuanto se hace dentro y fuera de las aulas, porque educar a menores es la mayor encomienda que recibimos de la sociedad. Quien comprende esto, y facilita y colabora en la difícil tarea de los maestros, ayuda decididamente al progreso de su país.

Siempre fijamos como prioridad fomentar el ocio saludable mediante el deporte al aire libre en entornos limpios y en contacto con la naturaleza. El binomio deporte-naturaleza es profundamente estimulante y enriquecedor para nuestro alumnado. Por ello, viajábamos con los alumnos de 4.º de ESO hasta Astún, para que practicasen esquí y *snowboard* en lo que denominamos la «semana blanca». Posteriormente, nos inventamos también una «semana verde», en el parque nacional de los Picos de Europa. Hicieron senderismo y espeleología en cuevas naturales o barrancos de Arriondas y en Ribadesella descendieron en canoa por el río Sella. El deporte se compaginaba con visitas a los lagos de Covadonga, Oviedo o Cangas de Onís. Y después, también pintamos una «semana de azul» en el Mediterráneo, para practicar deportes náuticos. En Benicàssim, los alumnos de 2.º y 3.º de ESO se iniciaron en vela, piragüismo, surf, *paddle-surf*, kayak, disciplinas poco habituales en el secarral de Madrid.

Pero, sin duda, lo más aclamado fueron aquellos memorables partidos de fútbol que celebrábamos los miércoles entre alumnos y profesores. Se convirtieron en mucho más que un clásico. En ellos, se constataba la cercanía y la camaradería de la educación en Las Musas. A pesar de la diferencia de edad, compartíamos durante unas horas la misma ilusión tras una pelota y eso otro, apenas imperceptible entonces, pero que calaba en el espíritu del instituto: la alegría de festejar juntos, estudiantes y profesores, la vida. Eran tardes irrepetibles en que los chavales te abrazaban con una sinceridad que aún perdura en la memoria. Éramos una decena de dioses pisando el paraíso.

Y aunque algunos no participaban en el juego, sí se divertían viendo los lances de sus profesores. Nada nos unía más que enfrentarnos en cada partido. Los goles, las derrotas, los regates, las caídas nos humanizaban ante sus ojos. ¡Cuánto agradecían los alumnos que sus profesores echásemos la tarde con ellos corriendo detrás de un balón hasta que los cuerpos aguantaban! Cada semana un equipo distinto de alumnos asumía el reto de ganar a los profesores, algo que pocas veces lograban…

A decir verdad, algunos éramos viejas glorias futbolísticas de esas de quien tuvo retuvo. Uno añoraba sus años mozos en los que vistió la camiseta del Rayo Vallecano en sus categorías juveniles. Cuando terminaba mis clases en el instituto Tirso de Molina, me cruzaba Madrid en metro para entrenar por las tardes en un campo de tierra en la avenida de Guadalajara, junto al poblado chabolista de «Los Focos», muy próximo a Las Musas. ¡Qué cosas! Mi juventud ya tanteaba aquellos barrios sin sospechar que un día serían mi destino. Los del Rayo éramos todos chavales con Vallecas en vena, luchadores, aunque mi juego era más técnico y habilidoso. El entrenador me asignaba las tareas de distribuir el juego y dirigir al equipo desde la posición de medio centro. Llevaba brazalete de capitán. Desde entonces ya apuntaba maneras de director, pero sin saber de qué.

Hasta que, por fin, lo descubrí de forma accidental, como se descubre siempre lo importante de una vida. Fue un día en que disputamos una final contra los juveniles del Real Madrid. Me tocó medirme en mi posición de centrocampista con un jugador formidable, sacado no sé de dónde, con quien batallé inútilmente. Me regateó por aquí y por allá. Todavía sueño con sus giros y quiebros imposibles. No olvidé ni su cara ni su nombre. Me volvió loco. Perdimos la final. Años más tarde, aquel chico, que formó parte de la famosa «Quinta del Buitre», se convirtió en el capitán del Real Madrid. Aquel día de mi adolescencia, un tal Manolo Sanchís me apeó del fútbol. Lo vi después con satisfacción levantar dos copas de Europa, mientras yo me prepa-

233

raba para intentar levantar la educación de un barrio. Cada nuevo triunfo de aquel formidable capitán madridista hizo que sintiera aquella derrota juvenil menos derrota y más victoria. Su significado se agrandaba con el paso de los años. A mis musos futboleros les encantaba escuchar estas y otras hazañas deportivas de su director.

Todo esto acrecentaba la fama del equipo de profesores y las ganas de los muchachos por vencernos. Disputábamos cada semana un partido con una clase diferente. Aquello era como cuando en la infancia nos pedíamos partido unos contra otros. Recuerdo goles, jugadas, agujetas y hasta alguna lesión leve, propia de una edad inapropiada para regatear a adolescentes.

Una tarde apareció la primera chica que quiso jugar. Me alegró su desparpajo deportivo y enseguida la vimos marcar el primer gol femenino. Lo cierto es que no lo hacía nada mal. Desde aquel día, ella y otras compañeras más se animaron a disputar el clásico de Las Musas. Afortunadamente, se convirtió en algo habitual. Incluso arrastraron con ellas a algunas de las profesoras más jóvenes. Al clásico futbolero se le añadió más tarde un nuevo clásico de voleibol entre profesores y alumnos. ¡Qué ambiente más agradable generaban esas tardes de fútbol, voleibol, escuela y amistad!

Deporte, deporte, deporte: ¡cómo no te voy a querer, si fuiste nuestro salvavidas una y otra vez!

24

Y llegó el último día como director

Y yo me iré; y estaré solo, sin hogar, sin árbol
verde, sin pozo blanco,
sin cielo azul y plácido...
Y se quedarán los pájaros cantando.

Juan Ramón Jiménez

Desde hacía ya tiempo me planteaba la idea de que algún día debería retirarme de la enseñanza. Llevaba treinta y seis cursos como docente. Y los diez últimos al frente de la dirección. Una vida entera dedicada a la educación. Era una decisión difícil en lo personal, pero necesaria para que otra generación de profesores emprendiera nuevos caminos.

Años atrás, comprendí que mi actividad de director en verso tenía que pasársela a otros más jóvenes. Inicié una serie de actuaciones y nombramientos encaminados a ese traspaso suave. Sin pronunciar una palabra, el mensaje resultaba revelador. Así, en silencio, entendí que había llegado el momento de marcharme, de ceder el testigo. Es ley de vida. Para no entorpecer la marcha del instituto, retrasé comunicarlo hasta finales de junio con el curso concluido. Sí, en el último claustro anunciaría mi despedida.

Una semana antes, celebramos que un muso alcanzó el segundo puesto en las pruebas de acceso a la universidad en la Comunidad de Madrid. Como ya había sucedido anteriormente, los medios de comunicación quisieron conversar con el alumno e indagar, a través de su director, en el secreto de una escuela que, año tras año, se aupaba

siempre hasta los primeros puestos. Una periodista avispada de *El País*
intuyó en mis palabras un final de ciclo y pidió entrevistarme transcurridos unos días. Acudió la mañana convenida con un fotógrafo
para escribir un reportaje sobre mi trayectoria docente. Acordamos
previamente mantener en secreto la noticia y que esta no se difundie-
ra hasta que yo comunicase mi decisión a los compañeros. Sin embargo, lo que son las cosas, el fotógrafo con quien apareció resultó ser el
padre de una alumna del instituto. La vida es un cúmulo de casuali-
dades. También le pedí discreción durante un tiempo.

Celebramos el claustro, como otras veces, al aire libre, en las atlé-
ticas gradas de las pistas deportivas. Sí, los claustros podían escuchar-
se a través de la megafonía del instituto, incluso desde la calle. No
conozco un caso educativo similar de transparencia. Nuestro distintivo hasta el final. Para el profesorado y el personal no docente, que
nada sospechaban de mi marcha, el anuncio fue un jarro de agua fría.
Lo vi en sus rostros. A duras penas logré acabar mi discurso con unos
versos de JRJ con los que concluía también una etapa de mi vida:
«Y yo me iré y se quedarán los pájaros cantando…». Alcé la mirada hacia las gradas y vi a todos mis colegas, puestos en pie, aplaudirme
largamente. Se me quebró la voz al intentar darles las gracias. Lloré,
y lloré como pocas veces me había sucedido. Se me agolparon emociones presentes y pasadas, recuerdos de niñez y adolescencia, amigos y compañeros, y la silueta de mis padres sonriendo tras una vela-
dura de fondo. Busqué amparo entre los árboles. Bajo sus ramas
verdecidas, recordaba cómo mi vida entera había transcurrido dentro
de un aula. Desde mi pupitre soñaba con aprender y ser algún día maestro; siendo maestro, imaginaba no saber nada para ser niño de nuevo.
Vinieron muchos inviernos y primaveras. Todo se refugia, todo enmu-
dece en el pasado. Ahora afrontaba mi último verano en Las Musas en
compañía de una acacia y una sombra hasta la fecha anunciada de mi
salida, un día de otoño del cual tenía ya el recuerdo, tal vez un jueves,
como fue.

Aún veía varios meses por delante para cerrar carpetas y pormenores, para despedirme con pausa uno por uno de todos los árboles
plantados, de cada compañero y de cada rincón plácido del instituto.
Recogía de mi despacho recuerdos, fotografías y los últimos libros de

literatura infantil y juvenil que me quedaban. Durante mis años como director, a la vuelta de vacaciones de Navidad, repartía libros entre los alumnos de 1.º de ESO que mejor hubieran contribuido a la convivencia en el aula y también a quienes más hubiesen destacado académicamente. Esa mañana entraban todos muy sorprendidos a mi despacho, guiados por la jefa de estudios Marta González, para recibir su ejemplar, en el que les dedicaba unas palabras de reconocimiento por su esfuerzo y aprovechamiento junto con un sello de agua de Las Musas impreso en la página. Los libros habían pertenecido a la biblioteca juvenil de mis hijos, que, ya universitarios, colaboraron a la causa musa como donantes. Era un acto simbólico que ilusionaba a los niños y que nada más llegar a casa mostraban orgullosos a sus padres. Las familias agradecían este gesto que reforzaba el ánimo de sus hijos. A estos les agradaba, años más tarde, ya en el bachillerato o la universidad, enseñarme la foto acreditativa de aquel momento. ¡Cómo crecían y cómo envejecía yo! Contemplé que ya no quedaban más que dos o tres ejemplares. Todos esos libros semilla habían sido esparcidos convenientemente.

En esas estaba cuando una cálida mañana de julio Pepa Bueno, directora de *El País*, quiso conocer con detalle qué era y qué hacía ese instituto que tanto se prodigaba en los medios, incluido el suyo. Nos citamos en su despacho. Acudí caminando hasta la sede del periódico, muy próxima a Las Musas. Mantuvimos una larga y amena conversación sobre educación en los tiempos actuales y pasados. Coincidíamos en unos orígenes similares de escuelas precarias ubicadas en pisos de vecinos, pues ambos proveníamos de familias con escasos medios económicos y culturales. Pertenecemos a una misma generación formada y educada por aquellos profesores entusiastas de la Transición democrática.

Sin embargo, confirmé con ella que a los profesionales de ese tiempo nunca nos había gustado hablar de nuestros orígenes y menos aún en el ámbito laboral, donde rara vez hemos aireado un sencillo paso por destartaladas escuelas e institutos de pueblos pobres o barriadas. Quizá no buscábamos excusa en esta circunstancia a nuestros errores o limitaciones. Había que estar a la altura de los mejores, independientemente de nuestras raíces. Nadie disculparía nada o ni siquiera entendería cualquier carencia o fallo, por no exhibir previamente un máster en Estados Unidos. Esa sí es una buena defensa cuando las cosas no salen a pedir de boca. Por ello, había que ocultar una formación humilde para que no sirviera de argumento arrojadizo a nuestros críticos o enemigos.

Fue agradable dialogar con Pepa Bueno, una mujer inteligente que escuchó con atención e interés las vicisitudes y experiencias de un director de instituto en retirada. Nos deseamos suerte mutuamente, pues compartíamos no solo un pasado similar, sino también un presente en el que educar, formar e informar era nuestra tarea diaria.

Mientras regresaba a Las Musas meditaba sobre los orígenes y los apellidos. Me acordé entonces de cómo hacía tiempo coincidí una tarde en plena calle con un periodista del *famoseo*, que sentía una especial inquina por la reina Letizia Ortiz. Mantuvimos una breve charla sobre cuestiones intrascendentes de actualidad, pero enseguida se enredaba en sus críticas a la reina. Hasta que soltó a bocajarro:

—¡Ya me dirá usted qué se puede esperar de la hija de un taxista! —mientras abría los ojos y avanzaba el mentón pidiendo un gesto o una exclamación de aprobación que no obtuvo. No me molesté en aclararle mis ascendientes ni tampoco su bajeza moral, ni en explicarle que algunos de mis alumnos más brillantes eran hijos de taxistas. ¿Para qué? Nos despedimos sin más. Él con su abrigo largo de paño se perdió entre casas decimonónicas y yo me adentré en el Retiro a respirar aire puro bajo un sol de invierno. Había conocido a los reyes de España una tarde en que me los presentó la directora de la Residencia de Estudiantes. Hablé sobre todo con la reina. También ella estudió en un instituto público, el Ramiro de Maeztu, pegado a la «Resi». Nos unía el amor por la poesía, la misma admiración por la de Antonio Colinas y una amistad común, su profesor de Literatura Jesús Vega. Cuando una mañana entró Jesús en la sala de profesores con la invitación a la boda real para él y un acompañante, y preguntó si alguien quería ser su pareja ese día, los profesores lo piropearon durante un mes; las profesoras lo invitaban a cafés y bollería fina; y las conserjes le sonreían con fotocopias instantáneas.

Otro director de una institución cultural de prestigio comentó en una reunión en la que se barajaba mi nombre como colaborador que «ese Expósito, lo primero que tendría que hacer era cambiarse el apellido». Lo único que nos ampara a tantos expósitos que crecimos sin padrinos es el trabajo impecable, bien hecho y unos resultados limpios, inmaculados. Aquel periodista del corazón o de la bilis no aceptaba como reina a una periodista de Rivas-Vaciamadrid y aquel otro a un investigador vallecano.

Quien posee un máster por Harvard lo exhibe en la primera línea de su currículum. Quien ha estudiado en las Vallecas o en los muchos San Blas de España lo oculta para que no se nos note lo lejano que queda nuestro origen. Ahora, en el final, reivindico esa lejanía como mérito o como el mejor máster posible. Confiere un temperamento y un sesgo muy definidos, por inusuales, de superación y de saber afrontar adversidades y carencias. Los chicos de barrio poseen un curioso don que han mamado desde niños, el de hacer de la necesidad virtud, eso que ningún doctorado enseña. La personalidad y el carácter que forja la vida de suburbio es un aprendizaje que sobrepasa y complementa a esa otra enseñanza superior universitaria. La pobreza agudiza la capacidad de decisión, se anticipa a los problemas y moldea individuos más resolutivos, pues solo los acompaña su soledad. En casa, a menudo, lo expresamos así: «A ese, le falta Vallecas en vena». Ninguna universidad empapa a los estudiantes de cualidades para un desempeño vital. Los saberes y másteres por sí solos no acaban con las dificultades. En la ejecución habilidosa, inteligente y emocional de decisiones y soluciones radica el éxito o el fracaso de cualquier actuación política, económica, social, educativa y así. La calle en los barrios de entonces educaba con una sencillez descarnada, sin titubeos. Calles como ríos que te empujaban a tomar una orientación de vida incluso antes de ser consciente de ello.

Pero mi tiempo ya pasó. Por primera vez, viviría un verano sin obras y sin las preocupaciones que siempre conlleva el cargo. Tampoco redactaría ninguna propuesta de renovación pedagógica. Durante mis diez cursos como director, siempre hubo remodelaciones, mejoras y cambios materiales e ideales en los veranos. En torno a las hogueras de San Juan, cuando quemaba el final del curso y salían los niños del instituto, entraban los obreros para arreglar un aula, un laboratorio o unos aseos, mientras en mi despacho meditaba la siguiente innovación.

Sin embargo, mi último verano en la dirección fue una zozobra continua. Las oxidadas tuberías del instituto reventaron hasta en cuatro ocasiones, provocando fugas de aguas imposibles de localizar. El Canal de Isabel II nos avisó una y otra vez de que el consumo de agua se disparaba y, cuando solucionábamos una avería, a la semana afloraba una nueva en otro conducto. Fue un sinvivir, obsesionado por los muchos metros cúbicos que se perdían por unas gastadas arterias de hierro muy deterioradas tras cuarenta y cinco años de circulación. Las indicaciones de los planos eran ensoñaciones que a veces coincidían con la realidad. Cambiamos llaves de paso, tuberías y desagües. Agua, agua y más agua. Con cierta sorna, una de las auxiliares me saludaba con un «buenos días» socarrón:

—¿No te das cuenta, director, de que el instituto llora ya por tu marcha?

—Ya veo que a ti también te cogió lo poético, María José.

Al final, en agosto, conseguí acabar con aquellos ríos de lágrimas del verano, quizá lágrimas de San Lorenzo. El largo llanto de Las Musas, según mis queridas conserjes.

Unos negaban que por sustituir muros por cristaleras la educación cambiase por completo; otros dudaban de que con una pedagogía poética se alcanzase la calidad educativa; muchos se ruborizaban si se hablaba de amar a los alumnos; pocos pensaban que la estética obrase una transformación tan sustancial en una escuela; la mayoría no creía que investigar fuese verosímil en secundaria y menos aún que diese semejantes frutos; algunos no aceptaban que la convivencia escolar mejorase cediendo el protagonismo a los mediadores; todos veían una locura viajar con adolescentes por la selva de la Amazonía, Canadá o Moscú… Sin embargo, esa fue nuestra osadía. Vivir, vivir la felicidad de una educación elevada era nuestro objetivo. A menudo, quienes nos visitaban se sorprendían de que llevásemos adelante proyectos de tanta envergadura y complejidad. Nos preguntaban una y otra vez cómo lo conseguíamos.

Lorenzo Sevilla, profesor de Matemáticas, explicó la naturaleza de Las Musas con la famosa paradoja del tablero de ajedrez y cómo fue posible aquella catarata de novedades en tan breve tiempo. Si se coloca un grano de trigo en la primera casilla, dijo, y se va duplicando el número de granos en cada cuadrado del tablero, al final se obtiene una cantidad de granos desorbitada, que nadie esperaría tras un primer cálculo intuitivo. Así sucedió en Las Musas: de manera exponencial se fueron multiplicando, no sumando, las acciones, las innovaciones, los intercambios y, en consecuencia, nuestro prestigio. Cada nuevo programa intensificaba y enriquecía a los anteriores. Y estimulaba al resto de los profesores, alumnos y familias. Todo era posible en Las Musas. El claustro, casi al completo, participaba, con mayor o menor grado de implicación, en alguna de las muchas iniciativas del centro. Creció así un espíritu transgresor en el que nos atrevíamos con cualquier imposible, porque disfrutábamos con los nuevos desafíos. Los niños y las familias nos impulsaban y esperaban más y más de su instituto. Lo extraordinario se convirtió en habitual.

La enseñanza es algo orgánico que cambia con el tiempo: la biología, la historia, la física. Incluso las fronteras se transforman, evolucionan y hasta desaparecen. En cambio, olvidamos educar el interior del ser humano con lo que le es propio y que siempre permanece: la belleza, la amistad, el amor, el paso del tiempo, la soledad, la enfermedad o la muerte. Apenas se estudia nada de ello en las aulas.

En una escuela y en la vida es preciso convivir a diario con la equivocación, aceptarla como algo natural de la existencia. Tolerarla, corregirla. Amo el defecto que humaniza. La perfección es siempre fría, es hielo que abrasa. Es solo la punta de un iceberg mayor. A veces, he pecado de buscar que todo funcionase correctamente y que no hubiera equivocaciones, descuidos, fallos, etc. Ese modo de vida lleva a no disfrutar de ciertos detalles, a no saborear el desacierto. Para superarlo, alguien me recomendó que detectase un error a mi alrededor y que no lo corrigiera, sino que lo admitiera con naturalidad y que lo protegiera. Así coloqué en un lugar bien visible del jardín, al menos para mí, un viejo banco desvencijado de maderas descoloridas y hierros oxidados. Lo llamé el banco de la imperfección. Fue durante años un buen sitio para reflexionar y sopesar decisiones o el humanismo educativo de Las Musas. Su soledad acompañó mis días más inciertos.

Y un jueves de octubre dejé definitivamente mis Musas. Recorrí por última vez sus pasillos, por fin luminosos, y repletos de alumnos que habían salido de sus aulas para despedir a su director. Gritos, algarabía, aplausos, mientras chocaba las manos de mis musos. Llevaba anudada al cuello la vieja corbata de mi padre y pensaba cuántos de ellos estudiarían en la universidad o quiénes serían profesores. Me miraban con aquella misma admiración con que yo contemplaba de niño el rostro de mi padre, un hombre sin estudios, pero de una calidad excepcional. Entre aquellos centenares de muchachos estaba Pablo. Un divertido alumno de bachillerato que meses atrás apareció con una camiseta estampada con tres líneas a modo de opciones. Las dos primeras sin marcar: «Soltero» y «Comprometido»; y la tercera, con una señal roja: «Secretamente enamorado de José Antonio Expósito». Después de impulsar el amor como el mejor cauce pedagógico, cómo no abrazar a un atrevido muchacho que ilustraba su pecho con el espíritu que yo tanto había proclamado. Las risas rebotaban contagiosas por paredes y puertas.

Todo fue una sucesión de saludos y besos de compañeros, excompañeros, estudiantes y familias, que me decían adiós cariñosamente allí en los jardines de Omar. Aquella mañana atendí una última llamada. Era la ministra de Educación, que me comunicaba que su ministerio había acordado concederme el ingreso en la Orden Civil de Alfonso X el Sabio, con la categoría de Encomienda con placa por mis méritos como educador e investigador.

—¿Cómo? ¿A mí?… Sí, sí, sorprendido, pero muy feliz y agradecido.

—Tengo mucho interés, director, en conocer los detalles de la pedagogía poética que promueve —me pidió la ministra.

—Bueno, con mucho gusto, ministra. Le agradezco este premio con sinceridad, porque pocas veces se mira hacia abajo para ensalzar la tarea de maestros y profesores de primaria y secundaria que renueven en silencio cada día el país desde sus escuelas. En mi caso, interpreto que esta es también una distinción a Las Musas, y, en definitiva, un reconocimiento a las enseñanzas medias. Gracias.

Después, en un festivo encuentro al aire libre en los jardines de Las Musas me despedí, por fin, de todos con tan feliz noticia, de la cual se alegraron vivamente. Aplaudieron y vitorearon el galardón como propio. Lo era. JRJ no buscaba más premio que colocar una fugaz ramita de perejil en la portada de sus libros. Yo llevaba en el bolsillo interior de mi chaqueta, junto al corazón, una ramita de romero plantado por Omar y el afecto de centenares de amigos, profesores, alumnos y sus familias.

En aquel último día en la escuela me acordaba de cuando en mi infancia atravesaba campos y charcos cada día hasta llegar al colegio y de cómo odiaba profundamente aquel barro de pobreza. Sin embargo, al final, percibí con la luz tan certera del paso del tiempo que lo más reconfortante y bello a lo largo de toda una vida escolar ha sido abrazar este otro dulce barro humano del que estamos hechos todos. Maestras y maestros que mañana os encaminaréis hacia vuestras escuelas, recordad siempre que sois los alfareros del porvenir. No os importe nunca mancharos manos, ojos y alma con ese frágil barro, infantil y adolescente, porque os volverá puros. En ese barro inmaterial encontraréis la forma y el sentido de vuestros días.

Entregaba Las Musas a manos de jóvenes y sensitivos profesores con gran porvenir por delante. Les recordé que transmitieran amor y delicadeza a sus alumnos, mis alumnos. Estos se las devolverían acrecentadas a la sociedad en el futuro. Un curso es una eternidad y la eternidad es solo un curso.

Les anuncié también otra grata sorpresa:

—¿Sabéis que varias editoriales me han pedido que escriba un libro sobre Las Musas?

—¡Uy!, ¡qué bien! Pues cuenta, cuenta en tu libro que las maestras somos divinas y que la escuela es el alma de una nación. Que se sepa. Lo contarás, ¿verdad?

Allí, entre ellas y junto a mí, estaban Julián Chicano, mi amigo de toda una vida, compañeros desde la universidad, y María Luisa. Ella y yo aprobamos la oposición el mismo día ante un tribunal muy severo. Hemos trabajado juntos, al lado uno del otro, en Alcalá de Henares y en el paraíso de Las Musas, durante treinta y seis cursos. Ella ha sido mi hada madrina. Ella me enseñó a ser profesor. El día en que María Luisa y Julián se jubilen de educar adolescentes (porque ellos no enseñan, educan), es decir, dentro de unos meses, el país habrá perdido a sus mejores profesores de secundaria. Y nadie en España se habrá enterado, salvo sus alumnos y yo. Hay una patria interior que la España exterior desconoce y, sin embargo, alimenta y enaltece la vida verdadera. Sabed que esa patria interior, humilde y generosa, esa España que trabaja en silencio, esa patria machadiana y mejor se llama María Luisa, se llama Julián. Gracias a tantas marialuisas y a tantos julianes con los que he compartido mi vida en la enseñanza y la ilusión de una escuela de ensueño.

Cuando todo terminaba, al atravesar definitivamente la puerta de salida de mi instituto, una madre de la AMPA detuvo un momento el tiempo trazado. Se me acercó tímidamente con un ramillete de palabras: «Gracias a ti, por inventarnos un instituto de calidad para nuestros hijos». ¡No tuve mayor elogio! Aquella mirada perfumada de sinceridad aún perdura en mi memoria.

Levanté la vista hacia aquellos viejos olmos que veinte años atrás un día de primavera me recibieron en silencio junto a una valla entonces desmoronada. Solo los árboles seguían ahí, el instituto entero había cambiado. Ahora las aulas eran espacios poéticos que acogían a los estudiantes; por los pasillos resonaban voces de ciencia e investigación; y el nuevo curso comenzaba con una educación más cercana, universal y solidaria. Me marchaba satisfecho y feliz. Había cumplido el sueño que tuve de niño mientras me quitaba unas botas llenas de barro en un desolado arrabal: alcanzar una escuela bella y elevada. En verdad, no había nada nuevo, tan solo recuperé el humanismo educativo de hace siglos y en el que creyeron nuestros clásicos griegos. Todo consistió en amar a los alumnos, escuchar a sus familias y respetar a los profesores.

Al retirar mi mirada de aquellas ramas altas, en silencio, un puñado de pájaros revolaba dulcemente por el cielo como el mensaje más azul y alegre que nunca tuvo la belleza…

El Puerto de Santa María, 2 de abril de 2025

Apéndice

Una suerte de bibliografía

Las Musas en los medios de masas

> *Un hombre pasa con un pan al hombro.*
> *¿Voy a escribir, después, sobre mi doble?*
>
> César Vallejo

La inusual relevancia que los medios de comunicación de masas han concedido a todo lo relacionado con mi modesto instituto de barrio hace pensar que lo sucedido aquí durante la última década ha sido prodigioso en términos educativos. No se ha escatimado una línea en prensa ni una imagen en televisión a una sucesión de programas innovadores con excepcionales resultados académicos y humanos.

Cabe preguntarse cuáles fueron las razones de una repercusión tan poco frecuente. Los medios llevan las escuelas a sus páginas o a sus telediarios casi exclusivamente por sucesos escabrosos, noticias de abusos o tragedias desgarradoras.

¿Por qué un instituto que trabaja en soledad, alejado y a trasmano en una calleja de San Blas, ha acaparado tanta atención entre los periodistas?

Esta resonancia resulta muy llamativa, más aún si tenemos en cuenta el carácter rutinario de la vida dentro de una escuela. Como director, mi misión ha sido contribuir a una reivindicación del componente espiritual de la educación y no solo de los aspectos evaluables académicamente. He difundido a través de los medios una novedosa pedagogía poética. En oposición a una progresiva deshumanización del

247

aprendizaje, donde la labor del maestro se ha visto cada día aminorada o relegada por una veneración tecnológica, por las imposiciones legislativas o por la rentabilidad económica. Puro mercantilismo de un modelo de enseñanza que busca un progreso carente de valores éticos y estéticos, aquellos que promovieron los ya lejanos maestros de la Institución Libre de Enseñanza. Mi propósito ha sido siempre actualizar en el siglo XXI aquel modelo de humanismo. Si los distintos gobiernos y autoridades educativas no promueven una estética y una ética educativa en las escuelas, a los docentes nos toca esforzarnos con humildad en cultivar un país posible dentro de un país ya imposible.

Ante esto, hemos abanderado un idealismo educativo comprometido socialmente y que mostramos a otros centros con la intención de difundir una enseñanza renovada. Sin otra ambición más que formar a ciudadanos capaces y respetuosos, con conciencia y voluntad por construir un futuro habitable y compartido. Cultivar todo lo superior que el arte y la ciencia aportan en lo material e ideal al ser humano, con su transformación de pensamiento y sentimiento.

Nuestro deber como profesores y nuestro destino es ayudar a forjar nuevas generaciones con ideales para la humanidad. Ayudar a los jóvenes con una formación que mejore su vida práctica, pero también su vida íntima. Para ello, es preciso incentivar una espiritualidad a través de las disciplinas artísticas y científicas en un tiempo de marcado materialismo e inspirar en los alumnos pasión por la investigación, que redundará en un progreso de la sociedad.

2016

1. Jan, Cecilia, «Chavales que atajan el acoso de raíz», *El País*, 18-4-2016.
2. Pérez Oliva, Milagros, «Mediadores para prevenir el acoso escolar», *El País*, 19-4-2016, p. 10.
3. «La sociedad ama al Atlético o al Real Madrid, pero no la educación. Entrevista a José Antonio Expósito, director del IES Las Musas», Cadena SER, *La ventana de Madrid*, 30-5-2016.

2017

4. Martín, Lucía, «La Comunidad deja sin plaza en sus institutos adscritos a varios alumnos de un colegio de San Blas», *Madridiario*, 30-3-2017.

5. Ortiz, Ana M.ª, «*Bullying*: mediadores hasta en WhatsApp», *El Mundo*, Especial Educación, 6-6-2017, p. 46.

6. «Adopta un abuelo», Noticias Cuatro, 26-11-2017, minuto 37.

7. «Alumnas del IES Las Musas en el CNIO», *Informativos Madrid*, RTVE, 27-11-2017.

2018

8. *Boletín de Doctores y Licenciados*, Madrid, enero, 2018.

9. Lobillo, Eduardo, «Un viraje de 180 grados», *El País*, Extra Colegios, 11-3-2018.

10. «Alumnos mediadores, una herramienta clave en la lucha contra el acoso escolar: "Cuando ven que algo sucede, intervienen y se corta de raíz"», La Sexta, 4-4-2018.

11. Ramírez, Daniel, «Víctor, el alumno 9,9 de selectividad en Madrid: un amante del teatro que quiere ser matemático», *El Español*, 15-6-2024.

12. Montero, Mai, «Dos alumnos empatan con la mejor nota de acceso a la universidad en Madrid», *El País*, 16-6-2018.

13. Álvarez, Marina, «Un alumno de un instituto público de San Blas saca la mejor nota en la EvAU de Madrid», *El Mundo*, 16-6-2018.

14. RNE, 24-6-2018.

15. Sepúlveda, Ángela, «Alumnos mediadores, la fórmula para frenar el *bullying* antes de que llegue», *El Confidencial*, 13-6-2018.

16. «Estos son los mejores de la selectividad 2018», *Noticias Cuatro*, Cuatro, 19-6-2018.

17. «Los secretos del éxito de los mejores en selectividad», *ABC*, 19-6-2018.

18. «En el instituto de los 40 dieces», *La Razón*, 30-6-2018, p. 35.

19. Ruiz, Rocío, «La «divina proporción» en forma geométrica, a la madrileña», *La Razón*, Madrid, 30-6-2024, pp. 35-37.

20. Cano, Laura, «La mejor nota de selectividad», *La Razón*, 16-6-2018, p. 41.

21. González Noriego, Marta Belén, «Acoso y tecnología = ¿ciberacoso?», *Boletín de Doctores y Licenciados*, Madrid, junio de 2018, pp. 24-25.

22. «Las Musas, el instituto de los alumnos brillantes», COPE, 5-7-2018.

23. «Día Internacional de los Mayores», RTVE, *Informativo de Madrid*, 1-10-2018, minuto 9.

24. «Día Internacional de los Mayores», Telemadrid, *Telenoticias*, 1-10-2018, minuto 51.

25. «Adopta un abuelo». Vídeo resumen de la visita de los mayores al IES Las Musas, 1-10-2018.

26. «El instituto Las Musas incentiva la innovación con un proyecto de Bachillerato de Investigación», Comunidad de Madrid, Acción de Gobierno, 19-11-2018.

2019

27. Gámez Jareño, Beatriz, «El instituto Las Musas de Madrid crea un proyecto de investigación en Bachillerato», *Magisterio*, 15-1-2019.

28. Noticias CNIO: «El CNIO clausura el año celebrando el Lab Day», 13-12-2019.

2020

29. Acosta, Alejandra, «La buena educación: la excelencia está en la pública». Entrevista con José Antonio Expósito, *Madrid Sindical*, 3-7-2020.

30. Expósito, José Antonio, «IES Las Musas, una ventana al mundo», *La Voz de tu Barrio*. Asociación de vecinos Las Musas/Rosas, año 5, invierno 2019-2020, p. 12.

2021

31. García, Rodrigo J., Expósito, José Antonio, y Torremocha, Manuel, «A la luz de la investigación», *El País,* 24-1-2021.
32. — «Pasión en "Las Musas"», *El País*, 7-2-2021.
33. Ferrero, Berta, «Un nanosatélite para lanzar al espacio construido por chicos de dieciséis años», *El País*, 25-3-2021.
34. Sanmartín, Olga R., «El instituto de Madrid donde alumnos de dieciséis años fabrican un satélite y tienen como profesoras a científicas de Israel», *El Mundo*, 24-3-2021.
35. Buitrago, Jesús, «Unos treinta estudiantes de Madrid construyen y lanzan un nanosatélite al espacio en un proyecto con Israel», *La Razón*, 24-3-2021.
36. «Alumnos de un instituto de Madrid lanzarán un nanosatélite pionero al espacio», Antena 3, *Antena 3 Noticias*, 24-3-2021.
37. «Alumnos del IES Las Musas de Madrid lanzarán un satélite para estudiar el cambio climático», Telemadrid, *Telenoticias 1*, 25-3-2021.
38. Mira, Nieves, «Veinticinco alumnos de ESO construyen y enviarán al espacio su propio nanosatélite», *ABC*, 25-3-2024.
39. González, José A., «Las Musas del espacio», *El Norte de Castilla*, 25-3-2021.
40. Arranz, Marta, «El IES Las Musas lanzará un nanosatélite al espacio», *El Mirador de Madrid*, 25-3-2021.
41. «Alumnos de un instituto madrileño lanzarán un satélite al espacio con la ayuda de la embajada de Israel», Telecinco, *Redacción Informativos*, 27-3-2021.
42. «Alumnos de un instituto público de Madrid lanzarán un nanosatélite al espacio», *ABC*, 27-3-2024.
43. Herrán, Francisco, «El necesario puente aéreo entre el Ministerio de Educación y el Ministerio de Industria», industrytalks.es, 27-3-2021.
44. «Desde el colegio a las estrellas», RTVE, *Telediario 1*, 17-4-2021.
45. Marqués, Saray, «La vuelta al currículum en ocho escuelas. IES Las Musas (Madrid): por amor a la investigación», *Magisterio*, 28-4-2021.

46. Expósito, José Antonio, «Enseñanza presencial y semipresencial en el IES Las Musas», *Boletín del Colegio de Doctores*, Madrid, abril-junio de 2021, pp. 42-43.

47. — «Cuando la ciencia se deja iluminar por las musas», *Página del Distrito*, n.º 264, Madrid, mayo de 2021, Editorial, p. 6.

48. — «El IES Las Musas participa en un proyecto para lanzar un nanosatélite», *Página del Distrito*, n.º 264, Madrid, mayo de 2021, pp. 10-11.

49. Ferrero, Berta, «El instituto de barrio donde se investiga con nanosatélites: la media es de notable y todos aprueban selectividad», *El País*, Madrid, 23-8-2021, pp. 1-2.

50. — «Nanosatélites, arte matemático y 27 investigaciones de alto nivel en un instituto público de Madrid», *El País*, Madrid, 23-8-2021, p. 3.

51. — «Una alumna de Las Musas, tras visitar Ecuador: "Igual deberíamos pararnos a pensar más a menudo"», *El País*, Madrid, 23-8-2021, p. 3.

52. Jiménez Barca, Antonio, «Héroes del día a día», *El País*, Madrid, 28-8-2021.

53. Entrevista de Marta González Novo a José Antonio Expósito en *Hoy por hoy*, Cadena SER, 25-8-2021, a partir del minuto 10.

54. «Hemos perdido una oportunidad de oro de bajar las ratios», *Por tres razones*, RNE, 6-9-2021.

55. «Entrevista en directo de Carlos Franganillo a José Antonio Expósito», *Telediario 1*, RTVE, 6-9-2021.

56. Chaves, Elena, «Vuelta a las aulas IES Las Musas», Trece, 7-9-2021.

57. Villalba, Rubén, «Hace falta más seriedad para diseñar la Educación porque nos jugamos mucho», *Magisterio*, 6-10-2021, p. 10.

58. — «José Antonio Expósito: "Un maestro engrandece a un país tanto o más que el político"», *Magisterio*, 5-10-2021.

59. «Instituto Las Musas. Un ejemplo a seguir», *Para todos La 2*, RTVE, 23-10-2021.

60. «Las tertulias en la Gradona: la educación en San Blas-Canillejas», *Página del Distrito*, n.º 268, Madrid, octubre de 2021, pp. 8-11.

61. «El cielo no es el límite», *Atalayar*, 26-11-2021.

62. Ferrero, Berta, «Un instituto público de Madrid lanzará al espacio un nanosatélite de un millón de euros», *El País*, Madrid, 10-12-2021, pp. 1-2.

63. Espartero, Marta, «De Madrid al espacio: treinta alumnos de un instituto público lanzarán un nanosatélite de un millón de euros», La Sexta, 10-12-2021.

2022

64. Ferrero, Berta, «Expertas en Marte con 17 años», *El País*, Madrid, 10-1-2022, p. 3.

65. «El instituto madrileño IES Las Musas lanzará al espacio un nanosatélite», ondacero.es, 9-1-2024.

66. Vega, Alonso, «IES Las Musas: jóvenes contra el acoso escolar», Amnistía Internacional, 13-1-2022.

67. <https://www.instagram.com/tv/CUfEzAigfqY/?utm_me dium=copy_link>

68. Pascual, Beatriz: «Generación 2004: así son los jóvenes nacidos el año del 11-M», entrevista a ocho alumnos de Las Musas en *La Razón*, Madrid, pp. 1-3, 11-3-2022.

69. Cano, Luis. «Los institutos y colegios con las mejores y peores notas», *ABC*, 25-3-2022.

70. Lupión Torres, Mar, «Excelencia al alcance de todos», *Cuadernos de Pedagogía*, 28-3-2022.

71. González, Clara, «Los grandes problemas de la educación no los aborda ninguna ley educativa», entrevista a José Antonio Expósito, *El Debate*, 2-4-2022.

72. Expósito, José Antonio, «Me preguntan qué echo en falta en la nueva ley educativa», *Boletín de Doctores y Licenciados*, n.° 301, Madrid, junio de 2022, pp. 42-43.

73. «La Olimpiada del saber: IES Las Musas (San Blas) y IES Emperatriz María de Austria (Carabanchel)», Telemadrid, 12-11-2022.

74. Reina, Elena, «Los alumnos de 17 años que retan a neurocientíficos e investigadores del cáncer: "Somos chicos normales"», *El País*, 16-12-2022.

75. «Nace AINVES, la primera Asociación Nacional por la Investigación en Educación Secundaria», *Heraldo de Aragón*, 22-12-2022.

76. Ruiz, Marcos: «Un Bachillerato especializado en investigación científica», Radio Aragón, entrevista a José Antonio Expósito, 20-12-2022.

2023

77. RNE, 9-1-2023.

78. Losada, Paula, «En el instituto luchamos contra los que niegan el feminismo», *Hoy por hoy Madrid*, Cadena SER, 26-1-2023.

79. García, Jacobo, «Una escuela pública de Madrid lleva a Europa sus preocupaciones: desinformación y cambio climático», *El País*, 29-1-2023.

80. — «Las Musas en Europa», *El País*, Madrid, 30-1-2023.

81. Espinosa, Jesús, «Del aula al Parlamento: alumnos de un instituto de Madrid viajan a Europa para debatir sobre desinformación», *Newtral*, 31-1-2023.

82. Magariños, Elena, «Así ven los jóvenes madrileños la Unión Europea», *La Razón*, 6-2-2023.

83. «El IES Las Musas, a la cabeza en investigación», *Página del Distrito*, n.º 283, Madrid, febrero de 2023., p. 24.

84. «La Olimpiada del saber: IES Las Musas (San Blas) e IES Margarita Salas (Pozuelo)», *Onda Madrid*, Telemadrid, 6-5-2023.

85. «El IES Las Musas, a un paso de la Amazonía», *Página del Distrito*, n.º 289, Madrid, septiembre de 2023, pp. 28-29.

2024

86. «Nuevas masculinidades: uno de los temas más contaminados», «Por tres razones», RNE, 19-1-2024.

87. «IES Las Musas-Bachillerato de Investigación», *Página del Distrito*, n.º 304, enero de 2024, p. 16.

88. Lora, Iván, «Primer proyecto de investigación del CEIT con un alumno de bachillerato del IES Las Musas», INTA, 2-2-2024.

89. Aragonés, María, «Vocación y chasco por las guardias 24h para una nueva generación de médicos. Estudiantes de bachillerato explican a *Redacción Médica* qué les mueve para querer entrar en Medicina», *Redacción Médica*, 17-2-2024.

90. «El IES Las Musas de la capital, un año más entre las mejores notas de la EvAU en la Comunidad de Madrid», Europa Press Madrid, 13-6-2024.

91. «El instituto madrileño Las Musas se "consolida" un año más entre las mejores notas en la EvAU», laverdad.es, 13-6-2024.

92. Castro, Sara, «Daniel Doleschal, uno de los mejores expedientes de la EvAU que sueña con ser pianista», *El País*, 19-6-2024, p. 30.

93. Noticias CIEMAT, «El estudiante mentorizado por el CIEMAT Daniel Doleschal obtiene la segunda nota de EvAU en la Comunidad de Madrid».

94. Olaizola, Beatriz, «El profesor que convirtió un instituto de barrio en un centro de excelencia», *El País*, Madrid, 28-6-2024, p. 24.

95. Entrevista de Bruno Cardeñosa a José Antonio Expósito en *La rosa de los vientos*, de Onda Cero, 1-7-2024.

96. López, Vanesa, «La Amazonía de Ecuador, el foco de estudio de un colegio de España», *Expresso*, Ecuador, 5-7-2024.

97. «IES Las Musas: el centro educativo con un récord de ocho años sin suspensos», Telemadrid, 9-7-2024.

98. Moreno Quicios, Rodrigo, «José Antonio Expósito, el director que provocó la rebelión de Las Musas», *Alfa y Omega*, 19-7-2024.

99. Leao-Coelho, Juliana, «Cómo convertir un Instituto de Educación Secundaria de Madrid en un referente para toda España», Agencia EFE, 22-7-2024.

100. «José Antonio Expósito: "Me marcho con pena, pero orgulloso de mi trabajo", *Página del Distrito*, n.º 300, septiembre de 2024, pp. 14-15.

101. «Las tertulias en la Gradona: La educación en San Blas-Canillejas», *Página del Distrito*, n.º 301, septiembre de 2024, pp. 8-11.

102. Fernández, José Luis, «José Antonio Expósito (IES Las Musas): "Un centro escolar tendría que ser un símbolo del pueblo, como lo es una catedral"», *Éxito Educativo*, 2-10-2024.

103. Orden EFD/1109/2024, de 5 de octubre, por la que se concede el ingreso en la Orden Civil de Alfonso X el Sabio, con la categoría de Encomienda con placa, a don José Antonio Expósito Hernández, Ministerio de Educación, Formación Profesional y Deportes, *Boletín Oficial del Estado*, n.º 248, 14-10-2024, Sec. III. p. 131315.

104. «El Ministerio de Educación condecora al exdirector del IES Las Musas de Madrid», *Magisterio*, 15-10-2024.

105. Aguirregomezcorta, Marta, «El IES Las Musas, de instituto de barrio obrero a centro de referencia: su director tiene la clave de su éxito», Cuatro, *Informativo*, 20-11-2024.

106. Serrano Gómez, Alicia, «Daniel Doleschal: un esfuerzo sostenido y armónico entre ciencia y música», *El Mundo*, febrero de 2025.

Agradecimientos

Un libro sobre una escuela es siempre una obra coral. Un director no es nadie sin orquesta y coro para interpretar una sinfonía. Y un instituto es una suma de tantas aportaciones significativas que resulta imposible detallarlas todas. Algunas actividades, hechos o sueños han quedado fuera de este ensayo por limitaciones del momento y del lugar, no porque no hayan sido relevantes. Vaya por delante un reconocimiento a los grandes protagonistas de esta historia: los miles de alumnos de Las Musas, de quienes hemos aprendido tanto al enseñarles. Vivir y trabajar rodeado de su entusiasmo y su alegría es una dicha sin igual que nos rejuvenece permanentemente.

Mi agradecimiento más sincero a quienes durante estos apasionantes años se han volcado en un maravilloso proyecto educativo hasta crear juntos una escuela singular: profesores, familias, conserjes, personal de secretaría, limpieza, mantenimiento, jardinería, enfermería, cafetería y también a la Consejería de Educación de la Comunidad de Madrid.

Doy las gracias especialmente a los profesores que han formado parte del equipo directivo de Las Musas, sin los cuales yo no hubiera sido capaz de hacer nada. Docentes esmerados y unidos todos por el mismo hilo fino de la cordialidad y el entendimiento, en definitiva, del mejor humanismo. Gracias por haber soñado conmigo un sueño compartido: Marta González, Manuel Torremocha, Pedro J. López, Isabel Patiño, Berta Jiménez, Víctor Barbero, Beatriz López, Laura Sanz, Gema Martín y Marta Galán.

También a los cientos de profesores presentes, pasados y del porvenir que se involucraron y lo seguirán haciendo en tantos proyectos, intercambios e innovaciones que ennoblecieron este tiempo y este espacio que compartimos en la vida. La lista completa sería tan larga que cometería algún olvido imperdonable.

Mi cariño a todas las familias que, de una u otra manera, nos han respaldado siempre y han contribuido con su confianza a engrandecer esta pequeña escuela pública de barrio. Especialmente a las madres y padres de la AMPA, porque sin ellos, todo hubiera sido menos. Presidentes: Juan, Rafael, Luisa, Óscar, Paco y Verónica. Otros representantes: Ana, Laura, Judith, Lola, Paloma, Pilar G., Pilar A., Carlos, Begoña, Raúl L., Santiago, Diego, Raúl R., Pilar L., Ana Belén, Susana, Inma, Fernando, Alfonso etc.

Y un saludo sincero a la mejor afición educativa que tuvo nunca un instituto.

Notas

1. Secretaría: Isabel, Ángel, Conchi, Alicia, Asunción, Ángel C., Mabel y Cristina. Limpieza: Justi, M.ª Antonia, Alicia, Teresa, Encarna, Petri, Paqui, Amparo, Miriam, Isabel, Eva y Feli. Conserjería: Ángel, Isidro, Esperanza, Nuria, Isabel, María José, Ana, Nieves y Maite. Mantenimiento: Rubí, Paco y Víctor. Jardinería: Óscar, Juan, Yunes y Omar. Cafetería: Rafa y María. Enfermería: Ikram, Sara y Patricia.

2. El claustro *Magíster Musas* lo formaban, entre otros, Victoria Alcázar, Irene Álvarez, Rocío Álvarez, Raquel Andreu, Jaime Antón, Dolores Arranz, Ana Barbería, Fidel Blanco, Manuel Bueno, Adolfo Caballero, Conchita Calderero, M.ª Josefa Chaves, Fernando Corredor, Carmen Díaz, Juan Díez, Teresa Eirín, M.ª Carmen Escribano, Blanca Eymar, Camino Fernández, Ángeles Fernández, Francisco Javier García, Miguel García, Mariano Gómez, Francisco Granados, Juan Grandal, M.ª Antonia Gutiérrez, Elvira Gutiérrez, Sonia Hellín, Ana de la Jara, Carmen Jaulín, M.ª Jesús Jiménez, Berta Jiménez, Ana Jiménez, Pilar Julián, Pedro José López, Dominica López, M.ª Elena López, Paloma Lorente, Julio Martín, M.ª Ángeles Martínez, Juan Martos, Silvia Mauro, Andrés Maza, Iñaki Melendro, David Millán, Fernando Moreno, Paco Moset, Miguel Mozo, Teresa Muñoz, Auxi Náger, Julián Nicolás, Ramón Nieto, Soledad Nieto, Lina Ortas, Juan Carlos Ortega, Víctor Palacios, Isabel Patiño, Jaime Pérez, Eduardo Piqué, M.ª José Pozo, Javier Rico, Gloria Rodríguez, Raquel Rojo, Pilar Román, Carmen Romero, Francisco Romero, Marcelina Romero, Luis Rueda, Francisco Ruiz, Consuelo Salcedo, Maribel Santamaría, Antonia Sánchez, Antonio Sánchez, Teodoro Santurino, Juan Carlos Sastre, Ana M.ª Tejedor, Manuel Torremocha, Antonio Trialaso, Elena Yáguez, Isabel Yáñez, Rafael Yepes, Luis Carlos Zaragoza y Cristina Zamora.

3. Investigación dirigida por la Dra. Meritxell López y Juan Carlos Ortega. Ambos profesores desarrollaron durante años una inestimable labor al apoyar y encauzar tantas vocaciones científicas. Su colaboración fue un ejemplo admirable para consolidar el Bachillerato de Investigación.

4. Los coordinadores del Bachillerato de Investigación fueron Manuel Torremocha, Gema Martín, José Antonio Méndez y Ana Labarta. Su esfuerzo y dedicación continuados convirtieron este programa en una maravillosa aventura científica.

5. Y también del infatigable y generoso Víctor M. Pareja.

6. CIEMAT: Dr. Ignacio Sevilla, Dr. Tomás Sánchez, Dr. Pablo García Había, Dr. Juan Mena, Dr. Jesús Puerta, Dr. Juan P. Fernández y Dr. David Sánchez (Grupo de Cosmología Observacional); Dr. Jacobo Asorey, del Departamento de Investigación Básica.

7. CNIO: Dr. Javier Lanillos y Dra. Cristina Rodríguez (Hereditary Endocrine Cancer Group), Dr. Santiago García (Unidad de Bioinformática), Dra. Eva Ortega-Paíno (directora científica del Biobanco), Dr. Pedro López (Staff Scientist Prostate Cancer Clinical Research Unit), Dra. Carolina Pola (directora de Innovación), Nuria Sánchez García (Grupo de Epidemiología y Genética Molecular), Dra. Anabel Sanz (Transfer and Valorisation Office Director), Dra. M.ª Cruz Marín (Transfer Manager), Dra. Raquel Benítez y Dra. Rosa M.ª Marión (Grupo Telómeros y Telomerasa).

8. CNIC: Dra. Marta Cortés Canteli.

9. CSIC: Dr. Carlos Closa Montero, Dra. Sandra I. Souto, Dr. Pedro Tomé y Dr. Lorenzo Delgado, del Centro de Ciencias Sociales Humanas y Sociales (CCHS); Dr. Bernardo Herradón y Dra. Ligia Esperanza, del Instituto de Química Orgánica General (IQOG); Dr. Miguel A. Peña, Instituto de Catálisis y Petroquímica (ICP); Dra. Amelia Nieto, Dr. Adrián A. Valli y Dr. Lluís Montoliu, Centro Nacional de Biotecnología (CNB).

10. IISA: Dr. Alberto J. Schuhmacher, jefe del Grupo de Oncología Molecular.

11. INTA: Dr. Eduardo de Miguel Llanes (jefe del Área de Sistemas de Teledetección).

12. Dra. M.ª Elisa Martínez (jefa de equipo de Mediterráneo-Medusas).

13. NASA: Dr. Manuel de la Torre.

14. UCM: Dra. Meritxell López Gallardo, Dra. Beatriz Martín y Dr. Francisco Miguel (Facultad de Medicina), Dra. Eva M. Marco (Facultad de CC. Biológicas), Dr. Ricardo Llorente, Diego San Felipe, Beatriz Martín (Facultad de Medicina y CC. Biológicas); Dra. M.ª Teresa Solas (Facultad de

Biológicas), Dra. Carmen Rodríguez (Centro de Investigación en Red de Enfermedades Neurodegenerativas (CIBERNED), Dr. Martín Alcalde, Dra. M.ª Salazar Roa y Dra. Sonia Castillo (Departamento de Bioquímica y Biología Molecular de la Facultad de Química); Dra. Elena Navarro (Departamento de Física de Materiales de la Facultad de Ciencias Físicas); Dr. Juan Martos (Departamento de Estudios Islámicos); Sección Departamental de Fisiología (Fisiología Animal) de la Facultad de Farmacia.

15. UC3M: Dr. Pablo Simón Cosano (Facultad de CC. Políticas).

16. UPM: Dr. Álvaro Araújo (de ETS de Ingeniería y Diseño Industrial), Dr. Alberto Belmonte, Dr. Álvaro Gutiérrez (director del Laboratorio de Robótica y Control), Dr. Xavier Larriva, Dr. Jesús Grajal (Departamento de Señales, Sistemas y Radiocomunicaciones), Dr. Ramón Martínez, de ETS de Ingeniería y Sistemas de Telecomunicación (ETSIST); Dr. Juan José Moreno, de ETS de Ingenieros Informáticos (ETSIInf); Dr. Alberto Abánades, de ETS de Ingenieros Industriales; Dra. Cristina López de Subijana (CCSS de la Actividad Física, Deporte y Ocio); Dr. Javier Crespo, de ETS de Ingeniería Aeronáutica y del Espacio (ETSIAE); Dr. Tomás Sánchez, de ETS de Ingeniería Agronómica, Alimentaria y de Biosistemas.

17. Dra. Laura López (Departamento de Biomedicina de la Facultad de Medicina).

18. Dra. Shimrit Maman.

19. Dra. Margarita Pérez (Fisiología del Ejercicio) de la Facultad de Ciencias de la Actividad Física y del Deporte.

20. Dra. M.ª Jesús Horta (Facultad de Letras).

21. HUG: Dr. Ricardo Sanz (jefe de servicio de Otorrinolaringología), Dr. Jorge M. Sánchez (jefe de servicio de Radiología), Dr. Tomás Pascual, Dra. Rocío Vázquez (Departamento de Farmacia) y Jorge M. Sánchez.

22. Dr. José J. Jareño.

23. Dr. Gabriel Rubio (jefe de servicio de Psiquiatría).

24. Alexandrovna Victoria Kopeikina.

25. Fernando Núñez Soria.

26. Aquella de 2015 fue una promoción admirable de directores entusiastas: Nacho, Ismael, Juan Carlos, Julián, Luis, Jesús, María, Pilar, Lola, José, Juan Antonio, Isabel, José Manuel, Miguel Ángel, Fátima, Rosa, Alfonso, Pilar A., Marisa...

27 La revista *El Muso* ha sido dirigida por Elena Yáguez (1998-2000), Francisco Ruiz (2001-2014), Servando Gutiérrez y Rosa Amor (2014-2023) y Sara Santurde (2024-2025).

28. Los profesores expedicionarios en Ecuador fueron David Jiménez (coordinador), Laura Mollejo (2018); Beatriz López y M.ª Jesús Jiménez (2019); Gema Martín (2022); y Ana Reinaldos y José Antonio Expósito (2023).

29. El programa de cooperación y voluntariado «Las Musas-Actúa» es la suma de muchos proyectos, cuyos responsables fueron los siguientes. Comercio Justo: Camino Fernández; Banco de Alimentos: María Jesús Jiménez y Gloria Camacho; Stop San Filippo: Pilar Román y Lola Arranz; Adopta un abuelo: José Méndez y Marina Rodríguez; Mediadores: Marta González; FEMADDI: Gema Martín; GLORR Fundación: Teresa Muñoz; «I am Able»: Beatriz López, José Méndez, Marina Rodríguez y Gema Martín; Los Musaicos: Beatriz López y José Méndez; Huerto escolar: Miguel Gómez, Marina Rodríguez, Servando Gutiérrez, Lorenzo Sevilla, Pilar Román y Lola Arranz; Taller de higiene bucodental para niños: Almudena Leal, Teresa Muñoz, Eva Delgado y Leticia Leal.

30. En el proyecto de UNICEF trabajaron Isabel Pescador (coordinadora), Marta Galán, Ana Isabel García y José Luis Velázquez.

31. La Comisión de Igualdad la dirigieron Teresa Muñoz (2016-2021), Ana Reinaldos (2021-2023) y Esther Martín (2023-2025); y colaboraron María Luisa Esteban, Ana Infante, David Jiménez, José Antonio Méndez, María Jesús Jiménez, Marta González, Helena Pérez, Susana de Pedro, María Auxiliadora Angulo, Sara Santurde y Margarita Escribano.

32. Las Musas ha contado hasta hoy con ocho directores diferentes: José Olalla Briones (1980-1983); Juan Grandal Martín (1983-1985); Francisco Guerra Barrientos (1985-1989); Juan Martos Quesada (1989-1995); Andrés Maza Iglesias (1995-2000) y (2003-2007); Pedro José López Majagranzas (2000-2003) y (2007-2015); José Antonio Expósito Hernández (2015-2024) y Víctor Barbero Romero (2024-2025).

33. Los profesores transatlánticos que realizaron estos intercambios escolares con Canadá fueron Cristina Zamora, Elvira Gutiérrez y Ana Infante (2016); M.ª Carmen Rivero y Servando Gutiérrez (2017); Servando Gutiérrez y Teodoro Fernández (2018); Servando Gutiérrez y José Antonio Méndez (2019); José Antonio Méndez y Alba Gil (2023); Belén Belinchón, Marta González y Sara Santurde (2024).

34. Los embajadores séniores fueron Rosa Amor, Gloria Camacho, Teodoro Fernández (coordinador), Marta Galán, Servando Gutiérrez, M.ª Jesús Jiménez, Inmaculada Morillas, Carlos Pérez y Manuel Torremocha. Intercambio con Moscú: Conchi Martín (coordinadora), José Antonio Expósito (2018) y Teodoro Fernández (2019).

35. Varios europarlamentarios han disertado en Las Musas: Pablo Arias, Enrique Barón (expresidente del Parlamento Europeo), Pilar del Castillo (exministra de Educación), Luis Garicano, César Luena López, Sira Rego (ministra de Juventud e Infancia), M.ª Eugenia Rodríguez Palop, Mónica Silvana y Adrián Vázquez Lázara.